中外价值观教育
前沿论丛

顾　问 杨晓慧
总主编 高　地

美国大学生学术诚信教育研究

孙纪瑶 著

目 录

总 序

一

当今世界正处于百年未有之大变局。这既是一场发生在经济与政治领域的深刻变局，也是一次人类价值秩序的深度变革。一方面，随着中国的和平稳步崛起，我国的国际地位和世界影响力显著提升，推动构建人类命运共同体、共建“一带一路”倡议得到了国际社会积极响应，赢得了世界人民的广泛认同，中国价值正在全世界显示出前所未有的影响力和感召力。而与之相对的，是老牌发达资本主义国家经济增长乏力，政治与社会风险加剧，长期以来构成西方主导意识形态的自由主义价值秩序面临着越来越严重的深层困境。恰如习近平总书记所言，“我国处于近代以来最好的发展时期，世界处于百年未有之大变局，两者同步交织，相互激荡”。

价值秩序变革必然伴随着激烈的价值冲突。全球化时代，原本植根于不同经济基础、文化样态和制度模式的各类价值观逐渐相互激荡、彼此碰撞，包括现代价值与传统价值的碰撞、世俗价值与宗教价值的碰撞、社会主义价值与资本主义价值的碰撞等。尤其在保护主义、孤立主义与民粹主义大行其道的当下，文明间的交流互鉴与相互理解显得格外重要。习近平总书记指出，“文明是多彩的。人类文明因多样才有交流互鉴的价值。文明是平等的，人类文明因平等才有交流互鉴的前提。文明是包容的，人类文明因包容才有交流互鉴的动力”。以更加开放包容的精神，积极吸收和借鉴人类文明的有益成果，同世界各国一道携手构筑“和平、发展、公平、正义、民主、自由”的全人类共同价值，为社会发展进步提供正确的精神指引和强大的精神动力，是当代中国价值观建设的重要使命。

从价值秩序变革和价值冲突加剧的背景出发，教育的基础性、先导性地位愈发得到凸显。为了应对复杂的世界局势，确保未来的生存权和发展权，世界各国都日益注重通过教育树立主导价值，凝聚价值共识，为本国、本民族培养人才。可以说，价值观教育已经成为一个兼具民族性与世界性的人类课题。对于中国而言，中国价值的影响力和感召力既取决于中国价值观自身的科学性、真理性，同时也取决于能否开展行之有效的价值观教育与对外价值传播。党的十八大以来，我国高度重视通过价值观教育承载马克思主义理论研究和实践传播，广泛开展培育和践行社会主义核心价值观、大中小学思想政治理论课建设、深化创新爱国主义教育等实践活动，为全社会的有序运行、良性发展提供了明确的价值准则和价值引领，在各种利益矛盾与思想差异之上最广泛地形成了价值共识和团结奋斗的强大精神力量。与此同时，我们大力推动中国文化走出去，尽力讲好中国故事、阐述中国理念、展示中国魅力，使世界人民更加理解和认同中国价值观，有效提升了中国价值的影响力与感召力。

从价值秩序变革和价值冲突加剧的背景出发，还需要深刻把握世界价值观教育发展的重大课题，既包括如何进一步创新发展、不断提升科学性和有效性的长期性课题，也包括在多元文化交融交锋背景下如何“保持本色”和“引领世界”的时代性课题。对此，我们要统筹把握中华民族伟大复兴战略全局与世界百年未有之大变局，立足以文明交流互鉴推动构建人类命运共同体的战略高度，秉持“以我为主、为我所用”的原则，以全面建设社会主义现代化国家的重大战略需求为引领，不断加强中外价值观教育的交流合作与对话沟通，系统研究世界各国价值观教育的理论创新与实践范式，深入把握价值观教育的普遍规律与特殊现象，科学考察不同历史文化背景下大众传播的价值心理和接受惯习，全面认识中外价值理念的差异性和相通性，为“对内凝聚价值共识”和“对外讲好中国故事”提供价值遵循，使当代中国形象更加闪亮起来，使人类命运共同体理念更加深入人心，使人类和平发展事业更加行稳致远。这是新时代加强国际价值观教育比较研究的本质意涵与根源所在。

二

放眼世界，价值观教育是人类社会一项具有普遍性的实践活动，广泛被各国政府、政党、集团、社会团体等用来宣扬特定的价值观，以实现一定的教育和政治目的。虽然不同国家在意识形态、政治制度、价值立场、基本国情、社会现状等方面存在着显著差异，价值观教育的目标、内容和方略也不尽相同，但价值观教育在维护社会稳定、巩固主流意识形态、强化主导政治文化等方面的目的是一致的，这构成了中外价值观比较研究得以可能的现实基础。

国际价值观教育比较研究主要关注世界各国开展价值观教育的基本路径、特色做法和经验教训，旨在基于对国际价值观教育实施状况的全面把握，以总结特点、发掘规律，为我国价值观教育的创新发展提供有益启发，服务于筑牢国家意识形态安全与文化强国建设。虽然国内外在价值观教育的称谓上有所不同，例如道德教育、公民教育、政治教育、宗教教育、爱国主义教育等，但无论哪种称谓，其实质都是围绕“价值观”的教育。道德教育主要关注道德价值观的形成和发展，公民教育主要关注政治和社会价值观的培育和养成，宗教教育主要关注宗教价值观的宣扬和传播。也就是说，这些名称虽各有不同，但都有一个共同点，那就是体现了价值观在教育中的必要性与合法性，体现了国家、学校、社会在培育价值观方面的重要性。这种内在的共通性和一致性为我们把握价值观教育与其他德育活动之间的关联，以及处理好价值观教育的“名实之辩”问题提供了可能。

国际价值观教育比较研究一直都是我国比较思想政治教育学、比较教育学、哲学等学科的重点关注领域，基于不同学科视域开展的国际价值观教育研究也各有侧重。比较思想政治教育学注重将价值观教育国际比较放在国家主导意识形态与教育实践的互动关系之中加以审视，着重探究价值观教育如何发挥巩固政权和稳定社会的功能；比较教育学侧重于从教育实践活动本身出发开展研究，深入系统把握各国价值观教育在目标、内容与方法方面的理论动态和基本特点；哲学更加关注价值观教育折射出的特定国家与民族的思想意蕴和价值取向，从而把握其背后所蕴含的国家哲学与社会思潮动态。可以说，目前国内学界已经在价值观教育国际比较研究方面取得了较为突出的研究成果。但总体来看，目前这一领域还存在着较为广阔的拓展空间，还面临着如何从注重规模扩张的宏观勾勒转向注重质量提升的内涵式发展的问题，具体包括进一步夯实理论基础、丰富国别研究、加强微观透视、创新研究范式、服务中国需要等重大任务，这都构成了未来进一步丰富发展国际价值观教育比较研究的可能路径。近年来，学界已经开始了深化和扩展在这方面的努力尝试，在已有的丰硕成果基础上，专门围绕价值观教育国际比较的基础理论、国别样态、可借鉴性等问题形成了一批高质量研究成果，为进一步把握价值观教育的本质和规律、提升价值观教育的科学化水平做出了重要贡献。

在全面建设社会主义现代化国家新征程的时代方位下，我们需要从全面建设社会主义现代化国家、构建人类命运共同体的战略高度开展国际价值观教育比较研究，广泛深入调研世界典型国家价值观教育在指导理论、总体战略、制度设计、实施路径、教育成效上的基本状况，全面把握世界价值观教育的总体态势与发展特点，着力研究当代世界价值观教育前沿问题和发展趋势，系统总结当代世界各国价值观教育的典型经验与失败教训，进而为新时代新阶段我国培育践行社会主义核心价值观和对外传播中国价值、讲好中国故事、提升国际话语权提供有益借鉴和理论参考。

三

《中外价值观教育前沿论丛》（以下简称“论丛”）是东北师范大学思想政治教育研究中心（以下简称“中心”）推出的“比较思想政治教育研究”系列成果之一。论丛秉持“以我为主、批判借鉴、交流对话”的基本原则，对国外多个典型国家的价值观教育状况进行了深度透视与全面把握，意在拓展原有论域，进一步深化学术研究、强化学科建设、服务国家需要。

中心是国内学界较早关注该领域的研究团队之一，多年来一直将“价值观教育的国际比较”作为主要研究方向。先后获立多项国家社科重大项目和教育部重大攻关项目、获批“当代青少年德育研究学科创新引智基地”（“111”计划）、承担国家留学基金委“中外青少年德育比较研究创新型人才培养项目”、推出“高端研究成果外译计划”。在成果出版方面，正在规划推出“译丛”“论丛”和“教丛”系列“比较思想政治教育”研究成果。其中，《思想政治教育前沿译丛》已在人民出版社完成第一辑出版。《中外价值观教育前沿论丛》则集合了中心团队近年来在国际价值观教育领域的最新研究成果。未来还计划推出相应系列教材。

这套论丛在研究对象选取方面，以不同的政治制度类型、社会发展程度、民族文化传统和价值观教育典型性为遴选原则，以美国、俄罗斯、日本、加拿大、新加坡以及欧洲部分国家为研究对象，旨在综合把握不同国家价值观教育的一般样态与典型特质，并在时间向度上揭示民族国家价值观教育内容与形式的历时态变迁规律。

在研究点位选取方面，论丛主要针对国外价值观教育的三类典型主体——国家、学校和社会三个层面展开调查研究，分别就国家战略与制度设计、课程体系与实践方式及运行体系与实施载体等维度进行考察，重在分析多元主体在价值观教育中的职责使命、作用方式及其相互间的协同配合机制。其中，又着重关注考察国外价值观教育在学校教育层面的基本做法，包括课程建设、教材设计、教法实施等。

在理论视域方面，论丛基于我国价值观教育研究的学科立场和理论范式，不局限于“价值观教育”的概念称谓，而是广泛着眼于国际道德教育、品格教育、公民教育、历史教育、政治教育、宗教教育等多种德育活动，力图实现对国际价值观教育理论与实践的全景式把握。

在受众群体方面，论丛主要面向四大读者群：一是思想政治教育学、教育学、政治学、社会学等领域的理论工作者；二是教育主管部门决策者、中小学及高校一线教师、辅导员等思想政治工作者；三是思想政治教育、道德教育、比较教育等相关专业的本科生和研究生；四是对价值观教育问题拥有浓厚兴趣的读者朋友。

论丛在研究过程中特别重视价值取向与意识形态立场。但由于是涉及国外的研究，有些内容可能是对国外价值观教育的还原与呈现，请读者加以注意辨别，批判性地进行阅读和思考。

杨晓慧

2021 年 4 月于东北师范大学思想政治教育研究中心

前　言

诚信是社会主义核心价值观的重要内容，体现了中华优秀传统文化的道德精髓与人之为人应有的价值准则。伴随着中国特色社会主义进入新时代，诚信作为人民群众美好生活的道德支撑、中国共产党一以贯之的价值追求，以及构建人类命运共同体的重要理念，展现出更加突出的社会价值和战略意义。[①] 习近平总书记强调，“青年的价值取向决定了未来整个社会的价值取向”[②]，“高校要牢牢抓住培养社会主义建设者和接班人这个根本任务”[③]。学术诚信被视为大学精神的根本，是诚信价值观在高等教育中的重要体现。大学生学术诚信教育能够为培育新时代勇于担当民族复兴大任人才、开拓中国特色哲学社会科学体系、建设创新型国家和世界科技强国奠定坚实基础，因而日益受到全社会的广泛关注与重视。

在全球化时代，通过“交流互鉴”从不同文明中“寻求智慧”“汲取营养”可以为应对共性挑战提供新思路、新方法、新举措。美国作为当今世界头号科技强国并牢牢占据着国际学术话语权，其崇尚诚信与追求真理的价值遵循为学术研究的有序发展、创新进步、繁荣和谐提供了重要支撑。在大学生学术诚信价值观培育过程中，美国高校在近百年的理论与实践探索下构建了集目标、实施、保障“三位一体”的大学生学术诚信教育体系，具有理论丰富、制度健全、方法多样等典型特征，成为很多国家提升大学生学术诚信教育有效性的研究对象。基于此，本书尝试进行一种全景扫描

① 杨晓慧：《新时代的诚信精神及其价值意蕴》，《光明日报》2017 年 12 月 2 日。

② 习近平：《青年要自觉践行社会主义核心价值观——在北京大学师生座谈会上的讲话》，新华社 2014 年 5 月 4 日。

③ 习近平：《抓住培养社会主义建设者和接班人根本任务　努力建设中国特色世界一流大学》，《人民日报》2018 年 5 月 3 日。

与深度挖掘相结合的反思研究，遵循马克思主义立场、观点和方法，深度透视美国大学生学术诚信教育如何把握价值观形成规律制定层次化目标，“显隐结合”“正反互促”“刚柔并济”的学术诚信教育实践，整合分工明确、有机联动的学术诚信教育资源等经验，为我国高校学术诚信教育提供域外借鉴。基于上述现实要求与研究思路，本书共分为六个主要部分：

第一，美国大学生学术诚信教育的演进与特征研究。首先，从把握内涵入手，探寻西方价值观念与文化基础中的“诚信”，同时界定本书所关涉的相关概念与范畴。其次，结合美国历史与高等教育发展史，梳理以“制度建立与跟踪调研并举”“自我约束与规则约束并顾”“制度完善与价值养成并重”为特征的大学生学术诚信教育三阶段动态发展历程。再次，基于对美国大学生学术诚信教育的整体把握，从目标、方法、策略、保障四个维度，总结当前教育的基本特征。

第二，美国大学生学术诚信教育的目标定位研究。通过对教育相关政策制定、内涵界定、实践设定等内容分析，将教育目标定位为个体与共同体两个层级，同时基于价值观养成规律与价值观教育内在机制，将两个层级目标再次细分为初级目标、中级目标与高级目标。具体而言，美国大学生学术诚信教育一方面要实现学生个体对学术诚信的内涵认知、情感认同、习惯养成，另一方面还要在学术共同体层面形成成员对学术诚信的普遍遵守、对学术失信的坚决抵制，最终构建学术共同体的诚信文化。

第三，美国大学生学术诚信教育的实施过程研究。基于当代教育实践的整体样态，全面关照美国大学生学术诚信教育实施过程中关于制度规范、教育引导、失信惩戒的基本经验。首先，结合对“特色性”荣誉准则、“终身性”诚信档案、“标准化”学术规范三重制度的分析考察，总结制度规范在教育过程中的作用机理与现实效果。其次，从课程、活动、环境三个维度揭示美国高校如何通过整合载体资源实施全面化、高效化的教育引导。再次，分析美国高校学术失信惩戒这一特色教育手段的实践过程与典型特征。

第四，美国大学生学术诚信教育的保障体系研究。首先，从国家、社会、高校三个层面的政策与规范中梳理大学生学术诚信教育的政策保障资源，并考察不同层面政策的主导性、辅助性、具体性功能。其次，整合涵盖各级官方诚信组织、学生自治诚信团体、教师榜样示范团队、图书馆员指导团队的队伍保障资源，同时归纳其落实“政策督导”、倡导“自治自律”、实施“正向引导”、开展“专业指导”的策略特征。最后，分析由商业学术失信检测系统和高校学术失信自查体系共同构成的“普适与精专兼顾”“主客观判断统合”的技术保障资源。

第五，美国大学生学术诚信教育的理性反思。从全局性反观视角，挖掘美国大学生学术诚信教育的理论依据、精神根源与现实困境。一是基于契约理论、博弈理论、人力资本理论、社会交换理论的核心思想，尝试探讨美国大学生学术诚信教育的理论支撑。二是从“崇尚契约信守与求真务实”的清教主义思想与“坚持追求真理与学术自由”的高等教育理念双重维度，挖掘大学生学术诚信教育的精神根源。三是从“教育实施效果受限”“行为判断模糊”“理论指导力弱化”三个方面省思其局限性，进而从中汲取经验、规避问题。

第六，立足我国社会实际，坚持以马克思主义立场、观点、方法为前提，基于对美国大学生学术诚信教育的全景扫描与理性反思得出启思与鉴戒，为我国大学生学术诚信教育发展提供参照。其一，构建层次清晰、导向明确的大学生学术诚信教育目标体系，通过“强化学生学术诚信意识”“构建校园学术诚信文化”“鼓励学术诚信学理研究”，以逐步实现“培育个体学术诚信品质”“树立高校学术诚信风尚”“构建学术诚信理论体系”的层次化目标。其二，打造多维并举、一以贯之的大学生学术诚信教育实施策略，采取“制度与课程结合”“惩戒与激励同存”“严肃与客观并重”的教育宣传、教育管理、教育反馈策略体系，凸显价值观教育策略的多元化特征。其三，整合驰而不息、协同发力的大学生学术诚信教育保障资源，致力于“实现政策制度纵向联通”“确保资源形式丰富多样”“完成失信预防技术整合”，为我国高校学术诚信教育的开展保驾护航。

导　论

诚信，作为社会主义核心价值观的重要内容，是文明社会的道德根基与人类永恒的精神追求。学术诚信则是全体从事学术相关活动的主体所应具备的品质与德行，也是大学精神的根本[①]。大学生是国家社会未来的建设者和接班人，加强大学生学术诚信教育，不仅关乎社会主义核心价值观培育和践行的效果，还影响着我国哲学社会科学未来的发展方向与节奏。因此，为了更好地培养社会主义建设的高素质人才，学术诚信教育作为思想政治教育的重要内容以及人才培养的主要抓手，日益受到全社会的高度关注和重视。此外，在全球化背景下，教育者也逐步意识到应当积极拓展研究的理论视野与实践探索，以"世界眼光"把握"时代特征"，在理性与开放的思想下汲取他国相关领域的典型经验与教训，并在社会主义核心价值观的引领下优化本土实践，推动我国教育的创新发展。

对于美国大学生学术诚信教育的研究缘起于如下考量：

首先，社会转型期诚信危机问题亟待破解。伴随着我国社会由传统的农业文明走向现代的工业文明，以及社会主义市场经济的逐步建立与完善，社会价值体系面临着前所未有的挑战。旧有价值体系已经不能满足调控社会关系的需要，而新的价值体系尚未构建完成，由于主体社会意识缺乏对现代社会诚信相关概念解读的指引与帮助，使得社会失信问题屡见不鲜，在某种程度上引发了社会诚信危机。2014年，习近平总书记在《中共中央关于全面推进依法治国若干重大问题的决定》中明确指出："加强社会诚信建设，健全公民和组织守法信用记录，完善守法诚信褒奖机制和违法失信

---

① 杨卫：《学术诚信是大学精神的根本》，《光明日报》2012年4月23日。

行为惩戒机制，使尊法守法成为全体人民共同追求和自觉行动。”[①] 在十九大报告中，总书记也强调要“推进诚信建设和志愿服务制度化，强化社会责任意识、规则意识、奉献意识”[②]，“社会诚信体系建设的核心在于构建新的诚信秩序，而构建新的诚信秩序应着力于顶层制度设计”[③]。2019 年《新时代公民道德实施纲要》中再次明确指出：“构建覆盖全社会的征信体系，健全守信联合激励和失信联合惩戒机制，开展诚信缺失突出问题专项治理，提高全社会诚信水平。”[④] 不难看出，诚信问题已成为影响中国社会发展的重大问题并且引起了国家层面的高度重视。

现阶段是我国开拓中国特色哲学社会科学体系的重要时期，是深化高等教育内涵式发展的历史时期，还是培育新时代勇于担当民族复兴大任人才的关键时期。学术诚信作为诚信的组成部分，在我国社会发展进程中发挥着重要的影响作用。然而，近年来学术诚信问题却异常凸显，剽窃学术成果、伪造学术履历、捏造篡改数据等丑闻频发。以国家自然科学基金委员会一家为例，2015—2016 年间共计受理各类案件 382 件，其中启动案件调查 208 件，最终处理相关人员 172 人，处理相关涉事单位 9 所。[⑤] 此外，中国社科院中国廉政研究中心统计数据显示，自 1997 年起的 20 年间，国内新闻媒体总计公开曝光了 64 起学术失信典型案例。[⑥] 这些学术失信案件不但严重破坏了我国良好的学术生态环境，而且产生了十分恶劣的社会影响。2016 年 5 月，习近平总书记在中国哲学社会科学研讨会上指出：“哲学社会科学领域存在一些不良风气，学术浮夸、学术不端、学术腐败现象不同程度存在，有的急功近利、东拼西凑、粗制滥造，有的逃避现实、闭门造车、坐而论道，有的剽窃他人成果甚至篡改文献、捏造数据”，“要大力弘扬优良学风，把软约束和硬措施结合起来，推动形成崇尚精品、严谨治

① 中共中央办公厅：《中共中央关于全面推进依法治国若干重大问题的决定》，北京：人民出版社 2014 年版，第 27 页。

② 习近平：《决胜全面建成小康社会　夺取新时代中国特色社会主义伟大胜利——在中国共产党第十九次全国代表大会上的报告》，北京：人民出版社 2017 年版，第 43 页。

③ 李可、张子谏：《大数据为诚信体系建设提供新契机》，《光明日报》2018 年 1 月 29 日。

④ 中共中央、国务院：《新时代公民道德建设实施纲要》，2019 年 10 月。

⑤ 杨舒：《国家自然科学基金委通报典型案例对科研不端“零容忍”》，《光明日报》2016 年 12 月 14 日。

⑥ 中国社会科学院中国廉政研究中心：《反腐倡廉蓝皮书：中国反腐倡廉建设报告 NO.8》，北京：社会科学文献出版社 2018 年版，第 157–158 页。

学、注重诚信、讲求责任的优良学风，营造风清气正、互学互鉴、积极向上的学术生态”。[①] 与此同时，总书记也强调：“我们的哲学社会科学有没有中国特色，归根结底是要看有没有主体性、原创性。”[②] 大学生是国家未来学术团队的主要力量和后备军，是构建中国特色学术体系的关键所在。“端正学术风气，加强学术道德建设成为当前我国高等学校一项刻不容缓的重要任务。”[③] 在大学阶段培养青年的学术诚信意识和价值观，一定程度上关乎未来我国哲学社会科学的实际发展与社会良好风气的养成。因此，积极推进大学生学术诚信教育具有十分重要的历史意义，也是本研究所基于的重要现实背景。

其次，新时代大学生社会主义核心价值观教育极端重要。当前我国发展迎来新的历史方位，中国特色社会主义进入了新时代。“这个新时代，是承前启后、继往开来、在新的历史条件下继续夺取中国特色社会主义伟大胜利的时代，是决胜全面建成小康社会、进而全面建设社会主义现代化强国的时代，是全国各族人民团结奋斗、不断创造美好生活、逐步实现全体人民共同富裕的时代，是全体中华儿女勠力同心、奋力实现中华民族伟大复兴中国梦的时代，是我国日益走近世界舞台中央、不断为人类作出更大贡献的时代。”[④] 新时代赋予了我们新的机遇与发展空间，同时也提出了新的使命与要求。党的十八大明确提出 24 字社会主义核心价值观[⑤]，把“诚信”纳入社会主义核心价值体系，并将诚信建设作为社会主义核心价值体系建设的切入点和重要抓手，倡导以诚信为主要内容的公民道德建设。随后十九大报告进一步要求：“深入实施公民道德建设工程，推进社会公德、职业道德、家庭美德、个人品德建设……推进诚信建设和志愿服务制度化，强化社会责任意识、规则意识、奉献意识。”[⑥] 毋庸置疑，“实现强起来的

---

① 习近平：《在全国哲学社会科学工作座谈会上的讲话》，《人民日报》2016 年 5 月 19 日。

② 习近平：《习近平谈治国理政》（第二卷），北京：外文出版社 2017 年版，第 341–342 页。

③ 中华人民共和国教育部：《关于加强学术道德建设的若干意见》，2002 年 2 月 27 日。

④ 习近平：《决胜全面建成小康社会　夺取新时代中国特色社会主义伟大胜利——在中国共产党第十九次全国代表大会上的报告》，北京：人民出版社 2017 年版，第 10–11 页。

⑤ 胡锦涛：《坚定不移沿着中国特色社会主义道路前进　为全面建成小康社会而奋斗——在中国共产党第十八次全国代表大会上的报告》，北京：人民出版社 2012 年版，第 31–32 页。

⑥ 习近平：《决胜全面建成小康社会　夺取新时代中国特色社会主义伟大胜利——在中国共产党第十九次全国代表大会上的报告》，北京：人民出版社 2017 年版，第 43 页。

伟大飞跃，需要构筑中国价值、中国精神、中国力量，需要更广泛地聚合十三亿多中国人民的磅礴之力，需要从整体上提升国民的道德素养。诚信是国民道德素养的基石，诚信的价值追求在新的时代背景下，具有更加突出的社会价值和战略意义”①。

“青年兴则国家兴，青年强则国家强。青年一代有理想、有本领、有担当，国家就有前途，民族就有希望。”②大学生是民族的希望、祖国的未来，担负着全面建成小康社会、构建社会主义和谐社会的重要使命。如何在大学生群体之中实现社会主义核心价值观的有效传播，如何将中华优秀传统文化在青年群体中有效传承，如何培养符合未来国家民族发展需要的合格建设者和接班人，是当前我国教育体系，尤其是高等教育阶段的迫切任务与历史使命。2018 年 5 月 3 日，习近平总书记在北京大学同师生座谈时强调：“人才培养一定是育人和育才相统一的过程，而育人是本。人无德不立，育人的根本在于立德。这是人才培养的辩证法……要把立德树人的成效作为检验学校一切工作的根本标准，真正做到以文化人、以德育人，不断提高学生思想水平、政治觉悟、道德品质、文化素养，做到明大德、守公德、严私德。”③将诚信教育作为培育大学生社会主义核心价值观的重要抓手，对个人层面核心价值观的养成具有十分重要的意义。学术诚信价值观是个人诚信价值观的组成部分，学术生活同时也是大学生活的核心组成，因此，积极加强大学生学术诚信教育，提升学术诚信意识，事关社会主义核心价值观培育的整体效果，是大学生思想政治教育的时代命题。

再次，全球化趋势呼唤比较思想政治教育创新发展。自 1984 年设立以来，思想政治教育学科为推动思想政治工作创新发展提供了重要的理论依据与方法指导，在专业建设、学理研究、学科发展、人才培养等方面取得了巨大进展，“已经成长为中国特色中国风格中国气派哲学社会科学学科与学术体系中的重要一域”④。当前，伴随着文化交流、交融、交锋日益频

① 杨晓慧：《新时代的诚信精神及其价值意蕴》，《光明日报》2017 年 12 月 2 日。

② 习近平：《决胜全面建成小康社会　夺取新时代中国特色社会主义伟大胜利——在中国共产党第十九次全国代表大会上的报告》，北京：人民出版社 2017 年版，第 70 页。

③ 习近平：《抓住培养社会主义建设者和接班人根本任务　努力建设中国特色一流大学》，《人民日报》2018 年 5 月 3 日。

④ 沈壮海：《改革开放以来思想政治教育研究的学术版图》，《思想理论教育导刊》2008 年第 11 期，第 13 页。

发与加剧，思想政治教育作为一种重要的教育实践方式，是国内外学界展开交流的一个重要命题。为了有效契合时代进步、中国腾飞、民族复兴的迫切需要，比较思想政治教育崭露头角并迅速发展，已经成为思想政治教育学科中一个重要学术研究领域，研究视域、研究水平都呈拓展提升趋势，是思想政治教育“学科化”“学术化”“国际化”[①]的一个集中体现。比较思想政治教育迅猛发展的态势使得思想政治教育的学科基础研究布局，从原有的由“原理、方法、史论”所组成的“三重结构”走向了“原理、方法、史论、比较”并存的“四维驱动”[②]。“文明因交流而多彩，文明因互鉴而丰富。文明交流互鉴，是推动人类文明进步和世界和平发展的重要动力。”[③]笔者认为，立足我国思想政治教育实际，聚焦他国相关教育经验十分必要，既可以提供理论借鉴，夯实学科基础；又可以优化教育实施，拓展研究视野；还可以推动跨文化交流，“以大国思维的国际视野，去发挥中国的世界影响”[④]。

“当前世界一个公认的事实是美国是世界头号科技强国并牢牢占据着国际学术话语权，将美国视作全球高等教育最发达的国家也毫不为过。”[⑤]美国社会存在着一个广泛共识，就是高等教育对于国家的经济发展和文化繁荣发挥着至关重要的作用。全国范围内超过 4000 所正规大学每年招收近两千万大学生；高等院校每年科研经费近 300 亿美元，其中约七成来自于联邦政府的各个机构。[⑥]美国高等教育的大量投入也获得了国际社会的认可与肯定，在 2019 年 QS 世界大学排名前 100 的高校中，美国高校占据了 33 席。[⑦]历史的经验证明，美国社会经济的迅猛发展，不断变革的高等教育成

① 冯刚、郑永廷：《思想政治教育学科——30年发展研究报告》，北京：光明日报出版社 2014 年版，第 466 页。

② 杨晓慧：《比较思想政治教育研究的学科理性、本质定位及系统建设》，《思想理论教育导刊》2014 年第 10 期，第 101–105 页。

③ 习近平：《习近平谈治国理政》，北京：外文出版社 2014 年版，第 258 页。

④ 张澍军：《试论思想政治教育学科定位——学习习近平两次重要讲话的一些思考》，《马克思主义研究》2017 年第 7 期，第 125–130 页。

⑤ 孙纪瑶、段妍：《美国高校学术诚信教育微探》，《外国教育研究》2018 年第 11 期，第 67 页。

⑥ Daniel Bell. *The Reforming of General Education: The Columbia College Experience in Its National Setting*. New York: Columbia University Press, 2000, p.291.

⑦ “QS World University Rankings 2019 | Top Universities”，2018–07–29，https://www.topuniversities.com/university-rankings/world-university-rankings/2019。

为了继政治体制活力、经济制度竞争力之后的又一重要因素。那么在高等教育取得如此成就的过程中，在追求真理、鼓励科研创新、崇尚学术自由等精神的诉求下，学术诚信成为了美国高校的立校之本与永恒不变的使命担当。学术诚信教育在此背景下取得了长足的发展与进步，现已形成方法多、成体系、制度化、全方位等特点，并且理论研究起步早，成果丰富。英国、日本等很多国家已经开展对当代美国大学生学术诚信教育的研究与探索。毋庸置疑，美国经验对于我国大学生学术诚信教育具有一定的借鉴价值。从学科发展角度而言，对于美国大学生学术诚信教育的研究，体现了国际视野下“世界眼光”“中国情怀”“时代特征”①三个维度的有机整合，在深化理论与实践结合的同时，推动比较思想政治教育的创新发展。这不仅有助于夯实我国相关命题研究的理论基础，为思想政治教育实践活动的开展提供理论借鉴，还有助于拓宽国际视野，在反思中不断总结经验，实现思想政治教育活动组织形态的优化发展，满足比较思想政治教育学科建设与理论研究的现实需要。

本研究以“美国大学生学术诚信教育”为核心问题，通过“三结合”手段，即理论分析与实践考察相结合、历史梳理与现实分析相结合、域外特色与本土经验相结合，本着“全景扫描与本质剖析”的横纵向度交叉的分析思路，对美国大学生学术诚信教育目标定位、实施过程、保障体系进行系统分析与考察，深入探究美国高校开展大学生学术诚信教育过程中的典型经验，系统地把握美国大学生学术诚信教育特点，并结合我国社会实际与现实境遇，理性挖掘其对我国大学生学术诚信教育开展的启思与借鉴。

① 冯刚:《推动思想政治教育创新发展》,《光明日报》2014 年 6 月 10 日。

第一章

美国大学生学术诚信教育的演进与特征

美国作为当今世界教育最发达的国家之一，在诸多学科领域都较有建树，毋庸置疑，学术诚信作为助推美国学界学术研究有序发展、创新进步、繁荣和谐的基本保障之一，为美国的教育发展、科技创新、社会进步做出了较大贡献。大学生群体作为国家未来发展的中坚力量，其学术诚信价值观的养成尤为重要，因此美国高校长久以来高度重视学术诚信教育的开展，现已形成方法多、成体系、制度化、全方位等特点，并且理论研究起步早、成果丰富。在积极响应习总书记“坚持古为今用、洋为中用，善于融通马克思主义、中华优秀传统文化和国外哲学社会科学资源”[①]的号召下，为了有效推进我国高校学术诚信体系建设，我们有必要针对美国大学生学术诚信教育展开透彻的研究。本章着力梳理美国大学生学术诚信教育的基本概念、历史发展、基本特征，旨在为整体研究提供精准客观的研究基础。

第一节　美国大学生学术诚信教育的概念界定

对任何一个新事物的理解都必须从其内在包含的本质属性出发，即深入挖掘内涵并在此基础之上探究其本质与范畴。与此同时，由于世界各国政治、经济、文化制度等方面的差异，对相关概念的界定与理解要充分结合其原生文化的特征与影响，建立在对其原有词源的深刻理解之上。

① 中共中央宣传部:《习近平新时代中国特色社会主义思想三十讲》，北京：学习出版社2018年版，第199–200页。

一、西方诚信观及诚信文化

（一）诚信的西语词源意义

在西方语境下，与“诚信”一词相对应的表述有很多，由于所侧重表述的内容和发展路径之间的差异，形成了不同的使用环境及具体含义，具体如下：

第一，Faith。“诚信”一词源于拉丁文的“bona fides”，在法语中称“bonne foi”，其中为“fides”指“已经做成”，后来马库斯·图留斯·西塞罗（Marcus Tullius Cicero）将“fide”解释为“行其所言谓之信”[①]，与中国古代“言出必行”的行为规范相类似。“bona”指“好”的意思，“bona fides”可直译为“好信”，英文用“good faith”表达。“in good faith”作为短语表示“诚信”的意思。“faith”在《牛津高阶英语词典》（下简称《词典》）中有两种含义，一为“信任、信赖、信心、信念”，二为“宗教信仰”，可以表示宗教上对神的信奉。[②]“faith”最早表示宗教名词的“信”，是基督教信徒的最基本行为规范，是“圣法”。现代西方诚信道德的历史渊源之一即源自中世纪宗教道德。13 世纪，“faith”与“feith”“fei”“fai”同时同义存在，表示忠诚与某种信任和承诺信仰或忠诚于某人，诚实对待真相，来自 11 世纪的古法语“feith”和“foi”表示相信、信任和自信，拉丁语的“fides”表示信任、忠诚、自信、依赖和信用，词源上与“fidere”“to trust”同义，有“劝服”的进化意义，与其他英语抽象名词相适应，表示真相、健康等。在 14 世纪早期，“faith”表示“对一份不完整的证据陈述的真理的赞同”，尤其是表现宗教事务的信仰（与希望和慈善相匹配），到 14 世纪中期，专门指基督教教堂和习俗，14 世纪末延伸至任何宗教的人的信仰。[③]

第二，Trust。“faith”在《词典》中直接与“trust”对译，“trust”表示“信任、信赖”[④]。西方古代典籍《圣经》中出现“trust”表示“诚信”的论述。在古代西方政教合一的传统认知下，人与人之间不能保持绝对的诚信或相信，“纯粹条件的诚信”只能存在于人与人的主即上帝之间，上帝是超

---

① 〔古罗马〕西塞罗：《论义务》，王焕生译，北京：中国政法大学出版社1999年版，第22页。

② *Oxford Advanced Learner's Dictionary*, Oxford: Oxford University Press, 2016, p.554.

③ “Online Etymology Dictionary”, 2018–01–12, https://www.etymonline.com/word/Faith.

④ *Oxford Advanced Learner's Dictionary*, Oxford: Oxford University Press, 2016, p.1679.

于人类本身的强大力量，人类对上帝纯粹的诚实是源于敬畏，力量上的绝对悬殊使人类不敢在上帝面前不忠。此语境下的诚信具有原始自然崇拜的意味。12 世纪时“trust”表示依赖诚实、正直或其他美德与宗教信仰，大概是来源于古代北德语的“帮助、自信、保护和支持”，原始日耳曼抽象名词“xtraustam”、古福利西亚语的“trast”、荷兰语的“troost”表示舒适，哥特语“trausti”表示同意，以上源于古英语“treowian”意为“相信、信任”和普鲁士的“treowe”意为“忠诚、信任”，表达坚定、坚固的信。13 世纪“trust”表示可靠性、诚信忠实、值得相信。14 世纪晚期开始表示作为自信的期望和可依赖的人，15 世纪早期表示在法律上对一个持有或享有财产使用权利的信任作为合法的拥有者，15 世纪中期表示依法受委托。[①]依据 1877 年记录，该词词义演变的目的是减少商业组织的竞争。“trust”的古词义逐渐由宗教信任向近代商业竞争和法律平等转化。戴维·弗里切（David Fritzsche）在《商业伦理学》中用“trust”表示“诚信”。西方社会生活的诚信是在进入商业活动之后产生的，在这其中“trust”是含义最多的诚信表达方式，在近现代西方资本主义社会中发展出众多含义：一是指在无证据或未调查的情况下相信；二是受托、受委托；三是信托、财产信托；四是托拉斯，垄断企业；五是指印度或古巴的商业信用；六是希望、期待和期望；七是将某物某人托付给别人；八是依靠（运气、命运）等；九是希望、期望；十是允许赊账。从以上词义中可以看出，“trust”偏向表示经济、财产上的信守承诺或信赖某人，而非指道德约束或法律约束，不表示伦理或契约制度下个体本身对公共集体的天然责任，多表示信任和商业期待。康德说：“人应该诚实，是人们心中的普遍性道德法则，它与支配我们头上星空的自然法则一样令人赞叹和敬畏。”[②]

第三，Integrity。“诚”与英文单词“integrity”对译，“academic integrity”译为“学术诚信”。《词典》中，“integrity”有三重意思：一为诚实、正直，与英文单词“honest”相对应，“highest integrity”表示“光明磊落”；二为艺德、职业操守，强调职业道德和素养；三为完整、统一。[③]“integrity”与其他表示诚信的英语词汇相比出现较晚，1400 年表示

① “Online Etymology Dictionary”, 2018–01–12, https://www.etymonline.com/word/Trust.

② 〔德〕康德：《实践理性批判》，北京：商务印书馆 1960 年版，第 164 页。

③ *Oxford Advanced Learner's Dictionary*, Oxford: Oxford University Press, 2016, p.817.

"纯洁无瑕、单纯完整"，来自古法语的"integrite"或直接来源于拉丁语的"integritatem"，具有"健全、完整"的意思，从整体上看包括"纯洁、正确和无罪"的意义。"完整、完美状态的词义"出现于16世纪中期。[①]近代的"integrity"的含义没有明确表征"诚实"含义，而是概之以"纯洁、完整"表达，大概是西语语境下认为诚实是个体生命完整、纯洁的必备因素，是人类个体完整不可或缺的精神品格。维基百科中解释道"Integrity is the quality of being honest and having strong moral principles"[②]，强调诚信作为道德原则的表现。故"integrity"可直接表示学术诚信中遵守学术行为规范、尊重学术传统。

第四，Honest。"honest"是口语中表述"诚实"的常用词，指诚实的、可信的，可表示强调。1300年，"honest"表示受人尊敬的体面、整洁的外观可免于欺诈，来自古法语的"onesie"，表诚实正直高尚体面之意。来自拉丁美洲的现代法语"honnete"表示"可敬的、值得尊敬的"。来源于"honos"，现代意义上的"公平、诚实、不欺骗"出现于1400年；带有"贞洁、妇女贞操之德"的"honest"大概出现于1620年。[③]"honest"的含义经过由人类状态的表象到人类内在意识品格的转化。"honor"具有荣誉、名誉之意，西方大学也有"honor system"表示荣誉制度。

第五，Sincerity。"Sincerity"表示诚实、真诚含义，多表示人的品格。15世纪早期，"sincerity"表示"诚实、真诚"，直接来源于拉丁语的"sinceritas"表示"纯真、安然无恙和整体"和"sincerus"表示"完整、干净和无伤"，共同表示"平和、真诚、纯洁、真谛"。[④]英语中有众多关于诚信的谚语，有直接运用"诚实"的谚语，还有利用"不诚""背誓"等词语强调诚信。如"promise is debt"表示一诺千金；"honest is the best policy"表示诚实为上；"better deny at once than promise long"表示轻诺必寡信等。西方语境强调诚实的价值或不诚实的后果，以此延伸出守信的含义，并强调守约的重要意义。

---

① "Online Etymology Dictionary", 2018–01–12, https://www.etymonline.com/word/Faith.

② "Integrity", 2018–01–12, https://en.wikipedia.org/wiki/Integrity.

③ "Online Etymology Dictionary", 2018–01–12, https://www.etymonline.com/word/Faith.

④ 同上。

（二）诚信在西方价值体系中的地位

诚信思想在西方社会共有两个历史源头及发展脉络，一是古典文明时期形成的社会伦理，体现在古代希腊民主政治和古代罗马法律精神中延伸形成的近代西方社会契约伦理；二是中世纪基督教信徒的基督教宗教伦理，新教改革后宣扬的“因信称义”，“信”是教徒宗教信仰的判断标准。古典时期民主法制精神、中世纪宗教信仰和近代资本主义精神是现代西方社会诚信精神的三大构成，共同组成了现代西方诚信精神的内涵。

西方诚信观念最早源于古希腊，作为商品经济正常运行的道德前提。古希腊城邦以航海业和种植业立国，海外贸易自古发达，海洋文明和商业文明造就的古代城邦，将诚信作为商业贸易的道德基础。城邦体系中诚信虽非希腊雅典公民四大道德之一，但“智慧、勇敢、节制、正义”的城邦公民道德中包含对诚信的追求。苏格拉底阐述“美德即知识”，其临终时说“我绝不会因为怕死而背信弃义”，认为诚信作为美德之一是知识的一部分，用于创造社会物质和精神财富。亚里士多德的“吾爱吾师，吾尤爱真理”，表达出对真理和学术诚信的强烈追求。亚里士多德认为诚信有三层含义：一是介于自夸与自贬之间的德行；二是公正德行的一部分；三是经济交往的原则，以上三点基本概括了自我修养、处世道德和商业伦理的现代诚信观念。[①] 希腊先贤将诚信作为社会生活中符合自然规律的标准，与中国古代的“道法自然”意思相近。诚信的最终本质和归宿是“至善”。希腊神话中有对诚信的描述。古希腊神话中有赫尔墨斯，宙斯与迈亚之子，盗窃者的守护神和商业之神。赫尔墨斯身怀偷窃术，与众神开玩笑，偷走了宙斯的权杖、波塞冬的三股叉、阿波罗的金箭银弓、阿瑞斯的宝剑。他偷走了太阳神阿波罗的五十头牛，经过波尔提亚时被一个老人发现，老人答应他保守秘密。泄密后，赫尔墨斯把他变成了石头。后来阿波罗知道牛被盗后要求宙斯命令赫尔墨斯归还，赫尔墨斯又以美妙的琴声使阿波罗陶醉答应以牛换琴，因此又被称为“商业之神”。[②] 故事中老人失信后变成石头的教训、赫尔墨斯偷窃之术不成利用绝技与阿波罗进行交易，都表现了古代希腊神话中对诚实守信和商业诚信的号召。潘多拉魔盒故事中，潘多拉由赫尔墨斯赠予其说谎的能力，普罗

---

① 苗力田:《亚里士多德全集》，北京：中国人民大学出版社 1992 年版，第 27–37 页。

② 陈喜辉:《神在人间的时光》，北京：中信出版社 2015 年版，第 99–100 页。

米修斯的弟弟埃庇米修斯违背了对哥哥的承诺与潘多拉结婚后，潘多拉打开魔盒导致灾难降临人间，故事讲述了背信弃义、弃守承诺的代价。[①] 希腊神话具有神人同形共性的特点，希腊的神并非完美无缺、力大无穷，相反希腊诸神的际遇、结果不尽相同，神话具有强烈的讽刺和暗示意味，以此规范世人德行。古希腊史家借神话表达现实生活和商业交流中人类的道德要求，借以调整人与人之间的关系，维持人类社会的正常秩序。

古罗马法的契约精神是诚信在法律的社会制度方向上的演化。《十二铜表法》是古罗马第一部成文法，除第一表传唤和第二表审理外的其他十表，详细罗列和记述了罗马公民土地、金钱、奴隶等私有财产的保护，以法律的形式强制规定了财产私人占有不得侵占、欺骗的公民行为规范。"优士丁尼的《法学阶梯》引用'诚信'38 次、《法典》引用 117 次、《学说汇纂》中出现 462 次。"[②] 诚信原则在罗马法中被称为"善意原则"。古罗马时期产生的诉讼形式称为"诚信诉讼"，即要求审判和被审判双方秉承诚信、真实、善良、合作精神参与法律程序的原则。大法官要求原告在程序书中签署"依诚信"字，如原告欺诈、胁迫、审判时可减免被告方责任。审判员在审理时按照诚信、公平原则，根据案情做出平衡的判决，不必严守法规、拘泥形式。著名历史学家勒芬・斯塔夫罗斯・斯塔夫里阿诺斯（Leften Stavros Stavrianos）在其著作《全球通史》中曾说道："罗马人的思想意识方面最重要的贡献在于，他们的法律是基于理性而不是基于习俗。"[③] 罗马时期形成的契约精神是西方诚信文化的特殊之处。"契约"英文"contract"一词直接来源是 14 世纪法语"contract"，源于拉丁文"contractus"意为"协议、同意"，是一种古老集会原则。[④]1940 年，"contract"首次记录具有"讨论同意处死某人"之意。现代英语"contract"具有口头协议和书面合同、（与雇佣刺客达成的）暗杀协议、选择进入或退出合同三种含义。"契约"古意强调集会、集合达成协议，用于规范社会力量，协调公共利益关系，而非简单小型、双方协议。契约精神强调社会力量协商、守约、

---

① 陈喜辉：《神在人间的时光》，北京：中信出版社 2015 年版，第 118–119 页。

② 李长伟：《追求卓越——古典公民教育探析》，《湖南师范大学学报》2013 年第 6 期，第 97 页。

③〔美〕斯塔夫里阿诺斯：《全球通史——从史前史到 21 世纪》，董书慧、王昶、徐正源译，北京：北京大学出版社 2005 年版，第 130 页。

④ "Online Etymology Dictionary", 2018–01–12, https://www.etymonline.com/word/Faith.

践约作为行为指导，以契约各方相互信任为前提，核心是“诚信的公平交易”，契约各方公平且诚信地行使权利并承担义务，实现向“依附关系”向“契约关系”的转变，是西方社会摆脱人身依附向社会平等迈进的基石，契约诚信是近现代西方法律的法理源头和社会组织精神。

中世纪时代诚信是基督教徒的行为规范，将诚信道德上升到信仰和天理高度，中世纪宗教文明是古罗马时期契约精神的发展。《圣经·旧约》是耶稣降世之前上帝与犹太民族所立之约，《圣经·新约》则是耶稣降世之后上帝与人重新定立之约。《圣经·旧约》称“行事诚信为上帝所喜”。“信”是基督教信徒的“圣法”，中世纪西方封建社会政教合一的政治文化体系，以宗教信仰的形式将诚信不仅作为社会道德，更作为强制的宗教纪律执行，任何背弃宗教约束的行为即是“异端”。《圣经·箴言》第 12 章 22 条：“耶和华憎厌撒谎的唇，坚持忠信的他钟爱。”[①]《圣经·箴言》第 29 章 14 条：“君王断案，若以诚信待弱小，他的宝座将永远矗立。”[②]《圣经·诗篇》第 85 章 10 条：“慈爱与忠信相会，公平同和平相吻。”[③]《圣经》以耶和华的行为约束信众，以神的形式建立宗教式行为规范。新教改革后，“因信称义”为宗旨强调教徒真诚信奉自己可以与上帝沟通，不必通过教会。新教强调自我约束和信奉，诚信作为新教伦理成为新教徒的自有属性，《马太福音》称“不可背誓”。中世纪神学之父托马斯·阿奎那在《神学大全》中写到，诚信不仅是神学信仰规范还是世俗道德传统，诚信从形而上和形而下角度作为西方传统信仰和道德规范。新教精神的诚信守约、踏实进取促进近代西方资本主义的发展。[④] 马克斯·韦伯关于新教伦理与资本主义的阐释中，称中世纪新教对西方资本主义的孕育和诞生起到重要作用。新教伦理要求新教徒将诚实守信作为基本行为规范，认为“信”是衡量信徒的最基本标准，与基督教堂和教士无关，一改中世纪陈旧宗教陋俗，形成了强大的信仰精神动力和社会风俗合力。[⑤] 每一次经济行为实际都是精神上买卖双方相

① 冯象译注：《智慧书》，北京：生活·读书·新知三联书店 2016 年版，第 381 页。

② 同上书，第 423 页。

③ 同上书，第 244 页。

④ 刘素民：《托马斯·阿奎那伦理学思想研究》，北京：中国社会科学出版社 2014 年版，第 185 页。

⑤〔德〕马克斯·韦伯：《新教伦理与资本主义精神》，马奇炎、陈靖译，北京：北京大学出版社 2012 年版，第 36 页。

互相信、相互承诺守信的结果。新教徒积极入世的人生态度、诚实守信的从商习惯、积极进取的奋斗意识为新教徒的世俗生活和商业交流提供了内在的精神动力，形成了与资本主义经营相配套的职业道德和商业伦理。新教精神成为西方中世纪时代孕育近代西方资本主义经济因素的精神原因。

近代西方资本主义的诚信精神则包括商业道德和公共社会契约两方面。诚信作为商业道德为经济学者、社会学者和新教徒所宣扬。近代启蒙运动兴起的重要社会因素是商业恶性竞争形成的社会失序。亚当·斯密强调诚信公平是一切经济运营的原则，认为商业欺诈的行为必须依靠社会搭建商业规范和商业道德体系予以制约引导。近代西方继承古代希腊罗马文化传统，将罗马法的契约精神沿用至近代商业运行中，诚信原则被称为“帝王条款”。思想家和经济学家赋予诚信与信仰同等地位，认为诚信的意义在于诚信本身，诚信不能被违背和利用，过度和过少的诚信都是不诚，诚信只能被遵循。马克思说：“资本与其说是任何一种商业交易界限，不如说是用来建立良好的信用基础。”[①] 格奥尔格·齐美尔在《货币经济学》中说：“金钱是一种对交换能够兑现的许诺，金钱的占有所给予个人的安全感是对社会——政治组织和秩序的信任的最集中和直接的形式和体现。”[②]在商业伦理基础上，资本主义社会将契约精神发展到法律、道德、政治多方面，诚信精神成为近代社会运行原则之一。近代法理体系发展的前提是参与法律的各方诚实地进行诉讼、控告，执法者诚实、客观、公正地实施审理、判断等法律程序，有任何一方不诚实都会导致法律程序中断。1901 年《瑞士民法典》将诚实守信作为民事活动的基本原则。黑格尔认为诚实守信是合法前提下社会机体双方的利益契合，是利益与道德的结合，违背诚实守信的行为是个体精神和利益对社会集体精神和公共利益的双重践踏。[③] 古典哲学家康德把诚实作为纯粹理性的基本原则和最高指导，他认为诚实是人民心中的普遍道德原则，与支配我们头上的星空的自然法则一样令人敬畏和赞叹[④]。近代西方推崇理性，以理性实现社会和科学进步。理性被上升为一

---

① 张尚字、王新刚:《社会主义核心价值体系引领社会诚信建设》，北京：人民出版社2014年版，第 70 页。

② G. Simmel, *The philosophy of Money*, London: Routledge, 1978, p.179.

③ 〔德〕黑格尔:《法哲学原理》，北京：商务印书馆 1996 年版，第 71 页。

④ 〔德〕康德:《实践理性批判》，北京：商务印书馆 1960 年版，第 164 页。

切行为的价值标准，是价值判断的最高原则。诚信作为理性的一部分，依靠理性保障社会力量"以理行事"、支持守约践信。卢梭的《社会契约论》指出："在法律面前人人平等，人民大众与政府订立契约，如果政府违约，人们就可以解除这种契约。"[①] 政府、公众、个体必须遵循订立的社会契约，契约以法律的形式规范社会组织结构、运行秩序、意识形态、社会风俗等。法律是契约社会的底线，任何违法行为实质都是违反契约的表现。"守约"是社会正常运行的前提，任何一方失信则导致社会大面积失序。社会契约是建立在相互信任或绝对不信任的强力约束之上，诚信作为契约各方自我约束的力量保障社会契约长期有效。近代社会体系中合作是保障长期利益的前提，频繁的失信是社会动荡的根源。诚实守信首先是商业运行的道德规则，作为商业资本在商业运行中被不断强调、进化。在西方文明的中断与延续中，诚信精神发展成诚信文化，贯穿西方历史发展，并在社会道德、法律规范、习俗信仰、商业运行中作为文化原则的同时被逐渐强化、发展，具有文化张力和社会号召力。

二、学术诚信相关概念

学术诚信作为一个系统性概念，对其含义的理解必须建立在对相关概念的辩证认识的基础之上，以便掌握其本质并有效推动后续研究。

（一）学术诚信

在美国，学术诚信这一概念被广泛提及，但当前学界尚未形成统一界定，较为权威且在美国学界所普遍采用的概念来自于美国学术诚信研究中心，其将学术诚信视作一种责任，即无论遭遇何种困境都应始终坚守六种基本价值观，即诚实、信任、公平、尊重、责任感与勇气。[②] 具体而言，其一，诚实被托马斯·杰弗逊称为"智慧之书的第一章"，在美国它被视为是有效开展教学、学习、研究与服务的基础，是充分实现信任、公平、尊重与责任的必要前提。诚实始于个体，进而拓展到更大的群体之中。失信行为不只影响了学术的有效性，还侵害了群体乃至学术共同体的声誉与地位。因而在开展学术研究的过程中，首要责任就是充分展现诚实这一基本

① 〔法〕卢梭:《卢梭文集》，李常山、何兆武译，北京：红旗出版社1997年版，第89页。

② "International Center for Academic Integrity", 2018-01-12, http://www.academicintegrity.org/icai/resources-2.

价值观。[①]其二，信任是学术工作的必要基础，在诚实的前提下，随着时间的推移，信任会随着经验而积累，并借此建立一个相互沟通、彼此坦诚、交流通畅的学术团队，在其中学者可以自由地分享信息、探讨观点、理性批判，将个人精力最大限度地集中于学术研究的观点之上，营造出和谐、开放、自由的学术与科研氛围，有利于团队成员获得更大的成就与发展。[②]其三，公平被视为建立道德群体的重要因素之一，是对学术研究公正的评价，是学术研究过程中公平的竞争。无论个体在研究中的身份为何、地位高低、贡献多少，都可以得到公正的评价与对待。同时建立合理的学术诚信政策，并号召全体成员加以遵守，客观地评价每一个学术研究，使得个体对学术研究与团体充满期待与信心。[③]其四，尊重是要接纳人才与观点的多样性，作为学术共同体中的成员，彼此尊重与欣赏，积极听取他人意见与建议，避免贬低与粗鲁地加以对待。作为传道者，也应该尊重学生的思想，认真评估其观点可能产生的价值，并给予积极的指导。此外，还应尊重前人与他人的研究成果，在参考借鉴与引用诠释时要规范的标明出处。[④]其五，责任感强调学术诚信是学术共同体所应共同维护的责任与信仰，需要每名成员积极参与。培养责任感要学会认知，能够清楚地辨识学术失信行为的存在与程度，要坚决抵制并不盲从，始终坚守学术净土，保持学术清醒，始终追求求真务实的科学研究精神，并且以传播学术诚信精神为己任。[⑤]

上述五个基本价值观由美国学术诚信研究中心于 1999 年提出，成为美国学界当前公认的关于“学术诚信”的“官方”界定，伴随时代发展与现实需要，该机构于 2013 年增加了第六种基本价值观，即勇气。[⑥]他们认为，勇气与前面的基本价值观不同，与其说是一种价值，更确切地说是一种品质或能力，事实上勇气就是尽管畏惧或害怕，但依旧有能力按照自己的价

① Duke University, Durham, NC, “Center for Academic Integrity. The Fundamental Values of Academic Integrity: Honesty, Trust, Respect, Fairness, Responsibility”, 1999. p.8.

② 同上文，第 9 页。

③ 同上文，第 10 页。

④ 同上文，第 11 页。

⑤ 同上文，第 12 页。

⑥ “International Center for Academic Integrity”, 2018–01–12, http://www.academicintegrity.org/icai/resources–2.

值观行事。勇气是一种让学习者能够学习的特质，即使面对质疑与失败，依旧坚守自身的学术研究以到达最高的学术水平。只有将上述六种基本价值观充分加以内化，形成合力，才能使研究者蜕变成为始终坚守学术诚信，做真研究的合格人才。需要注意的是，由于本研究的研究对象为大学生群体，其中涵盖本科生与研究生等学历层次，因此，将学术活动界定在一切与研究、学习等相关的活动之上，其中包括学业考试、学术研究、学业作业等。大学生学术诚信原则要求学生群体无论在校园内外，都应认真应对学业考试、按要求与学术规范保质保量提交学业作业、积极开展学术研究并保证研究过程的真实与客观等。

（二）学术失信

当前美国学界所普遍使用的术语是“Academic Dishonesty”，即“学术失信”，泛指学术上的不恰当行为，与“学术诚信”相对。具体而言，学术失信主要指违背了学术诚信的要求，使用不诚实的手段获得学术成果或成绩的行为，其中包括不规范论文引用、作业抄袭、伪造实验数据、科研造假等行为。当前美国学界对学术失信也并未形成统一界定，但通常认为其与“Academic Misconduct”（学术不端）、“Academic Plagiarism”（学术剽窃）、“Academic Cheating”（学术欺诈）等术语均指代与学术研究相关的不正当行为。在本研究中将会统一以“学术失信”进行表述。需要进一步说明的是，美国对于学术失信等相关概念的界定多针对“学术共同体”这一上位概念进行，这其中，学术共同体指代的是从事学术研究的所有成员，其中包括科研人员、教师、学生等群体，因此在美国国内针对于学术共同体所进行的要求与规范同样适用于大学生群体。当前这类要求多以“Research Misconduct”（科研不端）、“Research Dishonesty”（研究失信）、“Scientific Misconduct”（科学不端）等表述出现。

20 世纪 80 年代，由于出现了影响恶劣的学术失信行为案件，国家和政府开始关注科研领域的行为标准这一问题，美国公共卫生局（PHS）于 1989 年 3 月创立了科研诚信办公室（OSI）与科研诚信审查办公室（OSIR），并于 1992 年 6 月将上述二者合并为学术诚信办公室（ORI），其主要职能之一就是合理界定“学术失信行为”的具体内涵。随后不久，学术诚信办公室即公布学术失信行为指的是“在开展学术研究、指导或学术报告中，伪造、篡改、剽窃或其他违背学术共同体内所广为认同的行为”[①]。除此之外，针对学术失信行为的另一权威来源就是美国国家科学基金会（NSF），其认为学术失信行为包括两点，其中第一点与学术诚信办公室所提出的概念相类似，但限定了行为是发生在国家科学基金会所资助的项目或活动之中；第二点指明失信行为还包括“对举报或提供可疑失信行为线索的人进行任何形式的报复”[②]。此后，美国国会于1993年设立了美国联邦研究诚信委员会（CRI），明确了“学术失信行为是盗取他人研究成果，蓄意阻碍他人研究进展、破坏既有科研成果或对其带来风险等一系列不轨行为”[③]。当前美国现行标准的“共同定义”是由美国白宫科学技术政策办公室（OSTP）于2000年12月所发布的《美国学术不端的联邦政策》，这一标准界定较之于前保留了三种核心的行为失信类型：伪造、篡改与剽窃，去除了“其他违背学术共同体内所广泛认同的行为”这一类似表述，使得对学术失信行为的概念界定更为具化。《政策》认为：“在进行、结束或评审学术项目，或者在总结学术项目中出现伪造、篡改或剽窃等行为。其中，伪造指的是伪造资料、数据、结果等信息并予以记录或上报；篡改指的是对研究资料、研究设备进行删改或捏造，致使研究记录无法客观且精确地表现研究过程；剽窃指的是擅自窃取他人研究成果、数据或研究思想，而未给予明确标注的。”[④]需要说明的是，由于本研究所针对的对象为美国大学生群体，因此基于上述国家政策及法规的相关界定，本研究将大学生学术失信界定为“大学生群体在开展研究等一切与学术研究相关的活动中出现伪造、篡改、剽窃等相关行为，其中涉及学业考试、课业作业、学术研究等多个方面”。

三、美国大学生学术诚信教育

作为世界一流信用社会的美国，在宗教、文化、社会等因素的影响下，美国高校十分注重开展大学生诚信教育。美国著名教育家、哈佛大学前校

---

① Public Health Service, “Responsibilities of Awardee and Applicant Institutions for Dealing with and Reporting Possible Misconduct in Science: Final Rule”, *Federal Register* 54(1989), pp.32、449.

② “New Research Misconduct Policies”, 2018–01–12, https://www.nsf.gov/oig/_pdf/presentations/session.pdf.

③ Commission on Research Integrity, *Integrity and Misconduct in Research*, 1995, pp.17–18.

④ Office of the President, Office of Science and Technology Policy. 2000, “Federal Policy on Research Misconduct”, *Federal Register 65*(6 December 2000), pp.76260–76264.

长德里克·博克（Derek Bok）宣称，大学应该传授学生较高的道德标准，以使其能够处理所面对的道德问题，其中就包括诚信问题。[①]美国伊利诺伊大学芝加哥分校前文理学院院长斯坦利·费希也强调了学术美德的重要性，认为学术美德是“在教学、研究与出版等学术活动中所体现出的道德”[②]。杜威也坚持认为学术美德或智性层面的美德“是道德品质”[③]，具有极其重要的意义。因为学术诚信充分体现了美国关于学术严谨的做事风格与注重创新的研究态度，也是学生诚信品质在学业中的客观体现，所以美国高校在开展诚信教育过程中着重强调大学生的学术诚信教育。当前美国学界尚未形成对学术诚信教育的标准界定，但基本上都是围绕着美国国际学术诚信中心对“学术诚信”所做诠释加以限定，即旨在通过学术诚信教育使学生获得正确的学术道德态度、理性观念与行为范式[④]，此外，还应该包括传授专业知识、营造学术氛围、监督诚信行为等方面相关的理念、认知与行动等[⑤]。学术诚信教育的核心目标就是培养当代大学生具有诚实、信任、公平、尊重、责任感以及勇气等基本价值观。

因此，本书所指代的大学生学术诚信教育，是当代美国高校对大学生所开展的关于学术诚信相关的教育。具体而言，就是围绕学术诚信这一主题，在建立诚信意识、提高认知思维、培养道德情操、养成行为习惯，最终形成学术诚信品质等方面所建立的教育理念和所开展的一切教育活动的总和。具体包含如下三个维度：一是课业诚信。美国高校高度注重以前沿性知识、专家化解读、广谱式阅读推动课堂的知识交流，经常采取小班教学等课堂形式，鼓励学生自主参与和合作探究，力求给予每名学生参与课堂研究与讨论的机会。因此，为了充分参与讨论与展示，这就要求学生认真研读相关资料、分享个人观点、整合组内成果等工作。在此过程中，学生个体的学业诚信就显得尤为重要。因此，鼓励学生注重完成课业要求，

---

① 〔美〕伊丽莎白·基斯、〔美〕J. 彼得·尤本主编：《反思当代大学的德育使命》，孙纪瑶、段妍译，北京：人民出版社 2017 年版，第 100 页。

② 同上书，第 75 页。

③ John Dewey, *Democracy and Education*, New York: Macmillan, 1916, pp.356–357.

④ Shelley McGill, “Integrating Academic Integrity Education with the Business Law Course: Why and How?”, *Journal of Legal Studies Education*, vol.2, 2008, pp.241–243.

⑤ Bruce Macfarlane, *Teaching with Integrity: The Ethics of Higher Education*, New York: Routledge, 2003, p.67.

间接地推动了学生个体学术诚信观的养成，也可以使学生充分认识到良好课业的完成是获得学业成功的基础。二是考试诚信。考试作为检验或评定学生在某一领域或专业上对知识内容的掌握情况的重要方式，被当前高校所普遍采用。考试诚信展现了学生在参与考试过程中所表现出的道德诚信水平，是评判学生学术诚信的重要环节。美国高校学术诚信教育的一大特色就是以制度约束学生个体，将考试诚信与学生个人荣誉感相结合，建立无监考形式，激发学生内在的道德荣誉感。① 三是研究诚信。高等教育的目标之一就是培养学生独立自主的探究能力与创新精神，并进行高水平学术研究。② 在掌握基本专业知识的前提下，鼓励学生积极开展深入研究，培养学生学术能力是大学阶段的首要任务。许多学生积极参与教授研究项目，承担重要研究任务，抑或是开展个人兴趣研究，因此，在研究过程中积极培养学术诚信，不但有助于产出优秀研究成果，还有助于推动学生养成价值观，更加为学术科研单位人才的培养打下坚实基础。

第二节　美国大学生学术诚信教育的发展历程

谈及美国大学生学术诚信教育的发展变革离不开美国高等教育发展史，这是美国传统和文化的重要构成部分，映射着美国文化的价值取向与行为理念。③ 美国文化缘起于西方文明，“是宏观历史框架下西方文明的重要分支与成功继承者” ④，在继承、批判、超越、创新的过程中，美国文化成长为特色鲜明、优势突出的价值体系，为其国家发展与世界领导地位的确立奠定了坚实的基础。纵观美国文化发展的各个历史时期，教育，尤其是高等教育，作为国家软实力的重要组成部分，都在国家建设和发展过程中发挥了重要作用。⑤

---

① 张银霞:《美国常春藤联盟高校本科生学术诚信治理模式研究》,《比较教育研究》2016年第 9 期，第 55–56 页。

② Derek Bok, *Beyond the Ivory Tower: Social Responsibilities of the Modern University*, Cambridge: Harvard University Press, 1982, p.101.

③ Slosson Edwin E, *Great American Universities*, New York: Macmillan, 1977, p.226.

④ 张晓立:《解析美国高等教育》，北京：中央编译出版社 2013 年版，第 25 页。

⑤ Paul Kennedy, *Preparing for the Twenty-First Century Vintage Brooks*, New York: A Division of Random House Inc., 1993, p.305.

美国高等教育发展最早可以追溯到美国建国之前，缘起于宗教并服务于宗教。殖民地时期的高等教育与宗教伦理关系甚密，在发展方向、教育目标等方面都受到宗教的重要影响。[①]哈佛大学作为殖民地第一所大学，其建立动机就是为更好地管理教会和教堂培养神职人员。美国开国元勋继承了高等教育的宗教传统，并在政治和意识形态层面将其发扬光大，多位领导人对教育的反复论述与高度关注，使美国社会逐步形成了注重教育的社会风气与历史传统。到了独立战争时期，教育的重要性这一问题已经成为美国人头脑中所固化的行为准则，成为美国历史文化传统中的重要维度。[②]到了 19 世纪和 20 世纪，美国大学的培养目标基本完成了由宗教化向世俗化、实用化的转向，开始注重对专业技术人才、职业人士等方面的培养。有学者指出，此时美国高等教育的重要特征表现为“课程设置与知识结构多元化”“学生阶层与种族结构多元化”“课程内容和传授方式多元化”。[③]上述多元化特征及其他要素的共同影响，使得学术诚信问题日益凸显并且逐渐得到了美国高校及社会的关注，高校开始尝试开展学术诚信教育及其体系的构建。鉴于美国大学生学术诚信教育的相关举措缘起于“荣誉准则制度”，其最初的旨趣在于缓解学校严格的管理制度所带来的学生与教师和学校之间的激烈冲突，并充分地展现了美国高等教育对民主与自由的政治思想和精英教育思想的诉求。故本书对于学术诚信教育历史发展的分期标准以该制度的形成和发展为大体参照系，阐述了美国高校学术诚信教育由萌芽到发展，再到成熟完成体系构建的这一发展过程。

一、制度建立与跟踪调研并举的教育初探期

作为传统式荣誉准则制度的开创者，威廉与玛丽学院早在 1817 年就公布了不允许任何人在无人监督的考试中破坏秩序与彼此信任的要求，违反者将受到开除学籍的处理。学校充分尊重学生的个人选择与能力，认为其是可以做出正确价值判断与理性选择的个体，同时，无论学生做法为何，

① Fred Hechinger, Grace Hecheinger. *Education and Society in America*, New York: McGraw-Hill Book Company, 1975, p.28.

② Daniel Boorstin, *The Americans: The Colonial Experience*, New York: A Division of Random House Inc., 1958, pp.196–211.

③ Carnegie Commission on Higher Education, *A Classification of Institutions of Higer Education*, Berkeley: Carnegie Commission on Higher Education, 1973, p.26.

都要承担由自身价值选择所带来的一切后果。尊重理性与选择、承担错误与失信后果是荣誉准则制度在初始阶段所预期实现的教育效果。自由且宽松的纪律使得威廉与玛丽学院成为美国高校中的先进代表。教授们不仅重视提高学生们的智识，引导其行为，更注重化育学生的学者品性和绅士风度。与之类似，弗吉尼亚大学因学生对学校的过度制约而产生了强烈的抵触也成为了荣誉准则制度的先行者。为了有效缓解紧张的师生关系、遏制校园暴力事件的再次发生，亨利·乔治·塔克尔教授 1842 年号召全体学生在考试试卷中写下文字记载，以证明自己在本场考试中完全依靠个人能力加以完成，并没有掺杂任何他者因素。这一做法取得了意想不到的效果，考试作弊比例大幅下降，并且也激发了埋藏在学生内心深处强烈的道德自尊感。[①] 学生们纷纷表示，作为道德独立的个体，他们要用实际行动捍卫自身的荣誉，并且在学生群体中发起广泛的号召，号召朋辈们共同捍卫“荣誉誓词”。这一阶段的荣誉准则制度本质上是一种诚信宣传与承诺，是美国高校对学术诚信教育构建的初步尝试。

20 世纪 30 年代，美国高校学术失信现象频发，各大高校纷纷开始对大学生学术诚信教育的探索与尝试。1934 年，威廉姆·卡姆贝尔的博士学位论文《同一所高校中荣誉制度与学监制度下的学生行为的比较研究》，对美国高校荣誉制度的文献进行了综述研究，此外，还运用文本分析与数据分析相结合的方法将 1928 年得州大学的荣誉制度与学监制度作为比对对象，研究结果显示施以荣誉准则制度的学生群体能够表现出极大的个体荣誉感，在考试中基本可以有效地控制个人行为，并且还能够对他人产生积极影响，在一定范围内形成了小型学术共同体，并取得了良好的学习效果。[②] 该研究结果一经发表，就在全国范围内掀起了对学术诚信教育的研究热潮，被视为美国高校学术诚信教育研究的开篇之作，此后的数十年间美国学界持续开展了对高校荣誉准则制度的跟踪调研。其中较为有代表性的研究如下：雷·坎宁（Ray Canning）在 1948—1954 年间，通过给予部分学生为自己的试卷评分的方式来减少作弊的机会，在荣誉准则实施的过程

① 〔美〕梅利尔·D.彼得森:《杰斐逊集：上》，刘祚昌、邓红风译，北京：生活·读书·新知三联书店 1993 年版，第 502 页。

② William Cambpell, *A Comparative Investigation of the Behavior of Students under an Honor System and a Protector system in the Same University*, ProQuest Dissertations Publishing, 1934.

中作弊学生比例由 81% 降至 30%，极大地改善了校内学术诚信文化氛围。① 鲍尔斯则针对 99 所高校的 5000 多名大学生进行调研，结果显示荣誉准则制度的实施与否，是影响该学校学生作弊情况的关键因素。② 从这一阶段的研究成果中不难看出，学术诚信教育多依托于荣誉准则制度加以施行，学界对这一领域的研究也多为跟踪调研及对比分析，暂时缺乏对其他制度及措施的探讨与挖掘。

值得注意的是，在此阶段学术诚信教育已经开始呈现出注重学生主体性发挥这一特征，例如，1962 年达特茅斯学院举办投票会以确定荣誉准则的最终内容，其荣誉准则添加了检举失信行为的义务与荣誉制度中的“他律”要求，从学生肩负检举义务、享有参与判定权利出发，将检举权利转化为检举义务，检举失信行为由必要转化成必须行为。这种做法利于学生主动性的开发和自觉意识的养成；重视学生和教师合作，实现教法和实践、教育和效果相结合，更好地开展学术诚信监督；利于营造师生互动、相互促进的大学校园文化和学术氛围，是学生之间自我监督、自我引导、自我教育的互助形式的具体体现。整体而言，处于初探期的美国大学生学术诚信教育主要运用了大学生的主体作用以及荣誉制度对其行为的规范和影响。以荣誉制度作为治学过程的最低标准，通过宣誓仪式、互相监督、检举报告等内容的行为规范和道德要求，发挥了荣誉制度的仪式感和公平性潜移默化的影响作用。伴随着高校发展的现实需要与对荣誉准则制度研究的不断深入，荣誉制度逐渐改进完善，但运用学生主体意识这一荣誉制度根本精神体现始终得以保留。

二、自我约束与规则约束并顾的教育实践期

20 世纪 70 年代后，美国高校学术失信情况再次出现复发态势，初探期所建立的荣誉准则制度已经不能够完全保障学术诚信行为的持续发生。原有的依靠学生主体自律意识和监督义务的限制作用有限，自觉意识在没有制度规则约束的情况下基本形同虚设，美国高校日益严重的学术失信比

① Ray Canning, “Does an Honor System Reduce Classroom Cheating? An Experimental Answer”, *Journal of Experimental Education*, vol.24, 1956, pp.291–296.

② Donald L. McCabe, “Faculty Responses to Academic Dishonesty: The influence of Student Honor Codes”, *Research in Higher Education*, vol.5, 1993, pp.649–650.

例不降反增，面临困境。于是，学者与学校负责人展开了更为深入的研究与探讨，进入学术诚信教育自我约束与规则约束并顾的实践期。

20 世纪 80 年代，对学术失信的研究表明这是一个道德选择问题，大学生在学术诚信和现实成绩选择中出现的“失败”，是导致学术失信的主要原因。在这种道德和利益的抉择中，学术失信行为的出现是学生利益倾向战胜道德约束的表现。此外，吉利根、柯多若等学者相继发表的《在一个不同的声音：心理学理论和女性的发展》①《女性主义与心理分析思维》②等研究还表明，学术诚信受到性别、年龄、家庭、朋辈等因素的影响也十分显著，陆续研究还将影响因素拓展到学生对成绩、名次和奖励等因素的重视程度，以及道德教育、道德规范、监督评价、考核管理、惩罚办法等配套教育和管理制度等③。这一时期的研究成果，为高校学术诚信教育的开展与研究提供了新的方向，多视角研究促使高校不再一味重视荣誉制度施行的广度与效果，而是从学术诚信的影响因素入手，重视制度效果的长期性和制度建设的结构化，继续寻找学术失信的解决措施，自觉约束以外的规则约束受到重视，注重从源头上探究学术诚信失信的根本动因。与此同时，校外行会学术诚信规范的制定也为高校大学生学术诚信教育提供了外部环境建设。1988 年，美国微生物学会（ASM）制定了《科研道德规范》。该规范内容主要包括会员的道德要求、行为准则和考察评价三个内容。美国物理学会（APS）刊发关于科学研究的学术诚信的五点说明，强调诚信是科学研究的道德基础，诚信是道德基础的根本。学术诚信不仅在高校之中，在整个美国社会也得到了极高的重视，这为大力推动大学生学术诚信教育提供了信心与保障。

三、制度完善与价值养成并重的教育成熟期

伴随着人们对侵蚀美国社会尤其是美国高校的价值观的愈加重视，高等教育学术失信行为被给予较大关注。进入 20 世纪 90 年代以来，美国学

---

① Gilligan, *In a Different Voice: Psychological Theory and Women's Development Cambridge*, MA: Harvard University Press, 1982, p.87.

② Chodorow, N. *Feminism and Psycho Analytic Thinking*, New Haven, CT: Yale University Press, 1989, p.34.

③ D. L. McCabe, L. K. Trevino, “Individual and Contextual Influences on Academic Dishonesty: A Multicampus Investigation”, *Research in Higher Education*, vol.38, 1997, p.388.

界以及各高校对大学生学术诚信教育乃至大学生学术诚信价值观养成的研究呈现规模化、持续化以及多样化等特征，加之各类举措的有益尝试使得高校学术诚信教育逐步步入成熟化的进程之中。然而，即便如此，大学校园之中的学术失信行为依旧盛行，考试作弊、作业抄袭、研究数据作假等事件依然屡见不鲜，各高校纷纷采取不同形式、内容与手段开展学术诚信教育，使得这一时期学术诚信教育得到迅猛发展并逐渐形成如下特征：

首先，围绕大学生学术诚信教育的学术研究日益深入。一方面是校内研究日益深入。继 1964 年鲍尔斯大规模的调研之后，美国学术诚信教育专家唐纳德·迈克卡比与琳达·克勒贝·特维罗于 1993 年开展了又一次大型调研。该调研选取了全国范围内有或者没有施行荣誉准则制度的 31 所大学的 6096 名在校大学生作为调研对象，旨在判别大学荣誉准则制度对学生学术诚信是否产生影响，以及对学生何种失信行为产生影响。调研结果显示，78.3% 的被调查学生在校期间出现过不同类型的学术失信行为，其中制定荣誉准则制度的学校中有 57.8% 的学生行为失信，而 81.8% 的学生行为失信率出现在没有制定荣誉准则的学校之中。[①] 该调研结果再次掀起美国国内对大学生学术诚信教育的研究与讨论，同时也获得了美国社会各类媒体的广泛关注与报道。迈克卡比与特维罗两位学者的研究具有重要意义，其将学界原有对学术失信行为的调查由原来的区域性、单一性拓展为全国性、综合性，使得对问题的研究更加具有普遍意义，提出的对策也更加具有广泛性。除此之外，两位学者还提出校园环境对促进学术诚信具有重要作用，与此同时，高校在开展学术诚信教育的过程中，应加大运用朋辈影响的积极作用，将学生纳入学术诚信教育体系之中。[②] 另一方面是机构研究日益深入。伴随着美国高校对学术诚信研究的飞速发展，在美国公共卫生局（PHS）的指导与建议下，经过科研诚信办公室（OSI）与科研审查办公室（OSIR）的实践探索，1992 年 5 月美国国际学术诚信办公室（ICAI）正式成立，唐纳德·迈克卡比教授担任中心第一任主任，初创时期有 24 所高校成为组织成员。该中心的建立旨在防止高等教育中作弊、剽窃、学术欺诈等行为的发生及学术失信案件的处理，此外，经过不断的发展与建设，其

① D. L. McCabe, L. K. Trevino, “Individual and Contextual Influences on Academic Dishonesty: A Multicampus Investigation”, *Research in Higher Education*, vol.38, 1997, pp.385–390.

② 同上文，第 394 页。

使命宣言后来逐渐扩展为在世界各地的学术团体中培养学术诚信文化。[①]由于美国高等教育具有较强的地区性与自治性特征，因此美国国际学术诚信办公室也致力于在全国范围内鼓励、支持与分享各高校及学术团队对学术诚信教育的最新研究与实践经验。该诚信办公室下设主任办公室、诚信教育部、调查监督部和法律顾问部等部门，其人员组成具有广泛的专业背景，用以应对各种不同类型的学术失信案件。值得一提的是，该中心于 1999 年 10 月发布了“学术诚信的基本价值观：诚实、信任、尊重、公平、责任”，并于 2013 年追加“勇气”为第六种基本价值观，这一界定成为了美国社会对于学术诚信概念的普遍共识，具有极大的影响性并被广泛使用至今。全国性权威机构的出现，不仅促进了美国高校之间的资源整合，还从国家层面极大地推动了大学生学术诚信教育的系统发展。

其次，大学生学术诚信教育制度发展日益成熟。第一，荣誉准则制度实践。自 1817 年以来，荣誉准则制度一直被视为有效遏制高校学术失信的重要途径与手段，然而在漫长的发展过程中，传统式荣誉准则制度也呈现出一定的局限性与滞后性。伴随着高校发展的现实需要与对荣誉准则制度研究的不断深入，改进式荣誉准则制度（Modified Honor System）逐渐出现，它在原有的基础上更加注重公平的校园诚信环境建设并着力确保学生自主性的发挥。将学生由原来仅受监督的单一个体转变成为受监督与被监督同时进行的双主体，洽和了自由与责任双重属性，进一步推动了荣誉誓言在学生群体中作用的充分展现。[②]20 世纪 90 年代开始，改进式荣誉准则制度开始在美国高校中展现锋芒，马里兰大学帕克分校率先垂范，在 1991 年 8 月 1 日，由校长签署批准执行，并在文件开篇就强调“马里兰大学的根本宗旨就是致力于追求真理与学术诚信，作为这所大学的成员，所有学生有责任维护学术诚信，遵守学术诚信守则”[③]。在改进式荣誉准则中将原有的对无人监考考试中学生作弊行为的考察，转换为明确规定学生在学术失信案件处理中的权益，鼓励学生作为独立个体参与到各类校园学术诚信

---

① “CAI Mission Statement”, 2018–02–24, http://www.academicintegrity.org/icai/about–1.php.

② D. L. McCabe, G. Pavela, “Some Good News About Academic Integrity”, *Change*, 2000(September/ October), pp.32–38.

③ “University of Maryland, College Park Code of Academic Integrity”, 2018–02–24, https://www.president.umd.edu/administration/policies/section-iii-academic-affairs/iii–100a.

活动的制定与组织中，例如成立学生自治荣誉委员会，由学生担任主要执行者，给予学生充分的监督权、调查权、裁判权等。鼓励积极营造校园诚信文化，举办各类特色校园诚信活动，例如集体签署荣誉誓言、组织诚信巡回演讲、建立校园学术诚信宣传标识等。改进式荣誉准则实施的另一范例为杜克大学，杜克大学荣誉委员会经过深入的研究，结合学校文化特征与学生需求实际对原有荣誉制度加以改良，于 1993 年开始执行新的荣誉准则制度，着重强调签署荣誉誓言以及发挥学生自治组织的作用。此外，还强调学校教职人员在实施荣誉准则制度中的重要作用。第二，荣誉准则制度探究。在研究领域，迈克卡比等人通过调研发现，尽管传统式荣誉准则制度与改进式荣誉准则制度都可以有效改善高校学术失信行为的发生概率，但后者的效果要明显优于前者，并对学术诚信的推动产生了积极的作用。[①] 同时研究还表明，各个高校在制定改进式荣誉准则制度时，应充分考虑学校与学生实际，一味的谋求变化也可能事半功倍，只有充分结合时代发展与现实需求，才能真正制定出切实可行并且收效显著的特色制度。由此不难看出，制度的日益成熟为美国大学生学术诚信教育带来了曙光与期待，推动着研究的深入，为日后教育体系的完善做出了不可磨灭的突出贡献。

再次，大学生学术诚信教育协同资源日益聚合。一方面是政策资源逐渐丰富。学生作为美国社会重要的“学术共同体”成员，理应受到国家和社会对学术共同体的统一规范与约束，即与科研人员、教师等一同遵循相应的法律法规。除各高校积极定制符合自身特色与需求的荣誉准则制度外，国家也出台相应的法律法规以明确与诚信相关的价值观，尤其是学术诚信价值观之于美国的重要意义。2000 年 12 月，美国白宫科学技术政策办公室（OSTP）发布了《美国学术不端的联邦政策》，是诸多此类政策中最具有影响力的代表。这一政策不但提出了在学界形成共识的“学术失信”的概念，还明确指出了“联邦机构和研究机构的责任”，即研究机构具有预防和发现研究中失信行为的主要责任，需要具有调查、裁定不当行

---

① Donald L. McCabe, Linda Klebe Trevino, and Kenneth D. Butterfield, “Honor Codes and Other Contextual Influences on Academic Integrity: A Replication and Extension to Modified Honor Code Settings”, *Research in Higher Education*, vol.43, 2003, p.358.

为的能力和义务，联邦机构对政府资助的研究拥有最终的监督权。[①] 由于高校是进行科学研究的主要机构之一，而学生又是跟随教授开展研究的主要力量，因此，联邦政策的出台与大学生学术研究密切相关，成为开展大学生学术诚信教育的重要资源。另一方面是科技资源迅速发展。随着科技的进步与发展，网络给人类生活带来了巨大变革，然而迎来机遇的同时也面临挑战，互联网技术在给学生学习、生活带来帮助的同时，也为学术失信行为提供了新型的途径与方法，强烈冲击着高校学术诚信教育工作的开展。学生们开始利用数据库资源与网络信息，大肆复制、抄袭、修改既有研究成果或理论文章，海量的信息储备与快捷的操作方法使得学生利用网络进行学术失信行为的可能性大大增加。为了积极应对此类现象，学者们立即做出反应，有针对性地开展调查研究。例如，坎贝尔·斯科特针对手机在大学课堂中的应用进行研究，结果发现面对极其丰富的网络信息资源，剽窃、篡改行为日益普遍，而手机具有联网便捷、浏览快速等特征已经成为课堂中学生作弊的主要方式之一，基于此，他建议课堂上应限制使用手机以减少失信行为发生的可能性。[②] 瑞德也发现掌上电脑成为学生课堂测验抄袭的另一种选择。[③] 此外，还出现一种情况也引发了一定的混乱，那就是学校或机构原有规定中并未清楚指明不允许利用网络资源进行直接修改与拼凑，因此在当时即便发生此类状况，学校也不能判定学生存在行为失信。面对上述情况，学界与高校采取了积极的行动，首先，修改相应规范条例与政策帮助学生正确使用网络资源与引用规范，同时利用互联网等手段向学生详细解读学术失信，尤其是网络剽窃的具体内涵与典型案例。其次，指导教师使用网站与检测软件，依托网络技术客观、准确地界定学生作业与论文中的不规范情况。[④] 虽然互联网的发展为大学生学术诚信教育带来了新的挑战，但同时也是一个新的契机，只有充分利用资源并与时俱进，才能保证教育的有效性与高效性。自此美国大学生学术诚信教育有了长足

---

① "U. S. Federal Policy on Research Misconduct", 2018–01–15, https://www.aps.org/policy/statements/federalpolicy.cfm#_ftn6.

② Scott W. Campbell, "Perceptions of Mobile Phones in College Classrooms: Ringing, Cheating, and Classroom Policies", *Communication Education*, vol.3, 2006, pp.284–290.

③ B. Read, "Wire for Cheating", *Chronicle of Higher Education 50*, vol.45, 2004, p.121.

④ P. G. Moeck, "Academic Dishonesty: Cheating Among College Students", *Community College Journal of Research and Practice*, vol.26, 2002, pp.485–491.

的发展，逐步形成了体系化的教育样态，其具体特征将在下文进行深入剖析。

不难看出，美国大学生学术诚信教育起源较早，以荣誉准则制度为起点，但又经历了一段较长时间的发展与反思，直到20世纪30年代开始才有了高校学术诚信教育和学术诚信理论研究的深入研究与探索。美国高校学术诚信教育经历了初探期、突破期和成熟期三个历史分期，从初步尝试到实践探索，再到体系化教育。可以说，美国高校和理论界从未放弃过对学术诚信教育的探索，符合紧跟时代发展、满足客观需要、理论联系实际的客观规律。在不同时期的研究中，既以前人的研究和教育实践为基础，又立足于现实状况，使得其研究和实践与时俱进且具有针对性。总体来讲，美国大学生学术诚信教育的三个发展阶段是环环相扣、紧密连接的，是相互独立又相互联系着的。

第三节　美国大学生学术诚信教育的基本特征

美国大学生学术诚信教育作为培育大学生学术诚信价值观、维护高校学术生态、推动高等教育发展、保持国家创新活力的重要环节，经过长期发展，现已在目标定位、实施过程、保障体系等方面形成了鲜明的特征。

一、“个体目标”与“共同体目标”逐级深化

马克思曾指出：“任何事情的发生都不是没有自觉的意图，没有预期的目的的。”[①] 美国心理学家洛克所提出的目标设定理论也强调，合适的目标会使个体产生实现目标后的成就感，对个体具有较强的激励作用。其中明确度与难度作为目标的两个基本属性，成为了影响个体行为动机的直接要素。高校学术诚信教育目标是开展大学生学术诚信教育的出发点和归宿，反映着高校人才培养的终极走向与价值旨归，规定了学术诚信对学生个体及群体的现实要求。那么如何设定高校学术诚信教育目标，抑或是如何阐释与表述目标，将会直接影响教育的切实效果。美国教育者在实践中认识到，设立宏大的、口号式的学术诚信教育目标并非是最能激励教育参与者

① 《马克思恩格斯选集》（第4卷），北京：人民出版社1995年版，第247页。

的最优选择，而是选择在充分尊重个体价值观形成规律的基础上，通过对个体与共同体之间的划分增强目标的明确度，再通过分层次建立阶段性目标以降低学生对核心目标难度的预期。

（一）确立了“内涵认知—情感认同—习惯养成”逐级深化的个体教育目标

美国高校学术诚信教育的个体目标旨在培养具备学术诚信价值观的个体，这种教育的开展并非杂乱无序、一蹴而就，而是遵从个体价值观形成规律与机理，分阶段、递进式地开展教育，逐步形成科学化教育目标。首先，促进学生个体学术诚信内涵认知，这是培育和践行学术诚信价值观的基本前提，是学生个体实现对学术诚信情感认同与价值养成的主观准备。在开展学术诚信教育中，教育主体应提供彻底的、人本化的学术诚信相关理论知识，帮助教育对象正确且客观认识学术诚信的基本内涵。正如马克思所言，理论认识的任务就是“把可以看见的、仅仅是表面的运动归结为内部的现实的运动”。[①] 通过内涵认知，可以对对象问题进行初步判断与感知，使学生从“知其然”的感性价值认知阶段逐渐过渡为“知其所以然”的理性价值认知阶段。美国高校着重通过制定学术诚信规章制度、强化学术诚信准则、宣传学术失信惩罚等手段，帮助学生逐渐形成学术记忆、学术意向与学术评价。其次，培养学生个体学术诚信情感认同。情感认同是主体对外在的道德规范、价值内涵、价值功能的认可、接受、效仿与遵从，是受教育个体在实践中通过不断调试自身价值结构来对社会价值规范产生“好感”的过程，主要表现为个体自觉遵从某种规范与准则。情感认同的形成标志着个体在实践中有可能会自觉地以某种价值标准来规范自身行为，从而履行某种价值观的基本要求。美国高校主要通过“加强自我情感认同”与“强化自我观念形成”内外同促的教育方法，使学生形成对学术诚信的“应然遵从—主动遵循—渴望追求”这一过程。具体来讲，就是通过发挥教师与学术诚信制度的人本化关怀，构建内部性情感引导；通过社会契约精神、社群联动作用以及多重宣传途径，构建外部情感渲染。再次，落实学生个体学术诚信价值养成，作为个体层面的终极目标，也是基于内涵认知

---

① 〔苏〕费·瓦·康斯坦丁诺夫主编:《马克思列宁主义哲学原理》，北京：人民出版社 1985 年版，第 212 页。

与情感认同的更深层次的个体价值观发展阶段。形成学术诚信价值观将会成为学生个体自觉遵守价值要求，并影响身边个体的内在动力与行为引导。这一过程离不开实践环节，通过实践个体可以感受学术诚信在现实生活中的真实样态与特征表现。正如前文所强调的那样，基于美国社会政治属性，当前并没有全国性的对学术诚信的统一界定，而只能通过美国社会普遍遵循与采用的界定方式加以归纳整理，即形成“诚实、信任、公平、尊重、责任感与勇气”这六种基本价值观。

（二）确立了“普遍遵守—坚决抵制—形成传统”逐级深化的共同体教育目标

在美国高校学生作为学术共同体的成员，与其他共同体成员一道，担负起发展、繁荣组织的神圣使命，那么在此种现实状况下形成共同体学术诚信教育目标，既有利于巩固学生个体学术诚信价值观，又有利于形成整体良好的组织学术诚信文化氛围。首先，实现成员对学术诚信的普遍遵守。当个体因某种关联或原因聚集成为共同体的同时，也对学术诚信教育提出了新的要求。美国高校通过遏制学术失信获利、树立学术诚信榜样、健全学术失信惩戒等手段，在学术共同体之中形成了一种普遍遵守的氛围与文化。这种对学术诚信价值观的普遍遵守来源于个体学术诚信价值观的聚合与影响，同时也深化着个体的学术诚信价值选择。其次，实现成员对学术失信的坚决抵制。如果说普遍遵守是一种价值观体现，那么坚决抵制就是价值观践行的重要路径。对学术诚信的追求与建设，并不能单纯依靠约束与指导，还要形成一种自下而上的对抗力，依靠全员抵制这种不良风气的发生与传播。美国高校身体力行地宣传学术失信对学术共同体之内良性秩序的危害，并推动学术失信行为的举报与奖励机制，这对形成这种抵制情绪具有重要意义。再次，构建学术共同体之中的学术诚信文化。当共同体中的每一个个体都能够自觉地内化并外化学术诚信价值观之时，那么这一共同体也就自然而然地形成了学术诚信文化。共同体如若形成学术传统，将会对组织成员，乃至国家和社会都至关重要，这不仅是国家学术繁荣发展的重要基础，还是社会诚信文化形成的基本要素。

美国高校在制定教育目标的过程中，在尊重个体价值观形成客观规律的基础上，通过调整目标的明确度与难度，既有横向个体与共同体的维度划分，又有纵向结合价值观形成规律的层次化结构，可以说，这一目标体系的构建，细致、全面且清晰，有效地指导了整个教育过程的开展。在这里，需要强调的是，美国高校学术诚信教育过程中的各个环节与做法，都是具有整体性的，合力实现教育的宏观目标，可以说通过某些具体做法强化某一目标维度，但却鲜少存在一一对应的关系。

二、“国家—社会—学校”有机联动

大学生学术诚信教育保障体系是一项复杂的系统工程，“是多层面、多因素、多个教育主体共同作用的结果”[①]。从主体上来看，美国高校学术诚信教育的主体涉及联邦政府、行会、高校、学术机构、教师、学生等。从内容上看，美国高校学术诚信教育的内容涉及教育机制、奖惩机制、调查机制、评价机制等。[②]从保障类型上看，涵盖政策保障、队伍保障、技术保障等方面。概括而言，美国高校学术诚信教育形成了三级联动的保障体系，一方面有利于学术诚信教育融入学生生活的各个方面、各个环节之中；另一方面也为学术诚信教育的开展搭建了更为立体的保障架构，确保了学术诚信教育的持续开展。

（一）国家发挥主导性保障作用

美国大学生学术诚信教育发展之全面、之迅速，离不开国家层面的宏观指导与推动，作为发达国家的典型代表，美国率先建立专门化学术诚信组织开展相关工作，并从国家立法层面开展教育的顶层设计与推动，为开展大学生学术诚信教育提供了主导性保障。首先，国家层面有效的立法保证与丰富的政策规范。西方社会诚信体系建设是以法律制度为基础的，尤其是随着美国市场经济的发展，严密强制的法律规范体系更是成为了美国学术诚信教育强有力的外部制约保障体系。以《美国科研法案》为核心的多部法律构成了美国学术管理法律框架，这些法律对个人诚信行为做出了明确的规定。美国联邦政府针对学术诚信，通过体系丰富的政策和规范，对“不正当研究行为”“科研道德”“学术诚信”等概念进行了明确的解释

① 朱小平、邬丽莎：《当代研究生学术诚信保障体系研究》，成都：西南交通大学出版社 2015 年版，第 53 页。

② Dolnad L. McCabe, “Cheating Among College and University: A North American Perspective”, *International Journal of Educational Integrity*, vol.1, 2005, pp.1–7.

与规定，这为美国高校的学术诚信建设奠定了坚实的法律与政策基础。[①]例如，美国联邦政府在《关于不正当研究行为的联邦政策》中对“不正当研究行为”进行了详细且明确的界定，并进一步对伪造、篡改和剽窃进行了详细定义，规定了对这些不正当研究行为的处理程序和处罚内容。上述国家立法与政策规范，不但在文本层面使学术诚信教育有理可依、有章可循，同时作为国家意志的体现，其所具有的强制性、权威性、价值导向等特征在形成学术诚信氛围上也发挥了积极作用。其次，国家层面的学术诚信组织与专门化职能部门。通过专门化职责机构与部门的设置，不但为国家层面的法律法规落实提供了有效的执行队伍，还为学术诚信建设工作的全面施行提供了较大的可能性。以学术诚信办公室为例，作为美国历史上第一个专门负责处理学术失信事件、强化学术诚信建设的国家级组织，其在学术制度制定、相关政策执行状况考察、学术诚信状况调查等方面做出了诸多工作，影响范围除高校外，还涵盖社会团体、学术机构、企业等。影响学术诚信相关政策有效性的因素除去政策本身所具备的合理性与合法性外，执行主体与执行环境亦十分重要。学术诚信组织与职能部门作为执行主体，从组织整体到组织内个体都是推动政策具体实施、构成执行环境社会要素的重要组成，可以说，这是美国大学生学术诚信教育得以有效开展的国家意志代表。

（二）社会发挥协同性保障作用

美国作为发达国家的典型代表，在高等教育体系中始终强调高校的社会服务功能，可以说美国高校与社会的关联程度之密切体现在诸多方面，例如高校致力于创建并完善社会服务体系、社会企业在高校开展实验研究等，美国高校的无围墙化特征也在一定程度上反映了高校与社会的紧密联系。在此种背景下，在大学生学术诚信教育的开展过程中，社会层面也发挥了不可或缺的保障作用。首先，社会科研机构与学术团体对学术诚信的推动。科研机构作为科研成果产出的重要来源，其学术诚信文化极大地影响了研究成果的实效性。美国各类科研机构具有较高的自主权，但是为了尽可能确保学术成果的真实性与可靠性，各类机构都会在国家层面政策的

① Dolnad L. McCabe, “Cheating Among College and University: A North American Perspective”, *International Journal of Educational Integrity*, vol.1, 2005, pp.5–11.

指导下，结合自身实际情况设置各类准则、强化研究记录、明确处理结果。与此同时，学术团体的多样化是美国学界的另一特征，并始终致力于发展道德规范与落实研究相关的道德政策。[①]发布各类道德规范或荣誉制度，这些做法都在一定程度上为高校相关政策的制定与落实提供了外部环境影响。其次，社会信用制度对失信行为的“零容忍”发挥制约作用。美国社会信用体系对公民生活影响之大、影响之深，使得每个个体在某种程度上都已经形成了一定的诚信精神，不愿意也不会轻易触碰道德底线。由于美国高校施行荣誉准则制度与荣誉档案制度，因此，学生在校表现与社会信用体系建构起一定的关联，而这种关联使得学生不得不慎重审视学术失信行为后果与可得利益之间的关系，在一定程度上制约了学术失信行为。[②]

（三）学校发挥主体性保障作用

美国高校学术诚信教育对象是大学生群体，作为最直接发挥作用的场域，高校在这一教育过程中发挥了决定性的主体作用，体现出较强的针对性、效用性、实践性等特征。[③]基于此，美国高校基于“制度—组织—技术”三位一体的工作策略保障学生学术诚信教育的有效实施。一是推行内容翔实且操作性极强的政策制度，通过制定并推行“特色化”荣誉准则制度与“终身化”诚信档案制度，将与学术诚信有关的环节及内容通过制度形式加以细化，提高认知、深化理解、明确责任，切实体悟学术诚信之于个体与群体的神圣使命性。[④]二是发挥各类群体的积极作用，通过校级学术诚信组织推动并强化学术诚信要旨；通过学生自治诚信组织发挥学生主体作用；通过教师言传身教发挥榜样作用；通过图书馆员等其他群体完成提升学术诚信素养等工作。可以说，美国高校学术诚信教育具有结构多样、分工明确、相促相融的队伍保障系统。三是依托技术手段勘察学术失信行为，高科技手段在学术失信行为检测方面的应用，使得对学术失信行为甄别的准确性大大提升，既确保了对学术失信行为的标准界定，为开展处罚

---

① Felice J. Levine, Joyce M. Iutcovich, “Challenges in Studying the Effects of Scientific Societies on Research Integrity”, *Science and Engineering Ethics,* vol.9, 2003, pp.257–258.

② E. K. Cole, *Selected Legal Issues Relating to Due Process and Liability in Higher Education*, Washington, D. C.: Council of Graduate Schools, 1994, pp.74–90.

③ Dolnad L. McCabe, “Cheating Among College and University: A North American Perspective”, *International Journal of Educational Integrity*, vol.1, 2005, pp.1–11.

④ “Rights, Rules, Responsibilities, 2017 edition”, 2018–04–02, http://www.princeton.edu/pub/rrr/.

提供依据，又降低了学术失信误判案件的发生。

不难看出，美国高校构建了从“国家—社会—学校”多级联动的保障体系，并没有将大学生学术诚信教育局限于高校之中，而是整合性、统筹性地运用资源，将各类影响因素与教育手段形成合力。在国家、社会、学校三个层面，从政策保障、队伍保障、技术保障等方面形成横纵向度交叉融合的保障体系，共同发挥教育合力。

三、“正向引导”与“反向制约”共同作用

学术诚信教育作为学生道德品质养成的重要组成部分，与其他的道德性养成内容一样，具有反复性与复杂性的显著特征，而事前开展全面化学术诚信指导与事后开展过程化学术失信惩戒的正反融合式教育机制，使得美国在学术诚信教育的实践方面取得了良好效果。但是，需要强调的是事前、事后环节中所涉及的教育过程或方法并不能完全割裂与分离，而是相互作用、协同影响的有机体，下文所涉及的各类举措只能说是在某一阶段重点凸显的。

（一）依托全面化学术诚信教育强化正向引导

美国高校学术诚信教育伴随着学生入学开始，并且入学阶段作为开展诚信教育的重要时间节点，始终是高校开展学术诚信教育“第一课”的关键环节。在学生正式开展学术研究与学习前，使学生明确知晓“何为学术诚信的基本要求”“何为学术失信行为”“如何规避学术失信行为”等内容，这种事前全面化的学术诚信教育不但在实践层面尽可能避免不规范现象的出现，还在意识层面使学生充分认识到学术诚信在高等教育体系中的重要地位。当前，美国高校主要通过如下手段开展事前教育：第一，从课程维度推动大学生对学术诚信的思考。课堂是开展教育的主阵地，学术诚信教育亦不例外，依托多种课程形式开展思想引导是有效确保学术诚信认知环节得以实现的重要途径。其中，通识教育以其结构稳定、内容多元、方法实用等特征从泛化角度为大学生提供了基本的学术诚信价值信息，具有广谱性与通用性。而专业教育则结合专业伦理、专业知识、专业技能等方面进行针对性、具象化的学术诚信教育。美国学者本杰明·布鲁姆在《教育目标分类学》对认知领域的教育目标分为知识、领会、运用、分析、综合

与评价。[①] 可以说，课程影响主要作用于前两项目标，即知识与领会，推动了学生对学术诚信在理论研究与专业发展两方面的具体内容。第二，从制度维度实现大学生对学术诚信的遵从与坚守。西方社会普遍信奉“人性本恶”的理念，古希腊时期柏拉图就曾说道“人性总是把人类拉向贪婪和自私，逃避痛苦而毫无理性地追求快乐”[②]。因此制度约束成为普遍采用的一种方式，将制度视作“是人类行为服从于规则之治的视野”[③]，对于规范大学生诚信而言亦是如此，通过学术荣誉准则制度、诚信档案制度、学术规范制度等措施来制约学生的学术行为。然而，制度发挥作用的前提是学生对制度的充分了解与理解，因此，制度的有效宣传是其发挥功能的基本保障。在学术失信行为发生前，围绕制度的具体内容、实施环节、违反惩罚等方面进行普及，这样不但使学生能够了解相关制度的具体内容，合理有效地制约自身行为，还能形成对学术诚信的潜在感知与认同，进而加以遵从与守护。第三，从队伍维度实现大学生对学术诚信的认同与解惑。美国高校在开展学术诚信教育的过程中高度注重发挥人的主体性，并且有意整合队伍保障体系，通过人性化指导与榜样示范作用，帮助学生解决疑问并形成认同。通过自律实现自治，诚信组织与自律团队发挥个体主观能动性，推动学生形成助人自助的学术诚信认同。通过他律明确规范，例如图书馆员指导团队帮助学生明确论文引用规范、文献检索技巧等。此外，由于教师的品格和行为所给予学生的影响远远超过其所授内容[④]，师生关系所发挥的德育作用与教师的隐性影响具有显著的渗透力[⑤]，所以号召教师通过言传身教与日常教学传递给学生朴素做学问、认真搞研究的内在魅力与价值展现。第四，从技术维度助力大学生对学术失信的预判与规避。不难看出，互联网技术的应用为大学生学术诚信教育提供了强大的技术保障，通过专门学术不端检测数据库和学校学术不端自查系统的应用，可以使学生提前

---

① 〔美〕布鲁姆:《教育目标分类学》，罗黎辉等译，上海：华东师范大学出版社1986年版，第11–30页。

② 〔古希腊〕柏拉图:《理想国》，郭斌和、张竹明译，北京：商务印书馆1986年版，第386页。

③ 〔美〕富勒:《法律的道德性》，郑戈译，北京：商务印书馆2005年版，第124–125页。

④ 钟启泉、黄志成:《西方德育原理》，西安：陕西人民教育出版社1998年版，第275–292页。

⑤ 鲁洁、王逢贤:《德育新论》，南京：江苏教育出版社2002年版，第486页。

对自己的成果进行自检自测，规避因无意重复与不规范引用等不当做法而被认定为发生学术失信行为，这种事前预判不但是一种有效规避失信行为的方法，还使得学生在认识问题、改正问题中逐步形成学术诚信规范的认识，从行为和观念上都形成正确学术诚信价值观念。

（二）依托差异化学术失信惩戒强化反向制约

英国学者弗里德里希·奥古斯特·哈耶克认为："一切道德体系都在教诲别人向善……但问题在于如何做到这一点。光有良好的愿望是不够的。"[①]所以说，学术诚信教育光有指导与教诲是不足以充分实现教育愿景的，而是需要一定的惩戒与警示手段来深化教育效果。马克思说过："'思想'一旦离开'利益'，就一定会使自己出丑。"[②]这就告诉我们，道德在利益的合理调控下可以得到强化，失信行为也可以被利益调控制约。所以，积极开展对可疑失信行为的调查与对既有失信行为的惩戒具有十分重要的意义。其一，以"程序性"处理方式调查疑似失信行为。美国高校对待学术失信行为具有一套完整的调查流程，虽然各高校之间存在差异，但无不体现出程序化特征。学术失信行为调查在公正性、保密性、人性化等原则的指导下，通过报告、调查、审判、终极审判等环节，从疑似学术失信行为到最终的判定，其中各个环节相扣，递进式体现调查进度与结果。可以说，程序化的处理方式不但有效地规避了学术失信行为的误判，又确保了既有错误得到惩罚，为后续定量并开展惩戒提供客观依据。同时，程序化处理还在某种程度上杜绝了人为弱化或跳过某一调查环节的可能。其二，以"差异性"处理方式惩戒既有失信行为。苏联教育家马卡连柯认为，惩罚的目的不是惩罚而是教育[③]。美国高校将对失信行为的惩戒视为学术诚信教育的重要环节之一，通过惩戒手段惩罚学术失信行为，使之为自己的错误行径付出代价，同时对其本身以及其他学生发挥了教育作用，进而实现双重意义。与此同时，惩戒结果并未"一视同仁"，"差异化"处罚结果也能发挥教育功能。不同的失信情节对应不同的惩戒结果，梯度化标准、差异化结

---

① 〔英〕F. A. 哈耶克：《致命的自负——社会主义的谬误》，冯克利、胡晋华译，北京：中国社会科学出版社 2009 年版，第 9 页。

② 马克思、恩格斯：《神圣家族，或对批判的批判所做的批判》，引自《马克思恩格斯文集》（第 1 卷），北京：人民出版社 2009 年版，第 286 页。

③ 〔苏〕马卡连柯：《论共产主义教育》，刘长松、杨慕之译，北京：人民教育出版社 1981 年版，第 170 页。

果、人性化体现。其三，以“档案化”处理方式记录学术失信行为。信用社会的制度特征使得公民信用记录具有影响范围大、作用时间长等特征，每个公民都高度重视自身信用状况，基于此，美国高校为学生制定个人信用档案，学生在校表现将会被如实记录其中，尤其是各类失信行为将会显得特别突出。这种“档案化”的记录方式在一定程度上制约着学术失信行为的出现，具有较为明显的震慑作用。不难看出，美国高校构建学术诚信指导与学术失信惩罚相结合的过程体系，将教育融入了整个作用过程之中，以多种手段实现教育功能。既关注教育效果，又注重后期反馈，可以说，这种事前事后相结合的过程体系，将学术诚信价值观教育融入了学生日常与发展的全过程，显隐结合并且正反互促。

四、“自治自律”与“多维衔接”相互融合

美国高校学术诚信教育的特色之一就是将学生纳入学术共同体之中，通过学生自治自律提升教育效果，全面有效地衔接机制为学生个体自主性的发挥提供了扎实的保障。当前在美国高校开展学术诚信教育的过程中，始终致力于纳入学生“元素”，从新生入学由校级学术诚信组织或学生自治组织号召签署荣誉准则，到学生个体发生学术失信行为的调查与惩戒，都少不了学生的参与，因此建立各种衔接机制就显得十分重要。

（一）课堂教学与课外活动相衔接

课堂教学作为开展大学生学术诚信教育的主阵地发挥着至关重要的作用，然而，课外活动作为第二课堂亦扮演着重要角色，因此二者衔接效果的好坏直接影响着教育效果。一方面，学术诚信教育理论研究与学术诚信教育实践探索相结合。20 世纪 30 年代美国大学生学术失信现象大量出现，理论界就将其目光转向了“如何预防和制止学术失信”这个热点问题。美国高校在学界影响下，逐渐发现且意识到大学生学术失信行为的普遍性与危害性，并不断尝试运用理论界的研究成果来指导学术诚信教育实践。例如，传统式荣誉制度与改进式荣誉制度的相继实施与论证等，所遵循的就是从实践到理论、再从理论到实践的螺旋式提升路径，而在这一过程中也逐步将学生主体纳入其中以发挥作用。另一方面，学术诚信理论教育与学术诚信实践活动相结合。美国高校注重学术诚信基本知识教育，针对相关

研究结果提出学术失信的主要原因[①]，同时还十分注重开展学术诚信实践活动。他们认为，将学术诚信的价值观念与价值判断内化为大学生的学术诚信行为并固化为一种习惯，才是大学生学术诚信教育的最终目的。因此，宾夕法尼亚大学的学术诚信周、麻省理工大学的学术诚信系列活动、斯坦福大学的校园诚信文化景观等，都是旨在形成一种衔接机制，让学生可以从第一课堂延伸到第二课堂之中完成对学术诚信理论的认知、认同再到实践。这种有意而为的设计，恰好印证了约翰·洛克的观点，那就是“只有你给他的良好原则与牢固习惯，才是最好的，最可靠的，所以也是最应该注重的”[②]。

（二）自我生成与教育塑造相衔接

长期以来，美国高校既提倡“个性的自我实现”与“个性化的教育”，又将追求学术诚信作为治校之本。第一，注重学生层面的学术诚信自治。重在发挥大学生的自治能力是美国大学管理的一贯传统，因此，从学术诚信规范的制定到实施，都十分重视学生的参与和自治。首先，传统式荣誉制度从内容到形式，主要是依靠同伴间的监督来规范学术行为，其精髓是高举学生自治的大旗。即便是改进式荣誉制度的实施，最大的特点也是在保留学生自治传统的同时强化学院等机构的参与和干预。其次，美国高校在制定学术诚信规范和相关惩戒措施时，不仅会在学生群体中进行深入调查，广泛征集学生的意见和建议，而且会遴选部分学生代表直接参与学术诚信制度的制定和修订。再次，确保学生代表在高校学术诚信权威评估机构中的权力。在高校学术不端处理中心、学术道德委员会等权威机构中，都有一定数量或大部分的学生代表。第二，注重学校层面的学术诚信治理。相对于学生自治而言，治理主要是从大学生主体外部，对其学术失信行为进行教育、干预和惩戒等。主要体现为三个方面：首先，强化教师对学生学术诚信的监督和引导。美国高校要求教师严格执行学校荣誉制度等规章，以有效地克制学生的学术失信行为。其次，致力于营造一种学术诚信文化。创造充满关怀、公平的课堂学术诚信文化，要求师生之间营造一种相互信任、相互关心的心理环境，这有利于培养学生的学术诚信品质；禁止教师

---

① W. L. Kibler, “A Framework for Addressing Academic Dishonesty from a Student Development Perspective”, *NASPA Journal*, vol.30, 1993, pp. 252–267.

② 〔英〕约翰·洛克：《教育漫话》，傅任敢译，北京：人民教育出版社1985年版，第30页。

对学生居高临下或惩罚学生，避免诱发学生欺诈、作弊和撒谎等以“报复”教师为目的的行为产生。最后，严惩学术失范行为。在美国，学术失信是一个既涉及学术也涉及纪律的问题。这一方面可以使学生依法获得更多的程序保护，另一方面促使学校必须按章行事，依法处理相关问题，使所谓的“人情”“面子”没有生存之地。

（三）教师教育与学生教育相衔接

管理学中认为，魅力型领导者能够发挥榜样示范作用、激发他人积极性等①，那么在高校之中教师时常充当着领导者的角色，因此美国高校在注重学生学术诚信教育的同时，亦十分重视教师的学术诚信规范的遵守与教育，并坚持将两者有机融合。在美国，教师与学生一样必须严格遵守学术诚信制度。例如，哥伦比亚大学的教师手册中明确指出：“作为学术社群中的一分子，我们每个人参加学术讨论与研究时，有责任保持诚信和维护学术诚信。”教师作为高校学术共同体中的重要成员，其对学术诚信的恪守与追随是毋庸置疑的，同时更应发挥出“模范化”作用。此外，教师也有责任制止学生的学术失范行为。指导学生遵守学术诚信准则、想方设法改善学生学术诚信环境、教育学生遏制考试作弊和论文剽窃等是每个教师应尽的义务。②因此，为了让教师有效制止学生的各种学术失信行为，美国许多高校明确规定大学教师具有如下职责：教师要在开课或开学之初自觉为学生开设专门的学术诚信教育课程，保证学生全面了解学术诚信的含义、学术失信行为的危害及其相应的严惩措施等；教师在布置学生任务时，应考虑到作业的难度适当、任务完成的进度合理、论文选题尽量贴近学生的学术水平与知识结构等，从客观上避免学生的学术失信行为的产生；要求教师在审查学生的论文与科研报告时，更多地关注过程而非结果等。除此之外，还要求教师提升反学术失信行为的能力。美国许多高校设有专门的培训机构，负责对教师的教学策略、反学术失信策略的指导和培训等。指导和培训注重引导教师有效避免自身的学术不端行为，以及注重培训教师识别学生的学术剽窃与欺诈行为的技巧等。

整体而言，美国大学生学术诚信教育的发展，离不开国家文化与传统

---

① R. J. House, *A 1976 Theory of Charismatic Leadership*, in J. G. Hunt, L. L. Larson, *Leadership: the cutting edge*, Carbondale: Southern Illinois University Press, 1977, pp.189–207.

② P. S. Atiyah, *Promises, Morals and Law*, New York: Oxford University Press, 1981, p.76.

的价值引领，离不开高等教育发展的有益探索。伴随着大学培养目标的世俗化、实用化转向，美国高校开始了对学术诚信教育的积极探索，在经历“制度建立与跟踪调研并举”“自我约束与规则约束并顾”“制度完善与价值养成并重”为特征的三阶段动态发展过程后，现已基本完善，体现出“层次化”教育目标、“多级化”教育保障、“多元化”教育方法、“自治化”教育策略等特征。因此，立足于美国传统与文化背景、结合美国高等教育理念，把握大学生学术诚信教育的基本内涵与历史发展，总结其基本特征，为深入挖掘这一教育形式的内在本质与有效路径奠定了扎实的基础。

第二章

美国大学生学术诚信教育的目标定位

美国大学生学术诚信教育目标作为德育目标的一个重要组成部分，表现出多元化特征。作为联邦制国家，美国教育管理体制施行地方分权制，所以对于学术诚信教育目标，乃至德育目标等教育相关内容并无统一表述，但这并不说明美国大学不存在学术诚信教育目标，这一目标在教育的内容、途径、方法等方面中都得以体现。[①]1987 年，时任美国总统里根在《国情咨文》中强调，高校旨在培养学生具有“国民精神”，包括爱国、修身、守诺、遵循伦理道德等内容，其中，守诺即表明作为一名合格公民所必须具备的诚信品质。[②]本章通过对美国大学生学术诚信教育进行剖析及总结，将其目标结构按照价值观培育的规律与效果，概括为个体层面目标和共同体层面目标，并结合个体认知水平发展的逐层递进，创新性地将其细化为初级目标、中级目标和高级目标三个层次，其中初级目标是基础，中级目标是桥梁，高级目标是根本。

第一节　美国大学生学术诚信教育的个体目标

大学生学术诚信教育的个体目标是指学术诚信教育对学生个体所要实现的目标，是共同体层面目标实现的基础。正如马克思所言：“人们的社会历史始终只是他们的个体发展的历史，而不管他们是否意识到这一点。”[③]

---

① 景志明:《中外学校德育综合比较》，重庆：西南师范大学出版社2001年版，第142页。

② “State of The Union Address. 1987 Ronald Reagan”, 2017–12–09, http://stateoftheunionaddress.org/category/ronald-reagan/page/2.

③ 《马克思恩格斯选集》（第 4 卷），北京：人民出版社 1995 年版，第 321 页。

不难看出，没有个体目标的实现，那共同体层面的目标则无从谈起。教育对学生的影响不是一蹴而就的，而是要依照个体价值观形成的规律逐步实现，因此在这里，将大学生学术诚信教育的个体目标分三个层次加以论述，即从促进个体学术诚信的内涵认知，到培养个体学术诚信的情感认同，再到促进个体学术诚信的习惯养成。

一、学术诚信的内涵认知

认知是人们对一定事物及其自身理论、原则、规范的理解和认识。这种认知是行为以及行为习惯的指导，缺乏正确的认知就很难产生正确的行为。对于学术诚信内涵的认知是把一定的学术诚信规范转化为个体思想道德行为与习惯的基础和前提，即为个体层面的基本目标。

（一）个体层面初级目标的影响机理

“内涵认知是价值观形成中最基本、最重要的因素，构成了人们价值观念的基本轮廓与实质内容，是价值认同、价值行为形成和发展的必要条件。”[①] 因此，在开展大学生学术诚信教育的过程中，首先必须实现初级目标，即深化学生个体对学术诚信的内涵认知，使学生先从“知其然”的感性价值认知阶段逐渐过渡到“知其所以然”的理性价值认知阶段。普遍意义上，个体对价值观念或体系的认识和了解，是个体将其内化、甚至是外化的基础与前提。20 世纪发展心理学领域最权威的认知发展理论认为，青少年的认知发展受其内在根本的认知变化而变化，又一次佐证了内涵认知的重要作用。因此，若要想让大学生形成对学术诚信的价值认同，首先就要让学生完整地、准确地理解和掌握学术诚信的基本内涵和本质。[②] 在美国，诚信教育贯穿于学生各阶段学习生活全过程，根据学生小学、中学、大学不同阶段的年龄特征与成长发展需求，将其对诚信的内涵认知相互衔接，整合为一个贯穿始终的整体，同时又在不同阶段相互强化与巩固。内涵认知需要在教育引导中不断深化，其本质是价值具化的过程，是将具体

---

① 潘玉腾:《推进社会主义核心价值体系大众化的三维路径》,《中国社会科学报》2012 年 6 月 13 日。

② 韦冬雪:《大学生社会主义核心价值体系认同教育路径微探》,《广西师范大学学报》(哲学社会科学版) 2012 年第 4 期，第 19 页。

的价值观念、价值标准具化为可以被个体所普遍接受与认识的内容。①

（二）个体层面初级目标的基本要求

对学术诚信内涵的认知作为美国大学生学术诚信教育个体层面的初级目标，在基本要求上按照认知过程主要包含以下三个方面的要求：

首先，形成学术诚信记忆。学生在学习和研究过程中，“对学术活动的价值和规范进行道德感知、判断和评价，形成记忆和理解，产生学术道德认知，这是其学术道德品质构成要素中的基础部分”②。罗纳德·巴尼特曾说，“高等教育”的本质在于学生个体的心智发展，主要包含十二种价值，即“追求真理与客观知识；科学研究；自由教育；院校自治；学术自由；中立而开放的争鸣；理性；发展的学生判析能力；促进学生自治；塑造学生个性；在社会内部提供批判中心；保存社会上的学术文化”③，其中第一条便与学术诚信密不可分。如果说中小学阶段是以学习知识为主，那么高等教育阶段则要面临的是将前人的研究成果，经过灵活分析与辩证思考之后，形成自己的观点与态度。在高校学习过程中，学生个体会对教师严谨的治学态度、学校的学术规范和要求、专业群体良好的治学精神等内容进行具体的感知和体悟，经过自身的消化和理解，形成具有善恶价值倾向的感受，即形成了学术道德记忆，这是学术诚信内涵认知的初始阶段。④

其次，形成学术诚信意向。当学生形成基本的道德记忆，能够对学术道德问题进行初步感知后，如果其面对现实道德情景时，针对不同的学术诚信问题，都能够回溯自身已有关于学术诚信内涵的认知，形成解决学术诚信问题的愿望，这便是具有了学术诚信意向。在美国高校，学术诚信教育很重要的特征之一就是注重发挥学生个体的主动性，鼓励学生积极观察并上报自己认为是或可能是的学术失信行为。这一过程，就是在积极调动学生运用所了解学术诚信的相关信息，去判别学术失信行为并解决学术

① 李忠军:《关于思想政治教育本质的几点探讨》,《东北师大学报》(哲学社会科学版)2012 年第 5 期，第 228 页。

② 黄富峰、宗传军、马晓辉:《研究生学术道德培育研究》，北京：中国社会科学出版社 2012 年版，第 61 页。

③〔英〕罗纳德·巴尼特:《高等教育理念》，蓝劲松译，北京：北京大学出版社 2012 年版，第 4 页。

④ 黄富峰、宗传军、马晓辉:《研究生学术道德培育研究》，北京：中国社会科学出版社 2012 年版，第 62 页。

失信问题的意向。学生个体的学术道德意向，是推动学术诚信内涵认知的重要步骤，其促使学生关注学术诚信问题，认真思考并积极解决学术失信问题。

再次，形成学术诚信评价。学术诚信评价是指根据自身关于学术诚信行为所掌握的相关知识或信息，针对他人或者自身所从事学术活动的动机与行为进行评价的过程。学术诚信评价的对象一般包括两个方面，即他人学术活动的道德评价与自身学术活动的道德评价。美国高校会定期通过学校网站等形式，公布经调查已确定为学术失信行为的案件，其目的一为公布审查结果并警示其他个体，二为推动学生进行学术诚信评价，以促进个体自身的道德反思，及时矫正和调整学术行为。学术评价的过程，是学生个体分辨学术失信与否、深化学术诚信知识的过程，也是消化自身对学术诚信内涵认知的过程，因此成为高校学术诚信教育内涵认知的基本要求之一。

（三）个体层面初级目标的实现方式

为了提升学生个体对学术诚信内涵的理解，美国高校主要采取了以下积极措施，对其学生学术诚信教育初级目标的实现起到了积极的促进作用。

第一，在个体层面明确学术诚信规章制度。美国高校学术诚信制度建设的一个最基本特征就是细致、明确，不但以直接命令的形式告知学生何为必须遵循的学术规范，而且还通过学术失信案例的解读与公示使学生明晰学术失信行为的类别与表现形式，大大提升了个体对学术诚信内涵的理解与对相关规定的把握，也减少了解释性操作的成本，有效地避免案例性解释的主观臆断性，切实做到了有章可循、有据可依。① 与此同时，这种明确的规章制度对于学术失信行为的震慑力也更加强劲，面对挂在墙上、印在本子上的明确规定，学生在存有学术失信的欲望与动机之前，往往也会心生畏戒，从而减少故意犯错与有意欺诈的可能，使得学术诚信教育的效果更为明显。芝加哥大学查尔斯·李普森教授的《诚实做学问——从大一到教授》一书已被列入新生必读书。该书从具体的实例入手，讨论普遍存在的有意或无意的学术失信行为，此外还从学生的角度入手，汇集、整理、

① H. J. Passow, M. J. Mayhew, C. J. Finelli, T. S. Harding, D. D. Carpenter, "Factors Influening Engineering Students' Decisions to Cheat by Type of Assessment", *Research in Higher Education*, vol.46, no.6, 2006, pp.643–650.

制定了不同学科“最全面”的引注格式。[①]

第二，在个体层面强化学术诚信实施准则。为了应对个体认知行为的反复性与发展性问题，美国高校在开展学术诚信教育时十分注重教育教学活动的重复与强化。除了在入学初期进行学术诚信教育、在考试之前宣读与签署荣誉准则等仪式化教育活动之外，在日常教育教学中教师们也十分注重将对学术诚信的教育引导融入课堂教学全过程，在课堂教育教学的过程中不断向学生强化“学术道德的核心是诚信”这一概念，自身率先做到学术诚信，并传递出一种强烈的信息[②]，即学术失信的行为与想法都是不可能被认可与接受的，推动每一个学生与教学管理人员都成为学术诚信的宣传者与践行者，通过这一过程对学术诚信的概念和规则不断重复和强化。

第三，在个体层面落实学术失信处罚机制。合理的惩罚也是一种重要的教育手段，因为有惩罚的存在才能让诚实守信的学生感到其行为的价值，也向不诚实的学生提出了强有力的制裁，对其行为进行了规制。[③]合理且公开的惩罚是向学生进行生动且有效的学术诚信内涵与规则解释的最有效办法之一，它使得学生直观地明确了可为与不可为的标准，制约了不正确的行为。但是在这一过程中美国高校十分注重对学生合法权益的保护，建立了完备的申诉制度，做到程序公正，只有这样才能保证学术诚信教育的结果被有效接纳，并实现预期效果，才能保证权利得到监督，确保实质上的正义与公平。

二、学术诚信的情感认同

情感是人们在一定现实的思想道德关系中表现出来的一种爱憎好恶的态度。[④]在这其中，情感作为一种非智力性的因素，是诚信认知转化为诚信行为的催化剂。学生对于学术诚信行为建立起怎样的情感，就会选择与这一情感同向的行为方式。

---

① 梁茜:《美国大学诚信体系及对我国大学生诚信教育的启示》,《高教论坛》2012 年第 10 期，第 16 页。

② D. L. McCabe, “Faculty Responsies to Academic Dishonesty: The Influence of Honor Codes”, *Research in Higher Education*, vol.34, 1993, pp.647–658.

③ W. L. kibler, “A Framework for Addressing Academic Dishonesty from A Student Development Perspective”, *NASPA Journal*, vol.31, 1993, pp.8–18.

④ 陈万柏、张耀灿:《思想政治教育原理》，北京：民族出版社 2015 年版，第 128 页。

（一）个体层面中级目标的影响机理

“情感是同人的社会性需要相联系的主观体验”①，是人对客观事物所持的态度体验。学术诚信中所涉及的个体价值和态度的倾向性表明其中涉及诸多情感因素。正如马克思所言：“激情、热情是人强烈追求自己对象的本质力量。”② 认同则是指“个人与他人、群体或被模仿人物在情感上、心理上趋同的过程”③。情感认同“是一种尊重”④，是内涵认知与形成价值信仰的中间环节，是从价值观念向价值养成的重要过程，“需要通过一段时间的心理和相应行为的校验”⑤。情感认同是在学生个体充分认知学术诚信的内涵之后，从内心深处、从情感态度之中，赞同学术诚信的积极意义与重要作用，为个体形成学术诚信信仰打下基础。学生个体只有对学术诚信产生情感认同，才能在学习与研究之中，对学术探究抱有热情、全身投入、乐享其中，才能克服学术浮躁、远离学术失信行为。因此，这种情感认同体现了一种价值判断，反映了一种学术诚信追求，提供了一种心理动力。

（二）个体层面中级目标的基本要求

在学生学术诚信价值观培育过程中，如果缺失了情感认同，则一方面缺乏实施学术诚信行为的内在动力，一方面缺乏学术诚信价值观形成的必要条件。因此，美国高校学术诚信个体层面的中级目标具有如下要求：首先，形成对学术诚信的应然遵从。应然遵从是个体对其他个体或其他群体所应该遵从的事情，是个体使命或义务之所在。学生个体通过对学术诚信内涵、学术活动中的道德要求进行不断的了解与反思，并按照学术诚信要求开展自身活动，久而久之便形成了个体情感上对学术诚信的应然遵从。这是一种被动的服从，源于对学术文化、学术规范的认可与尊重，养成学术诚信价值观的初级阶段，体现出他律的特征。在美国高校之中，校园诚信文化无处不在，从学校校训、到校园景观、再到学生活动等⑥内容，都

① 彭聃龄：《普通心理学》，北京：北京师范大学出版社 2004 年版，第 371 页。

② 《马克思恩格斯全集》（第 42 卷），北京：人民出版社 2006 年版，第 169 页。

③ 万明钢：《多元文化视野：价值观与民族认同研究》，北京：民族出版社 2006 年版，第 2 页。

④ 〔美〕伊丽莎白·基斯、〔美〕J. 彼得·尤本主编：《反思当代大学的德育使命》，孙纪瑶、段妍译，北京：人民出版社 2017 年版，第 153 页。

⑤ 段妍：《比较视域下当代大学生核心价值观培育研究》，北京：人民出版社 2016 年版，第 24 页。

⑥ D. L. McCabe, “It Takes A Village: Academic Dishonesty & Educational Opportunity”, *Liberal Educcation*, 2005(Summer/ Fall), pp.26–31.

在潜移默化地影响着学生个体的情感认同，时刻提醒学生其作为学校成员的义务与职责。其次，形成对学术诚信的主动遵循。在学生对学术诚信完成被动遵从的基础上，将外在的学术诚信规范内化为个体自身的自觉选择，完成从被动到主动、从他律到自律的过程。正如芭芭拉·克尔林格所说："诚信是一个成熟个体的选择，代表了个体长期并且主动遵循的道德、精神与准则。"[①] 这种主动遵循最大的特点是自律、自觉、自醒，是情感认同趋于成熟的表现。由于学术活动具有较强的个体性，因此，这种对学术诚信的主动遵循成为制约学术失信行为发生的有效手段，运用个体的良知确保学术活动的原创性与纯洁性。可以说，这是学术诚信情感认同培养的重要一环，具有十分重要的意义。在美国高校实际开展学术诚信教育的过程中，在学生被动遵从学术诚信规范和要求后，主要通过教师的榜样示范作用[②]、图书馆员的积极引导[③]、朋辈团体的积极自治[④]等手段，帮助学生形成对学术诚信的主动遵循。再次，形成对学术诚信的渴望追求。情感认同的最高级阶段就是形成一种渴望追求、一种自身的荣辱感受。渴望受到积极的、正面的道德评价与赞美，抵触受到负面的、消极的否定与嘲讽，这种荣辱感是个体对评价好坏的心理感受。这种荣誉感使得学术行为与态度具有明显的倾向性，是在情感应然与实然状态后的高级阶段。学生渴望通过学术诚信行为产生的学术成果带来精神上的满足，但不可否认，较之于研究生阶段，本科生学术成果产出数量有限，因此美国高校通过发挥教师的引导作用、社会的影响作用等手段，潜移默化地强化学生这种情感满足。

（三）个体层面中级目标的实现方式

当代美国高校在引导学生形成自发的学术诚信情感认同方面做出了许多重要的尝试，概言之，内部的情感性引导与外部的人文性关怀是实现这

---

① Barbara Killinger, *Integrity: Doing the Right Thing for the Right Reason*, Quebec: McGill-Queen's University Press, 2010, p.12.

② D. H. Guston, *Mentorship and the Research Training Experience*, in *Responsible Science, vol. II: Background Papers and Resource Documents*, Washington. D. C.: National Academy Press, 1993, p.52.

③ Martin Zimerman, "Plagiarism and international students in academic libraries", *New Library World*, 2012, pp.290–294.

④ Jennifer L. Kisamore, Thomas H. Stone & I. M. Jawahar, "Academic Integrity: The Relationship between Individual and Situational Factors on Misconduct Contemplations", *Journal of Business Ethics*, 2007, pp.381–394.

一目标的主要方法。一方面通过内部的情感引导，加强学术诚信教育的自我情感认同。“事物的内在矛盾是事物发展的第一性的原因，是事物发展的根据，对事物经常地起到决定性作用。”[①] 在美国高校的学术诚信教育中，内部的情感引导作为提升大学生学术诚信自我情感认同力的内因也起到了决定性作用。第一，发挥教师在学术诚信情感认同中的重要作用。教师是学生在学习过程中接触最多的人，并且由于教师与学生存在角色的天然性差距，学生对教师往往表现出信任、依赖甚至是崇拜、模仿的行为与情感取向，因此，教师应当率先认同学术诚信的相关制度建设，并对学生的情感引导起到积极作用。正如美国学者黑斯庭斯所言，“针对有些学生现在还不知道什么叫抄袭的情况，老师应当指导他们怎样正确查找、引用资料，施以正确的教育方法，养成良好的习惯”，从而“杜绝抄袭现象的发生”。[②] 美国高校大多制定了教师开展学术诚信教育的具体要求，例如课堂之中自觉地贯穿学术诚信教育内容，对自己的课题组或所任课班级中有学术失信行为的学生给予更多的关注等，[③] 这些行为都会对学生的情感转换产生深远和持久的影响，使得学生通过直观的人的行为表现感受到学术诚信的重要意义。例如，达特茅斯学院规定教师的三项职责就包括：持续地向学生提供什么是学术诚实的指导、改善能够增强学生学术荣誉的程序和环境、经常性地审查荣誉守则的执行效果。[④] 第二，发挥学术诚信制度的人本化关怀。美国高校学术诚信制度以人为本的特征为学生认同并信赖学校学术诚信制度奠定了良好的心理基础。其一，在政策的制定环节号召学生积极参与，如达特茅斯学院的诚信守则就是1962年2月13日由学生投票通过的。[⑤] 其二，在政策的执行环节学生也是发挥着重要作用。大部分美国高校都会设有由学生组成的荣誉委员会作为学术诚信教育的主要职责机构。其三，美国高校学术诚信制度的人文性还体现在对于违规事件的处理中，注意保

---

① 艾思奇:《辩证唯物主义纲要》，北京：人民出版社 1959 年版，第 153 页。

② 〔美〕M. 黑斯庭斯:《打击作弊网上斗法》，田温、田海明译，《中国教育报》2003 年 12 月 20 日。

③ P. A. Hutton, “Understanding Student Cheating and What Educators Can Do About It”, *College Teaching*, vol.1, 2006, pp.171–176.

④ “Policy Statement”, 2017–09–10, https://student-affairs.dartmouth.edu/policy/academic-honor-principle.

⑤ 同上。

护当事人的权利，维护学生的权利，一般对于学术失信行为的处理都会召集听证会，同时给予学生自我报告与申诉的权利与机会，采取人性化的调查方式。[①]

另一方面，通过外部的情感渲染，增强学术诚信教育的观念形成。外因对于事物的发展有或大或小的影响，有时可以发挥重大的影响，甚至于在一定范围内和一定情况下也可能起决定作用。作为影响美国高校学术诚信教育结果的重要外因，外部的情感渲染等举措起到了重要促进作用。第一，“契约诚信”的社会观念构成了学术诚信情感认同的价值基础。美国作为一个发达的资本主义国家，社会生活的契约化程度较高，契约精神成为了美国人民引以为傲的民族精神。哈佛大学始终致力于让荣誉准则誓言转化为学生个人自觉行为，始终强调诚信是哈佛大学学术的基础，将其作为一项优良传统发扬光大，并在《哈佛大学学生手册（2017—2018）》中进行了细致的阐述与强调。[②]诚信观念作为契约思想中最为重要的观念之一，将社会诚信建立在理性的契约关系之上，是人们在反复实践中所形成的一种长期有效的策略习惯选择，因此美国人往往乐于建立契约，并自觉地接受这些契约的规定。高校学生从小生活在这种社会文化背景之下，对于契约有着较好的认识，普遍有较强的契约意识，这也使得其对于学校推出的学术诚信制度或者准则有较好的认识，在情感上并不抵触，甚至更容易接受。第二，多种途径的宣传方式构建了学术诚信情感认同的影响路径。大学生由于其自身经历等方面的限制，仍处于价值情感的形成初期，价值观尚未完全形成，情感波动往往较大，对于正面的简单宣教往往有着较大的抵触情绪，因此形式多样的学术诚信教育成为首选，在这其中，美国高校往往会采取多种形式对学生进行学术诚信教育，例如签署荣誉准则、设立图书馆网站公告、开设学术诚信专门化课程等，使得学生能够随时掌握学术诚信教育的知识，潜移默化地受到教育。美国凯斯西储大学成立学术诚信委员会，重要任务之一就是组织有关学术诚信教育的活动，这一委员会开展“真相与结果”观影、学术诚信走进寝室生活等活动。第三，学校、

① Donald L. McCabe, William J. Bowers, “Academic Dishonesty Among Males in Colleges: A Thirty Year Perspective”, *Journal of College Student Development*, vol.35, 1994, pp.5–10.

② “Harvard College Handbook for Students 2017–18”, 2017–09–10, https://handbook.fas.harvard.edu/.

家庭、社区共同作用确保了学术诚信情感认同的连贯性。美国大学生对学术诚信能够形成积极的情感认同，与其生活环境密不可分，除去学校教育外，家庭与社区也都发挥了重要作用。家庭教育是美国道德教育的重要途径，守信是父母教给孩子的第一个道德规范。父母经常通过《圣经》故事、名人传记等，向孩子们传达诚信的价值理念。孩子从小对于诚信的行为和代表人物有着积极的情感认同，对于失信的行为或者是代表人物有着情感否定，为其未来诚信道德品格的形成奠定了一定的感性基础。此外，社区也是美国开展诚信教育的重要阵地，很多社区会组织诚信教育的相关活动，例如午餐会、文艺表演等，邀请所在辖区内或者社团内家庭的孩子参与，从小对其进行诚信教育，并在这种生动形象的活动的参与中促进其对于诚信价值观的情感认同。

三、学术诚信的习惯养成

习惯养成是学术诚信教育的高级目标，是在内涵认知与情感认同的基础上形成的一种学术诚信的实际性行动，是个体学术诚信价值的全面、综合、客观、长期的外在反映。诚信价值观教育并非一劳永逸，也不能急于求成，而是要长期地、反复地对教育对象施加影响，促使其不断内化诚信价值观，以量变促质变的辩证方法[①]，最终达到“积善成德”[②]的教育效果。

（一）个体层面高级目标的影响机理

养成学术诚信习惯，是开展大学生学术诚信教育的高级目标，也是学术诚信教育效果的最终体现，它以学术诚信内涵认知与情感认同两个阶段性目标为基础，是个体层面所要达成的最高追求。学术诚信的习惯养成，即个体对特定学术道德价值的尊崇与追随，并发自内心地愿意依照这种价值选择开展活动。“学术的根本目的在于发现真善美，并将真善美运用于人和社会的发展之中，学术道德的根本目标则在于按照善的原则发现真善美、运用真善美。”[③]因此，学术诚信习惯是从事学术活动的个体对学术目的与学术道德根本目标加以追随的内在动力与行为指向。学术诚信习惯的养成

① 向征：《诚信教育优化研究》，北京：知识产权出版社 2015 年版，第 28 页。

② 王先谦：《荀子集解 · 荀子 · 劝学》，北京：中华书局 1988 年版，第 7 页。

③ 黄富峰、宗传军、马晓辉：《研究生学术道德培育研究》，北京：中国社会科学出版社 2012 年版，第 67 页。

离不开实践环节，价值的力量是从认知、认同到实践上的逐层追求。马克思曾认为“价值观的最重要的特性，就是以‘实践精神’来把握世界”。[①]与此同时，学术诚信价值观如果要被学生个体所接受并自觉形成自身价值标准，也需要将其与日常生活紧密结合，通过长期而广泛的实践活动，推动价值的升华。

（二）个体层面终极目标的基本要求

“诚信是一种美德，是个体内在信仰与外在行为相契合的状态。”[②]正如上文所提及的，当前美国学界对大学生学术诚信教育的界定以美国国际学术诚信中心的界定为标准，即“强调培养学生无论遭遇何种困境，都应始终坚守六种基本价值观：诚实、信任、公平、尊重、责任感与勇气”[③]，这也成为学校学术诚信教育目标的基本内容。

一是学术诚实的习惯养成。学术诚实是大学生学术诚信教育的重要内容与首要任务，这其中，诚实是意识与行为上的双向度表达，即以追求真善美为前提，在意识上无恶意、在行为上守规则，是个体内心与外在的有机统一。基于此，美国高校在开展学术诚信教育的过程中，尤为重视学术诚实的习惯养成。通过学术研究之于高校乃至社会发展的重要意义来使学生由内而外地追求纯粹的学术研究，通过政策宣讲、教师影响等手段，由外而内地引导学生诚实守信，客观认知自身学术水平，要求学生通过努力获得新知，不断提升自身研究能力，同时勇于承认自身局限性。

二是学术信任的习惯养成。“建立在信任基础之上的人际交往是人通常习惯的、由遗传而获得的最基本的态度。”[④]信任是人与人坦诚交往的基础，更是学术自由的重要前提，只有在相互信任的学术氛围中，人们才能坦诚地交流，自由地批判，最大程度激发自身的学术潜能。以学术信任为前提，学术争鸣才能得以保障，观点分享才能健康持续。美国学界积极营造和谐、开放、自由的学术与科研氛围，这不但有利于团队成员获得更大的成就与发展，还有利于学生群体感知组织文化氛围，促进学术信任的价值养成。

---

① 《马克思恩格斯全集》（第 46 卷），北京：人民出版社 2006 年版，第 39 页。

② John Louis Lucaites, Celeste Michelle Condit, Sally Caudill, *Contemporary Rhetorical Theory: A Reader*, New York: Guilford Press, 1999, p.92.

③ “International Center for Academic Integrity”, 2018–01–12, http://www.academicintegrity.org/icai/resources–2.php.

④ 〔德〕汉斯·萨克塞:《生态哲学》，文韬、佩云译，北京：东方出版社 1991 年版，第 176 页。

三是学术公平的习惯养成。公平是美国国家核心价值观念之一，是对公正与平等的追随和向往，也是学术诚信教育顺利开展的重要基础，因此美国高校十分注重维护学术公平。通过保障制度对各项学术标准、评价程序等做出统一规定，并且要求所有人严格执行。通过奖惩机制，对任何违反学术诚信的个体进行奖励或惩罚，切实做到奖罚分明，例如杜克大学《学术研究政策》、斯坦福大学《研究政策》、普林斯顿大学《学术政策》和《学术诚信手册》等，上述政策虽名称各异，但实质却如出一辙。对既有学术行为或成果进行客观评判，是保障学术诚信的重要做法，更是美国高校促进学术公平习惯养成的重要表现。

四是学术尊重的习惯养成。美国作为一个倡导独立、自由、平等的国家，其国家价值观念中充满着人文主义色彩，而这种人文主义的核心就是关怀人的幸福、爱人的幸福、尊重个人的意识。[①] 学术尊重意识就是要意识到每一个学术个体都是自由而平等的，都有表达自身学术观点的意志与权利，个体的学术观点与意见都应该得到他人的尊重。大学生作为学习者只有学会尊重他人，尊重他人的研究成果，才能学会欣赏和敬畏，从而不窃取和剽窃他人的成果，自觉并且主动地捍卫学术诚信。美国高校对师生尊重他人学术成果提出了很高的要求，同时这种要求又是平等的，学生与教师要相互尊重，反对任何形式的学术霸权主义与学术欺凌事件。可以说，相互尊重的学术氛围是确保学术交流与争鸣的基础，也是促使学生形成学术诚信习惯的重要环节。

五是学术责任感的习惯养成。学术责任感是学术研究者与学习者在研究与学习过程中所应承担的道德责任，这种责任体现在多个维度，既包括对研究成果的负责，应保证其研究成果是为了人类的发展进步做贡献的；又包括对研究团队的负责，在这其中的每一个成员都应该恪尽职守、兢兢业业，为整个科研团队的目标达成承担责任；还包括对人类社会的负责，应担负起推进科学技术进步、教育文化发展的社会责任，使得科学研究不仅仅是象牙塔中的兴趣与实验，而应该尽可能多地转化为实际生产力，为人类社会的发展做出更多更大的贡献。例如，门罗学院的大学生学术诚信政策开篇就指出："门罗学院是一个学术共同体，它的基本目标是为以后的

① 洪潜:《哲学史简编》，北京：人民出版社 1957 年版，第 48 页。

事业和生活积累、储备知识。想要成功地实现这一教育目标就要遵循一个基本原则，即学术诚信。”① 美国曼哈顿学院也明确规定了学生在坚持学术诚信上的责任。②

六是学术勇气的习惯养成。学术勇气之于前五种价值观而言，更像是一种品质或能力，事实上，勇气就是尽管畏惧或害怕，但依旧有能力按照自己的价值观行事。学术勇气是一种让学习者无论遭遇何种困难、无论是否面对质疑与失败，依旧可以坚持自身学术研究以完成自身学术要求的品质；还是一种无论面向谁或者在何种境遇下，都可以勇敢指出学术失信行为的气势。在原有的学术诚信教育体系中，并不存在这一价值观念的养成，然而，伴随着其作用的彰显、需求的增加，学术勇气成为继诚实、信任、公平、尊重、责任感之外的又一价值培育目标。

（三）个体层面高级目标的现实挑战

伴随着经济技术的发展，美国高校在实现个体层面高级目标六个基本要求的过程中，也面临着来自社会风气、个人观念、技术发展等方面带来的影响。

首先，社会性道德危机成为美国大学生学术诚信教育的重要干扰因素。当代美国社会性道德危机事件屡见不鲜，公民素质降低、青少年犯罪率居高不下、各类恐怖事件频发、校园欺凌与暴力事件不断，这些都是社会性道德危机的集中体现。面对诸多突发事件，美国公民教育依旧面临深刻的考验与要求，何为道德、何为不道德、应该遵循何种规范等问题，依旧存在于美国社会之中，这也深刻地影响着美国高校大学生的价值选择与判断，使得其难免质疑学校的制度约束与行为规范。詹姆斯·戴维森·亨特在《品格之死：在一个无恶无善的道德教育之中》中就描述了当时美国道德教育并不能完全破解青年人对一些道德问题观念上的混淆这一问题。③ 这种动摇与质疑同样存在于学术诚信教育之中，对不同行为是否应当被界定为失

---

① “The Monroe College Code of Academic & Scholarly Integrity2011”, 2018–03–25, http://www.monroecollege.edu/academics/academicpolicies/undergraduateacademicpolicies/themonroecoll Gecodeofacademicscholarlyintegrity.

② “Student Code of Conduct”, 2018–03–25, http://www.manhattan.edu/stntlife/sthandbk/student-code-of- conduct.html.

③ James Davison Hunter, *The Death of Character: Moral Education in an Age Without Good or Evil*, New York: Basic Books, 2001, pp.156–166.

信行为的认同、对学术共同体内教师学术行为的理解、对是否揭发其他学生失信行为的选择等，都会影响个体对学术诚信规范的认知与认同，影响着学术诚信教育的现实性成果，也动摇着学生学术诚信价值观的形成。

其次，对个人主义价值观的过分强调为学术诚信习惯的养成带来消极影响。个人主义是美国文化的核心要素之一，是美国政治和社会生活的基础，占据了重要的地位。在美国，个人主义文化及伴随其产生的影响具有广泛性，作用于家庭、学校以及社会等多个层面。其强调个体自主性、自我发展与尊严等特征，对美国道德教育的价值取向产生了重大的影响。不可否认，20 世纪 60 年代开始，美国出现了社会观念的动摇，青年群体中开始出现反社会、反文化浪潮。政府与教育机构的公信力欠佳，社会秩序混乱，在这种情况下个人主义成为了不可侵犯的意识，任何人都不能轻易破坏他人的思考判断或决定他人的生活方式。进入 20 世纪 70—80 年代，“价值澄清法”与“道德认知论”在学界广为流行，强调个体权利的个人主义与强调社会兼容并蓄的多元文化并存，主流价值观对美国高校道德教育产生深远影响。这些理论在反对价值灌输、降低学生价值混乱、发挥学生主观能动性方面都产生了积极的效果，但也有消极一面，在价值中性的前提下，教师和其他学生对个人的选择并不能进行明确的是非判断，从而模糊了带有强制性的一些价值原则，使得个人的选择偏好出现了差异，学生所认为的所有的道德立场都是有效的，对于道德冲突缺乏直观的认识，对群体和社会的平稳发展以及学生的价值稳定产生了负面影响。与此同时，心理学的兴起也松动了对于传统道德价值的权威性认知，因过于强调个人主义，社会的焦点放在个体而非群体，强调个人的权利和个人的选择，把自我满足和自我实现置于家庭和社会责任之上，使得美国的很多道德教育不能或者是不敢说清楚，到底标准是什么，因而成为了道德相对论。不难看出，美国大学生学术诚信教育的问题所在，不是缺乏权威、系统、明确的学术规范或者法律规范，而是缺乏对学术诚信的理智追求，即问题不是在于“我们应该遵循何种学术诚信”，而是在于“我们为何要在学术中诚信”。

再次，飞速发展的互联网科技为学术诚信教育的有效性带来了巨大的挑战。互联网科技的飞速发展对于学术研究而言是一把双刃剑，它所承载的海量信息与资源为满足各类需要提供强大支持，然而也为学术失信行为提供了极大的便利与诱惑，使学术失信变得越来越容易并且普遍，“通过网络作弊发生的可能性极高，原因在哪里呢？是它实在是太过于便利了”①。越来越多的网络资源为学生提供课程作业、文章，通过搜索引擎可以通过学期论文、研究论文、研究助手等关键词，轻松地在网络中获取到不计其数的免费资源，这些资源多来源于上传者原有的文字作品。学生通过复制粘贴就可以完成文本的转移，通过整合形成最新的文本以充当课程作业或学期作业，更有甚者通过明码标价代写论文或作业。如果这种行为不能被教师及时发现，那么学生就会经常性做出这类举动，严重影响学生的价值观念。②此外，除去互联网带来的便捷条件外，对于一些学生而言，从其个体角度出发认为从网络检索并使用公共信息并不属于抄袭行为，无须引用其出处。无论是无意识引用还是有意识抄袭，互联网科技的发展都为其提供了便利与资源，这对高校学术诚信教育开展的实效性带来了强烈的冲击，无疑是给学术诚信教育的巨大挑战。

第二节　美国大学生学术诚信教育的共同体目标

本书中所提及的共同体指代学术共同体，这一概念最早于 20 世纪由英国哲学家迈克尔·波兰尼在《科学的自治》一文中最先提出。此后经过不断发展，逐渐形成共识，认为这一群体具有相同或相似的价值取向、文化生活、内在精神，普遍遵循或追求共同的信念、价值与规范。③学术诚信教育的共同体目标，设立于上文所述个体目标的基础上，通过对若干个体学术诚信个体目标的追求和实现，最终使得由这些个体所组成的学术共同体，在学术诚信问题上，达成一种普遍的、稳定的积极状态。共同体目标是个体目标的扩展和升华，对于整个学术界乃至整个国家学术的良性发展与创新都至关重要。共同体目标的实现必须以个体目标的实现为前提，与此同时，需要注意的是，个体目标的实现如果不能推动共同体目标的实现，那

---

① ASFCC Colleges, *Promoting and Sustaining an Institutional Climate of Academic Integrity*, Academic Senate for California Community, 2007, p.14.

② William H. Yates, *Academic Integrity in the Internet Age*, Florida: Nova Southeastern University, 2007.

③〔德〕斐迪南·滕尼斯：《共同体与社会——纯粹社会学的基本概念》，林荣远译，北京：商务印书馆 1999 年版，第 58–61 页。

么不仅意义甚微，并且个体的诚信价值观将极易被集体的学术失信所同化。“出淤泥而不染”是罕见的，由于罕见，才显得弥足珍贵；也正是由于罕见，所以在一般意义上，我们不能过于期待，而应当寻求一种更好的选择，那便是共同体目标的实现。在这里，我们也将根据美国高校学术诚信教育的具体做法，将其共同体目标概括为三个方面，即成员对学术诚信的普遍遵守、成员对学术失信的坚决抵制，以及形成共同体的学术诚信文化。

一、成员对学术诚信的普遍遵守

当个体层面学术诚信教育目标基本达成后，如果教育效果良好，那么学生个体会形成或在某种程度上形成个体学术诚信价值观。如何通过机制的设立，巩固个体学术诚信价值观的同时，又能影响其他人形成学术诚信意识与思维，则是共同体目标的初级维度，即形成成员对学术诚信的普遍遵守。

首先，遏制学术失信获利。这里所提及的“利”，泛指一切利益，包括学术利益，如发表论文、获得学位；又包括经济利益，如获取课题基金支持、社会学术成果奖项；还包括政治利益，如获得社会声誉、职称提升等。毋庸置疑，学术失信行为不仅违反了基本的学术道德与规范、社会正义与契约，更违反了社会法治。因此，为了促使个体在面临个体学术诚信与学术失信选择时选择前者，则必须首先遏制学术失信获利的途径与可能性。当发现学术失信行为时，立即做出反应与处理，例如撤销论文、追回资金资助或荣誉等。以美国贝尔实验室调查舍恩科研不端的事件为例①，简·亨德里克·舍恩作为贝尔实验室的研究人员，在加入实验室两年之内就在全国著名的学术期刊上发表了十余篇论文，并且部分成果被视为具有突破性意义。但是当发现舍恩可能存在学术失信行为之后，贝尔实验室立即做出反应，成立了由斯坦福大学马尔科姆·比斯利教授为主席的案件调查委员会，经过四个月的调查，在长达127页的调查报告中，证据清楚地显示舍恩至少在16篇学术论文中存在数据造假。调查结果宣布当天，舍恩就被贝尔实验室开除，并且其所发表的多篇论文全部被撤回。舍恩事件在美国学界

① 主要国家科研诚信制度与管理比较研究课题组：《国外科研诚信制度与管理》，北京：科学技术文献出版社2014年版，第39页。

产生了重大的影响，不可否认，这种影响在某种程度上来源于贝尔实验室对学术失信行为所做出的严肃处理与高度关注。美国高校对具有学术失信行为学生的严厉惩戒十分常见，这种惩戒是禁止学术失信获利的良好体现。通过制度的建立与完善，尽可能压缩学术失信的利益空间，使得共同体成员因“无利可图”或因“不值得冒险”而选择遵守学术诚信，最终逐渐形成整个学术团体对学术诚信的普遍遵守，这其中就包含着大部分学生群体。

其次，树立学术诚信榜样。日本教育家福泽谕吉曾指出：“德育贵在身教而不在于言教。”① 榜样教育的本质是教化，是一种柔性的影响方式②，可以用规范、目标与价值来影响他者的言语、行为或思想。榜样的价值观与行为表现具有极强的引导与示范作用。在美国高校之中，学术诚信榜样往往是影响学生群体学术行为价值选择的重要途径，在这其中主要有两方面群体发挥着积极的影响作用。其一，教师群体所发挥的诚信榜样作用。教师群体作为率先遵守学术诚信的群体之一，教书育人的神圣使命使得其必须成为学术诚信的典范，③ 这在美国众多高校的教师行为规范中都有所展现。例如，哥伦比亚大学《教师行为手册》中明确指出：“作为学术共同体中的一员，我们中的每一个人在参加学术讨论与研究中，都有责任保持和维护学术诚信与纯净。”④ 此外，美国大学教授协会作为高校学术自由与共享治理的非盈利机构，为高等教育教师提供职业价值与标准，以确保高等教育对公共利益的贡献。该协会对高校教师的五点声明中，每一条都从不同维度对高校教师提出了诚信要求。⑤ 其二，学术偶像所发挥的学术诚信榜样作用。对学术偶像的崇拜，是对其学术研究方法与成果的学习与敬佩，而非对学术权威的盲目崇拜与迷信。通过对学术偶像的学术精神、学术品质、学术敏感度以及其在攀登学术高峰过程中所付出的努力与呈现的毅力的敬重，激发学生群体的追随心理。在这里，学术偶像可以是专业领域具有建树的

---

① 〔日〕福泽谕吉：《福泽谕吉教育论著选》，王桂译，北京：人民教育出版社 1991 年版，第 95 页。

② 王俏华：《榜样教育概论》，北京：北京大学出版社 2014 年版，第 32 页。

③ P. A. Hutton, “Understanding Student Cheating and What Educators Can Do About It”, *College Teaching*, vol.1, 2006, pp.171–176.

④ Columbia College, “Faculty Statement on Academic Integrity”, 2018–05–24, http://www.college.columbia.edu/faculty admin/academic integrity.

⑤ “About AAUP”, 2018–05–24, https://www.aaup.org/about-aaup.

专家学者，也可以是身边的普通教师，甚至可以是身边的同学与朋友。虽然学术榜样对于共同体基本目标的实现具有重要价值，但是值得注意的是，也容易产生相当大的负面影响，由于过分期待与依赖，一旦学术榜样出现负面消息或做法时，所带来的影响远超过普通人所带来的震撼。因此，学术榜样自身或者是高校有意树立学术榜样时，都要更加慎重与理性。

再次，健全学术失信惩戒。如前所述，遏制学术失信获利的可能性具有重要意义，但是单纯使得学术失信行为无法获利还尚且不足以发挥作用机制，学术失信行为没有获得惩戒，学术失信者没有遭受损失，本身就是一种变相的"获利"，至少是心理层面的获利。正如琳达·特维诺所言："学术失信惩戒具有强烈的象征意义，它向组织成员昭示了组织的公正性，在其中理应遵守规范，失信者将会遭受惩罚。"[①] 因此，对于学术失信行为需要建立惩戒机制。这种机制与上文所述的不利后果的区别在于：后者是剥夺学术失信者"能够得到的"，前者则是剥夺学术失信者"本来就有的"。相较于学术失信对整个学术共同体的危害，这样的惩戒机制是恰当的。学术共同体本来就是建立在一些重要的价值共识之上的，例如诚信，所以破坏学术共同体共同价值基础的行为，理应受到惩戒。但需要注意的是，惩戒需要避免"一刀切"，要根据实际情节与影响后果，分以不同级别的惩罚结果。[②] 例如对于情节较轻或影响程度不严重者，进行警告、重修等；对于情节严重者，进行罚款、降级等；对于情节特别严重者，应当考虑剥夺其共同体成员资格。只有如此，才能真正对学术失信者形成足够的震慑。这一点在美国高校诚信教育的实践中得到了很好的展现，差异化而不失严肃的惩戒，使得在保障成员权利的同时，对学术失信行为者也能进行严厉的打击。这种机制，在学术共同体的建设和发展过程中，发挥了积极的意义，在这个共同体之中形成对学术诚信的普遍遵守，而学生作为共同体的成员，在自然而然地强化学术诚信价值观的同时，还能更加深层次地理解与体悟坚守学术诚信的重要价值。

以上可见，相较于个体目标关注于人的内在的引导和塑造而言，共同

---

① L. K. Trevino, "A Culture Perspective on Changing and Developing Organizational Ethics", *Research in Organizational Change and Development*, vol.4, 1992, p.207.

② D. L. McCabe, L. K. Trevino, "Academic Dishonesty: Honor Codes and Other Contextual Influences", *The Journal of Postsecondary Education*, vol.64, 1993, pp.522–538.

体目标的初级维度更多地是营造外部的压力和约束，抑或是鼓励与促进，体现出了保守的立场，对于人性相对不信任。这样内外兼施下，才能够稳妥地实现学术共同体成员对于学术诚信的普遍遵守，这种将对学术诚信的个体遵守逐渐聚合为共同体成员的集体遵守的最终结果，将会形成更加稳定的个体与集体的价值选择。

二、成员对学术失信的坚决抵制

实现了共同体成员对学术诚信的普遍遵守，并不意味着整体的学术诚信理想状态已经实现，依然存在着隐患或不稳定的可能。那便是普遍遵守可能走向极端，人人“独善其身”，放任所出现的学术失信的苗头而不顾，任其滋生与蔓延。此外，现代的学术共同体往往成员构成复杂，聚合原因多样，这就导致一旦发生学术失信行为，也未必能够被监管层有效地处理，甚至连察觉都存在困难。因此，对于学术诚信的追求与营造，不能简单地“自上而下”进行约束与督导，同时还需要“自下而上”依靠全体成员去努力，这种努力即为对学术失信的坚决抵制。为了唤起成员对学术失信的坚决抵制，美国高校在开展学术诚信教育的过程中始终致力于实现如下两点：

一方面，明确学术失信对学术共同体内良性秩序的危害。美国高校学术共同体符合普遍意义中学术共同体的基本特征与属性，其自主结社与自主运作，具有一致或相似的价值追求与行为规范。可以说，共同体之内学术氛围的营造、学术诚信体系的构建完全依靠内部成员自行经营与维护，具有较强的自主性。正如马克斯·韦伯所说，“学术共同体的成员应该以学术为志业”[①]，在这里没有行政命令，没有法律强制，但是却拥有自己的纪律、秩序、规范，通过隐性的约束与自觉的遵从来保证学术诚信的实现与持续。英国思想家齐格蒙特·鲍曼还指出，共同体存在于社会之中，是建构在主观或客观的共同特征之上的团体或组织，存在形式可能是有形的或者无形的。[②]可以说，这种学术共同体内的良性秩序的维持，并没有法律约束与制约，不稳定性较强，容易受到共同体成员的影响。因此，只有让

---

① Max Weber, “Science as a Vocation,” From *Max Weber*, edited by H. H. Gerth and C. Wright Mills, New York: Oxford University Press, 1958, p.121.

② 〔英〕齐格蒙特·鲍曼:《共同体：在一个不确定的世界中寻找安全》，胡景北译，南京：江苏人民出版社 2003 年版，第 2 页。

共同体内的大多数成员都深刻了解学术失信对组织所带来的影响与危害后，对学术失信行为的坚决抵制才能慢慢实现。

美国高校十分注重校园内学术诚信氛围的营造与宣传，并且每个院系或专业都会积极采取措施来落实或助力学校的相关做法。社会心理学家查尔斯·霍顿·库利曾说过，“暗示是指以相对机械的即反射的方式起作用的一种影响”，[①] 虽然库利只是揭示了暗示所具有的机械刺激式的影响作用，但是“更加包括在抽象的精神领域对人的思维观念所产生的影响”[②]。美国高校正是积极运用校园文化开展学术诚信影响，例如，通过校园文化打造学术诚信氛围，用校训、校园物质文化环境建设等方式，确切、形象地体现学校文化的核心要义，来进行价值观的隐性引导；通过校园活动强化学术诚信实践，包括志愿服务类、诚信主题类、仪式类活动的开展，调动学生的主观能动性，提升其自律与自控能力。基于此类做法，让学生明白学术失信行为的危害不仅是关乎其个人，更广泛的意义上讲是败坏了共同体的风气与传统，损害了共同体的信用与名誉，同时随之而来的是对共同体内其他成员的影响与损害。如此唤起共同体成员的责任感与使命感，使得每名学生都能成为学术失信中的利益相关方，而且是利益受损方。高校常用的明确学术失信对共同体良性秩序的危害方式主要有如下两种：其一就是通过共同体文件来进行阐释。由于学术共同体的活动形式多样，常见的为学术讨论会、专题研讨会、研究项目等形式，因此此处所指的共同体文件类似于会议研讨指南、项目研究规范等文本形式。其二是通过对共同体失信案件的严肃处理进行强化。共同体之内如果出现学术失信行为，将会按照相关程序进行处理与惩戒，严惩失信者的同时警示其他共同体成员。虽然共同体内成员普遍为具有较高知识水平的个体，但是对学术失信危害程度的细致、全面阐述依旧十分必要。

另一方面，建立健全并推动学术失信行为举报与奖励机制。基于上述论述，在学术共同体对学术失信的有效抵制中，个体抵制是前提、群体抵制是目标，那么就要求通过某种制度的设计，整合和放大个体抵制的力量，即依托学术失信行为举报与奖励机制。让共同体内的成员形成相互监

① 〔美〕查尔斯·霍顿·库利:《人类本性与社会秩序》，包凡一、王源译，北京：华夏出版社 1989 年版，第 33 页。

② 王淑芹:《大学生诚信伦理研究》，北京：人民出版社 2012 年版，第 136 页。

督与举报机制，将自己认为可能存在的学术失信情况上报给相关职能部门进行调查与处理，而不是由个体层面予以反对和抵制。同时，如果最终认定举报情况属实，那么会在某种程度上进行奖励，奖励形式可以是物质奖励、口头表扬或其他。在高校之中建立学术失信举报机制的同时，还在以下四个方面进行了强化与完善：第一，举报的及时调查与处理机制，一旦接到学术失信举报，就会迅速落实核查机构或部门开展案件调查，坚决杜绝“石沉大海”情况的发生。第二，举报的信息公开机制，公开案件审查流程、处理阶段与审判结果，确保案件处理接受民主监督，而非在案件处理过程中公开被调查者信息与证据，这与保护受调查者个人隐私原则并不相悖。第三，陈述与听证机制，在案件调查的某一个或某几个阶段允许被调查者表达意见或为自己进行辩驳，避免错判误判。第四，申诉救济机制使受到不利处分的被举报人，具有进行申诉的权利，可以寻求权利救济，而一旦确认案件审判确实存在错误时，应当及时纠正，保障共同体成员的正当权益。此外，对学术失信行为的举报个体给予一定的奖励，当前在美国高校所形成的积极风气是，学校或学院或某一共同体会积极鼓励进行失信行为举报，鼓励任何个体举报所发现，甚至是所认为的失信情况，而不会因为其并没有十分确凿的证据而不予以理睬或抵触。共同体内成员也不会因为某一个体对他人进行了学术失信举报而排挤或诋毁他，相反，形成了一个积极鼓励，以共同维护学术共同体学术诚信文化的氛围。

正如安东尼·奥罗姆所言：“任何社会，为了能存在下去……必须紧密地围绕保持其制度完整这个中心，成功地把思想方式灌输进每个成员的脑子里。”[①] 通过共同体深化目标的实现，使学术诚信观念深入每个个体心中，使成员普遍遵守诚信规范，并且能够相互监督，以个体自觉推动集体氛围，以集体文化深化个体价值，最终达到一个学术共同体内理想的学术诚信状态。

三、构建学术共同体的诚信文化

上文从横向维度论述了良好的共同体学术诚信程度及状况，即在特定

---

① 〔美〕安东尼·奥罗姆:《政治社会学》，张华青等译，上海：上海人民出版社1989年版，第317页。

的时期内，学术共同体中尽可能多的成员或是全部成员能够自觉地坚守学术诚信，但还应该注意的是，随着时间的推移与外部客观环境的变化，共同体所建立的学术诚信状态会逐渐弱化或变质。所以，美国高校学术诚信教育共同体层面的高级目标，就是在纵向时间维度上，形成学术诚信文化，进而在一代代学术成员中传承下去。这里所指的学术诚信文化，就是“学术共同体内形成的关于学术研究的基本道德规范，举其要者，如充分尊重前人和他人的学术成果，通过注释、征引等，在有序的继承和创新中推进学术”[①]。只有形成诚信文化，共同体的学术诚信才能实现自身的终极价值：促进整个国家的学术繁荣和发展。

美国文明的强大离不开其学术诚信的繁荣与发展，而学术研究的繁荣，则离不开其通过长期实践建立起来的学术诚信文化。这里的文化，不仅仅是制度的集合，更有基于制度实施而形成的使命、理念、价值观。毋庸置疑，美国高校历来把独立思想作为学术研究所追求的终极价值，始终坚持“原创性”是开展科学研究或学理分析的根本，将学术诚信置于大学学术生命的命脉。例如，《美国新闻与世界报道》自 1983 年开始对美国高校及院级进行排名，具有较高的知名度与威望[②]，而其评判大学的首要指标就是“学术声望”，所占权重高达 25%。美国大学招收 MBA 考生时，考核指标在各项考试成绩、既有工作经历之外，十分注重“诚信正直”的评分。[③]不难看出，高校高度重视并致力于形成诚信与学术诚信传统与文化，并将其视为长期致力于发展的重要使命。

高校学术诚信文化之于国家和社会都有重要意义。一方面高校学术诚信文化是国家学术繁荣发展的重要基础。科研与教学是高等院校的两个重要职能，高校作为国家教育体系的重要组成部分，是传授知识培养人才的重要阵地，但是高校有别于其他阶段学校的特点之一，就是它还是国家科学技术与发展创新的重要场所。[④]高校科研具有不可替代的重要作用与积极意义，不但通过得天独厚的优势为科学研究与成果产出提供必要的物质条

① 杨玉圣:《学术规范与学术批评》，开封：河南大学出版社 2005 年版，第 158 页。

② 程曼丽、乔云霞:《新闻传播学词典》，北京：新华出版社 2013 年版，第 74 页。

③ 杨萍:《高校学术道德与学术诚信体系建设问题研究》，成都：西南财经大学出版社 2015 年版，第 113 页。

④〔美〕约翰 · S. 布鲁贝克:《高等教育哲学》，王承绪等译，杭州：浙江教育出版社 2001 年版，第 46 页。

件与智力资源，而且还注重培养具有科研能力的未来优秀人才，时刻强调教师教学的动态性与引导性，正如德国学者卡尔·西奥多·雅斯贝尔斯所说："最好的研究者才是最优良的教师，只有这样的研究者才能带领人们接触真正的求知过程乃至于科学的精神。"[①] 因此，高校作为国家科研成果与优秀科研储备人才的重要来源，其学术诚信文化将直接影响到科研成果产出的效用与所培养人才日后从事研究的结果，由此成为国家学术繁荣发展的重要基础。另一方面高校学术诚信文化是社会诚信文化形成的基本要素。在社会文化和社会意识之中，大学由精英群体所构成，致力于培养具有专业素养、创新精神、服务社会的优秀人才，并且将象牙塔视为一片净土，因此，对高校及其所培养的人才具有较高的道德期待与推崇，如果高校出现学术诚信滑坡或腐化堕落，那么则会对社会诚信文化带来巨大的动摇与打击。而学术诚信又是高校道德伦理体系中的核心要素之一，所以高校学术诚信之于社会诚信文化而言是重要的组成部分。众所周知，文化的建构并非朝夕之事，可以说十分困难并且备受挑战，当前美国高校一个较为常见和行之有效的方法是对学术诚信教育进行政策化保障，国家层面制度化，甚至法律化。在国家及联邦政府及各类学术团体的推动与帮助下，学术诚信文化能够相对容易地建立起来，与此同时，考虑到高校学术诚信文化对于国家和社会的重要意义与作用，二者也有充分的动机与理由来加以推动。

整体而言，美国高校学术诚信教育的目标呈现出体系化、层次性、全面化等特征，按照学术诚信价值观培育的对象特征分为个体目标和群体目标两个横向目标维度，而在其中又根据价值观接受与养成机制分为初级、中级与高级三个纵向目标层次，由此而构建出横纵联合、相互契合、共同作用的目标体系，大大增强了教育目标的可实现性与可操作性，对教育过程的实施和保障体系的构建具有重要的指导作用。

① 〔德〕雅斯贝尔斯:《什么是教育》，邹进译，北京：生活·读书·新知三联书店1991年版，第88页。

第三章

美国大学生学术诚信教育的实施过程

学术诚信教育是培育大学生学术诚信价值观、构建学术诚信文化的一项重要实践活动，教育实施过程的科学性、合理性、周严性都将会直接影响到教育的最终效果。美国高校学术诚信教育，其发展历程是一个在实践中反复摸索、大胆尝试、逐步完善的动态过程，现已基本形成了一套涵盖制度规范、教育引导、失信惩戒等要素的教育实施过程，使得大学生学术诚信教育更加立体化、完整化、生动化，成为能够持续推动高校学术繁荣、国家科技创新等战略目标长远发展的深层力量与持续动能。

第一节　美国大学生学术诚信教育的制度规范

建构正确的思想观念和道德标准是抵制学术不端的前提基础。美国著名心理学家史蒂芬·戴维斯认为："要解决学生学术失信问题，对于相关规章制度的长期学习和理解是十分必要的，只有培养正确的世界观、人生观、价值观，才能从根源抵制学术不端的趋势。"[①] 制度作为一种强制力，是比社会公俗、个体价值观念更为强硬的行为约束。科学规范的制度对于高校开展文化传承、科学研究、发展建设、人才培养等方面的工作都具有重要意义。学术研究作为高校生命力的核心体现，是完成其作为当代大学使命的关键途径。因此，在高校制度规范方面应着重突出学术本位，全面保障学术研究的科学有序开展。"建立健全充分体现现代大学精神的学术制度，

① Stephen F. Davis, Cathy A. Grover, Angela H. Becher, Loretta N. McGregor, "Academic Dishonesty: Prevalence, Determinants, Techniques and Punishments", *Teaching of Psychology*, vol.19, 1992, pp.16–18.

不仅能为规范学术行为、激励学术热情、规避学术失信现象、形成良好的学术风气、保证学术活动顺利开展提供依据，而且会对催生学术成果，促进学科专业发展产生积极影响。”[①] 在美国高校开展大学生学术诚信教育的过程中，教育者十分注重制度规范的积极作用，以标准制度规范管理、提升教育实效性，确保了学术诚信教育的有效实施。

一、“特色性”荣誉准则制度

美国高校荣誉制度作为一种学生自主签署的自治准则，它要求学生做出自己在校期间不作弊、不剽窃他人学术成果等誓言，并且承诺愿意接受因违反要求所带来的相应惩罚，它是基于学生自治原则下互相监督学术行为的一种方法[②]，通过校园学术环境的改变，使学生个体对学术诚信满怀期待[③]。美国高校荣誉准则制度是开展大学生学术诚信教育的特色路径之一，可以说对荣誉准则制度的探索叩开了大学生学术诚信教育的大门，使其在不断探索中得到了长足的发展与完善。[④] 由于美国高校具有较高的自主性与独立性，各个高校所制定的荣誉准则并不完全相同，部分学校会以其他形式呈现对学术规范的要求，但是在现行的荣誉准则中其本质确是如出一辙的。[⑤]

（一）荣誉准则制度的思想基础

高校荣誉准则制度最早兴起于美国弗吉尼亚大学，托马斯·杰斐逊是该学校的创始人，其思想对美国荣誉准则制度的建立及发展产生了巨大的影响。作为第三任美国总统以及独立战争的重要领导人，杰斐逊于 1776 年起草了著名的《独立宣言》，并在其中将“人人生而平等”视为不言而喻的真理，认为每个人都有追求生命、自由和幸福的权利。其实杰斐逊此前

---

① 黄蓉生:《高校制度建设科学化的三个向度》,《中国高等教育》2013年第23期，第29页。

② Ell is Ellen Deborah, “The Honor System Re-examined”, *The Journal of Higher Education*, vol.37, no.8, 1996, p.460.

③ Sharon P. Turner, Phyllis L. Beemsterboer, “Enhancing Academic Integrity: Formulating Effective Honor Codes”, *Journal of Dental Education*, vol.67, no.10, 2003, p.1124.

④ Li Q., “Academic Integrity Policies of U. S. Colleges and Universities: Effective or Ineffective”, *Journal of Education*, vol.27, no.3, 2004, pp.101–106.

⑤ 孙纪瑶、段妍:《美国高校荣誉准则制度微探》,《外国教育研究》2018第11期，第61页。

也公开论述过“一切人生来都是平等的”相关内容①，不难看出，自由与平等理论是杰斐逊民主思想的核心。在这种思想的指引下，他认为公立教育的重要职能就是培养具有理性、道德的社会公民，并且“使每名公民都能够懂得自己的权利、利益和职责”②。此外，杰斐逊还推动了美国三权分立政治制度的建立，在这种政治体制与国家主流思想的影响下，美国人始终推崇民主、平等、自由、博爱的政治主张，这在其公民教育中就得到了极大的体现。以青少年公民教育为例，在 K–12（幼儿园到 12 年级）阶段所开展的社会科课程中，强烈渗透着平等、责任、尊重等价值观念，教育内容涵盖了自律、守信、诚实、敢于承认错误等内容。美国大学的荣誉准则制度也正是以这种民主、自由、公正思想为根本前提，在实行的过程中注重学生参与，最大限度地保障学生自治权利的发挥。③除此之外，美国的精英教育思想也是荣誉制度准则建立的又一思想基础。杰斐逊认为天生德行、能力超群的人是“天然贵族”，应该通过大学教育重点培养，使其成为“保卫政权、保卫人民自由福祉的、有天赋的德行和智慧的人”④，只有这样他们才能成为统治阶级的精英人士，为国家富强发展做出贡献。因此，大学不单单是一个学术机构，更应发挥出作为一个管理机构，培养个体自尊、自律精神的神圣使命，而这也正是荣誉准则制度的核心。荣誉准则制度是精英教育思想将硬性规定与内在自我管理相结合的现实体现，自主、自律的绅士品格是“天然贵族”不可或缺的重要因素，作为一种规范，荣誉准则制度保障了学校的教学秩序，促进了美国科技、教育、文化事业的发展，从内在与更为深刻的意义上来说，也对大学生诚信美德的培育和对学生责任感的养成产生了巨大影响，使得学生们真正地成为了大学的主人，自觉地承担起学校繁荣以及学术发展的重任，成为学校的塑造者与成就者。

（二）荣誉准则制度的发展阶段

荣誉准则制度缘起于 18 世纪末期，伴随着学生民主意识的逐渐增强，批判、质疑的声音慢慢高涨，他们反对权威、主张独立、质疑学校的控制。

---

① Dumas Malone, *Jefferson and His Time*, New York: Little, Brown and Company, 1974, p.175.

② 张民选：《杰斐逊公立教育思想述评》，《上海师范大学学报》1992 年第 4 期，第 143 页。

③ D. L. McCabe, L. K. Trevino, “Honesty and Honor Codes”, *Academe*, vol.88, 2002, pp.37–41.

④ 吴式颖、任钟印：《外国教育思想通识》（第六卷），长沙：湖南教育出版社 2002 年版，第 575 页。

这种状态使得校园冲突不断发生，学校不得不制定严格的规章制度以控制此类情况的恶化，然而问题在被短暂压制后再次升级。1840 年试图平定学生骚乱的约翰·戴维斯教授在平息一场学生冲突时被学生射杀，这一事件引起了教育界的高度重视。[①]随后，便出现了在本书第一章所提及的塔克尔教授的做法，即号召学生在考试中签署声明，以确定自己在考试过程中并未得到他人帮助，也未帮助过他人，这成为了美国高校荣誉准则制度的起源。威廉与玛丽学院和弗吉尼亚大学作为传统式荣誉准则的代表者，最先在其校园内应用荣誉准则。这一阶段的荣誉准则主要包含几个方面：首先，鼓励学生在无人监考的情况下彼此信任，依靠个体自觉完成考试，不依赖他人也不给予他人帮助。学校尊重学生的价值选择，相信学生是有能力并且能够做出正确价值判断与理性选择的个体。其次，要求学生做出诚信承诺。以弗吉尼亚大学为例，学校要求学生在试卷上附加一份说明，写道“我以我的名誉担保，在本次考试中我没有获得任何帮助，也未曾为他人提供帮助”[②]，一旦学生提交了承诺，就会被视为是值得信任的。再次，学生应报告所发现的学术失信行为。学生被既定为具有报告学术失信行为的责任与义务，应当为净化校园学术氛围承担相应的工作。对荣誉准则的探索使得这一制度在 20 世纪初有了大规模发展，短短 10 余年，执行该制度的大学由原来的 17 所快速增长到 76 所。[③]事实表明，传统荣誉准则对净化校园学术环境和维护学术诚信做出了巨大贡献。

伴随着发展，这种以仪式或承诺为主要形式的制度逐渐呈现出长官色彩，因此各高校开始注重挖掘并强调维护学术诚信的群体责任，其中就包含学生群体，形成了改进式荣誉准则。改进式荣誉准则具有两个重要特征：其一，在学生群体中着重强化学术诚信之于大学的重要意义，告诫学生认真开展学术研究才是大学学习的根本旨归；其二，构建学术诚信共同体，强调学生的主体地位，发挥朋辈影响的积极作用。[④]改进式荣誉准则制度更加强调高校整体学术氛围的营造，由原来单一的签署承诺书，逐渐构成

① 孙纪瑶、段妍：《美国高校荣誉准则制度微探》，《外国教育研究》2018第11期，第59页。

② Honor Committee, University of Virginia, “A Brief History of the Honor Committee”, 2018–01–10, http://www.virginia.eud/honor/explain.html.

③ F. Rudolph, *The American College and University*, New York: Vintage Books, 1962, pp.370–371.

④ D. L. McCabe, L. K. Trevino, “Honesty and Honor Codes”, *Academe*, vol.88, 2002, pp.37–41.

了结构完整、内容丰富的制度体系。不难看出，这一阶段荣誉准则制度注重群体文化与朋辈影响的积极作用，将学生个体纳入学术诚信共同体之中，使学术诚信成为全体学生的价值追求与个人责任。数据调研显示，虽然改进式荣誉准则与传统式荣誉准则，都可以有效地减少学术失信行为的发生概率，但前者作用效果明显优于后者。[①] 上述两种制度并非为替代关系，而是不断发展、相互补充的共生关系。与此同时，在制度的实施过程中各高校也逐渐形成了体现自身文化背景与时代诉求的荣誉准则制度，具体情况将在下文中做以介绍。

（三）荣誉准则制度的作用机理

荣誉准则制度实施之前，在高校的日常管理过程中，教师总是通过“害怕心理”来约束学生的行为习惯，然而这种权威性的使用当学生到达一定年龄后效果就显得差强人意，学生逐渐学会使用博弈理论来分析自身行为所面临的风险与所能带来的后果。[②] 值得注意的是，这一年龄阶段的学生个体价值观逐渐形成，个体自豪感、理想抱负与道德品质日益凸显。通过对这一关键年龄层次个体特征的把握不难看出，“使用羞辱、体罚、贬低等方法预防发生不恰当行为已不再是学术诚信教育的最佳选择”[③]。与之相反，可以通过给予学生充分的尊重与信任、发挥学生自由自觉的权利、调动学生内心的道德荣誉感，使其在付诸行动前可以做出充分的价值判断与价值选择，逐渐形成亚里士多德所描述的“灵魂的状态”，即“已经将这些道德品质内化的个体选择坚持这些荣誉准则，往往不是因为他们害怕遭到同伴的羞辱与唾弃，而是因为他们对这种非诚信行为产生了一种处于个体情感的厌恶”[④]，进而也就达成了学术诚信教育的效果。荣誉准则对于美国青年人而言，已经不仅仅是一种规则，应该说已经是惯性的生活方式。而学术失信行为受到公开惩治的同时，也受到道德共同体的谴责，荣誉准则是

---

① D. L. McCabe, L. K. Trvino, K. D, “Butterfield. Academic Integrity in Honor Code and Non-Honor Code Environments: A Qualitative Investigation”, *Journal of Higher Education*, vol.2, 2002, pp.211–234.

② 〔美〕梅利尔·D.彼得森:《杰斐逊集：上》，刘祚昌、邓红风译，北京：生活·读书·新知三联书店 1993 年版，第 502 页。

③ 同上。

④ Josh Compton, Michael Pfau, “Inoculating Against Pro-Plagiarism Justifications: Rational and Affective Strategies”, *Journal of Applied Communication Research*, vol.2, 2008, pp.98–119.

利用心理学的方式规范学生，让学生实施自我约束，当一个人越受到信任和尊重，荣誉感就越强，并且“已经不屑于用那些低俗、卑劣的行为搪塞学校和老师了”[①]。可以说这一制度的实质是“信任学生的道德意识和责任感，是对公正、诚实、正直和自我管理等原则的尊奉”[②]。如果被当作道德低下的人群去提防，并不能减少学生的违规行为。诚信内化为一种共同信仰，成为了学生在学校中安身立命的基本价值。荣誉准则制度促使学生通过学校教育养成正确的规则意识、责任意识。学生群体对于硬性规范的遵守也表明了其对内在的“德”的认同。[③]

与此同时，荣誉准则制度的实施过程也是学生自治的充分体现。学生自治是学校管理民主化的重要标志之一，是学生在校地位的外在表现。美国著名教育家约翰·杜威从社会本位出发，对学生自治进行了全面阐释，他认为学生自治就是自我管理，但与此同时，自治最重要的条件就是把自己的思想责任加重。[④]在自治与自觉之间，学生个体要充分发挥主体作用，把来自外部的道德压力转变成为道德反思与内省，并逐渐形成道德自觉，进而形成自觉的道德行动。[⑤]在美国大学生学术诚信教育过程中，通过学生自治有效改善学术失信现象的高频发生，还能使学生参与到学术诚信共同体之中，其既是教育对象又是教育主体，通过频繁的参与，使学生在思想上不断强化认识、提升高度、坚定信念，在行为上始终坚持正确的选择并做出表率。因此，学生自治不仅是高校民主管理的一种实践探索，同时也是一种教育活动，一种能够促进学生公民意识提升和能力发展的教育活动，[⑥]可以说荣誉准则制度在降低和减少学生学术失信行为的发生概率上发

---

① “The Honor System in American Colleges”, *The William and Mary Quarterly*, vol.23, no.1, 1914, pp. 6–9.

② 张永红:《美国高校的荣誉规则及启示》,《外国教育研究》2010 年第 6 期，第 81 页。

③ 孙纪瑶、段妍:《美国高校荣誉准则制度微探》,《外国教育研究》2018 年第 11 期，第 60 页。

④ 袁刚、孙家翔、任丙强等:《民治主义与现代社会——杜威在华讲演集》，北京：北京大学出版社 2004 年版，第 114–117 页。

⑤ 任海涛、魏巍:《高校德育：从自治、自律到自觉》,《中国青年研究》2012 年第 7 期，第 113 页。

⑥ R. M. Aaron, “Student Acadmic Dishonesty: Are Collegiate Institutions Addressing the Issue?”, *NASPA Journal*, vol.29, no.2, 1992, pp.107–113.

挥了重要作用①，因此绝大多数美国高校都制定了这一特色制度②。

二、“终身性”诚信档案制度

作为记录个体在社会活动中产生的各类有价值信息的载体形式，档案的记录性作为其本质属性，能够完整、客观、准确地还原所记录的内容，因此档案具有极高的使用价值。基于此而出现了诚信档案制度，如实记录学生在校期间所出现的失信行为，在约束学生个体行为选择的同时，也为完善国家信用体系提供了信息支撑。由于诚信档案制度贯穿学生的学习生涯全过程，并与社会个人信用记录相关联，因此体现出“终身性”特征，现已成为美国高校开展大学生学术诚信教育的制度依托之一。

（一）诚信档案制度的社会背景

美国作为当今世界信用社会的典型代表，具有信用经济规模巨大、信用管理行业发达、社会信用体系较为完善等特征。经过两百多年的发展，现已形成由行业征信系统、信用服务机构、信用需求主体、信用监管以及信用保障与支持体系共同构成的信用管理体系。美国信用体系分为商业信用体系与个人信用体系，在个人信用体系的运行中，以社会安全号（SSN）为基础构建了一个完整的诚信监督系统。在其中，储存着每个公民或常住人口的基本信息与信用记录等内容，例如银行账户存款、个人贷款及偿还、有无犯罪记录等，可以说关于个人一生的行为信息都会被如实记录其中。美国个人信用体系的最大特征就是其运转是由商业性服务公司通过市场化运行方式进行，国家充当了规则制定者与运行监督者的身份，经过 160 多年的发展与竞争，当前美国信用管理机构呈现三足鼎立的态势，分别为环联公司（TransUnion）、爱贵发公司（Equifax）与益佰利公司（Experian）。三家信用管理机构根据各自所掌握的个人信用信息，基于数学家比尔・费尔和工程师厄尔・艾萨科于 1956 年发明的 FICO 评分法，对公民信用进行评分，FICO 评分系统所得分数越高，说明个体信用风险越小。信用评分机

① D. L. McCabe, L. K. Trevino, K. D. Butterfield, “Academic Integrity in Honor Code and Non-Honor Code Environments: A Qualitative Investigation”, *Journal of Higher Education*, vol.2, 2002, pp.211–234.

② D. L. McCabe, L. K. Trevino, K. D. Butterfield, “Honor Code and Other Contextual Influence of Academic Integrity: A Replication and Extension to Modified Honor Code Setting”, *Research in Higher Education*, vol.43, no.3, 2002, pp.365–368.

制作为美国个人信用制度的核心，可以客观地反映个体的偿还记录、信用账户的使用、建立信用的年限、信用类型等情况。

在美国个人信用体系发挥了重要作用。首先，通过信用卡这一工具的使用有助于减少流通领域中现金所占比重，有效地提升社会的安全度；其次，通过信用卡所能提供的先消费、后分期的功能可以有效刺激国内消费，同时当个体遇到资金短缺或需要商业投资时，可以凭借个人信用状况进行贷款或融资；再次，通过个人信息的共享可以提高社会机构和企业的工作效率，避免重复性工作。可以说，在美国个人信用情况的好坏将直接影响到生活的方方面面，例如毕业就业、银行贷款、房屋租赁、购买保险等，因此公民也愿意向信用管理机构提供自己的信用信息，因为这对完善国家信用体系以及证明自身信用程度具有双重意义。此外，其他相关社会机构也积极向信用管理公司提供公民个人信用信息，自觉的档案记录意识使得公民信用档案信息呈现全面性、客观性、真实性等特征，使得个人信用档案成为支撑美国信用社会有序运行的重中之重。

（二）高校诚信档案制度的实际应用

由于美国社会的信用体系较为完善，因此诚信教育被贯穿于每位公民成长的全过程，诚信档案制度就是美国学校开展诚信教育的重要举措之一。从儿童入学起，学校就为学生设立学业诚信档案，“记录了学生从小学到大学诸多方面的信用情况，并在就业时接受雇主查阅”①，其中包括学生基本信息、诚信事项信息、失信行为记录与诚信评价记录等内容。②得克萨斯州品德研究所负责人马尔基曾说道，欺骗并非是偶然性行为，相反它体现了一种习惯，一个在课堂上撒谎的学生，极有可能在日后对其身边的人甚至是至亲撒谎。如果一个国家不珍视诚实，忽视品德的重要意义，那么社会将会变得充满恐怖。由于美国社会对诚信品德的高度重视，因此学生在校期间的失信行为将会对其造成终身性、持久性的影响③，而诚信档案恰恰是此种行为的客观记录载体。

---

① 陈承财:《高校诚信教育研究》，厦门：厦门大学出版社 2014 年版，第 85 页。

② 黄蓉生:《当代大学生诚信制度建设及加强大学生思想政治工作研究》，北京：经济科学出版社 2013 年版，第 230–232 页。

③ E. K. Cole, *Selected Legal Issues Relating to Due Process and Liability in Higher Education*, Washington, D. C.: Council of Graduate Schools, 1994, pp.74–90.

大学生诚信档案作为个人信用档案的组成部分，始终被作为重要的子类进行管理与应用。诚信档案制度的应用对于美国高校学术诚信教育有着尤为重要的意义。通过诚信记录反映学生在校期间的学术诚信以及其他行为状况，能够强化学生的诚信意识，有利于学校和各级组织的诚信管理，最大限度地促使学生规避可能出现的学术失信行为。诚信档案记录的信息既可以为高校提供解决实际问题的数据和资料，供决策和教育之用，又能够客观反映学校学术诚信效果。同时，不良的诚信记录可以作为一种惩戒手段，鉴于个人诚信记录具有贯穿性，学术失信行为记录将会在日后对个人信用带来诸多影响，基于此，它对具有学术失信行为的学生起到威慑和惩戒的作用。诚信档案是美国社会公共意识在高校学术生活中的投射，也是净化高校学术环境的重要手段。例如，贝勒大学规定学术诚信办公室应保存违反荣誉准则案件的档案并每学期向学校汇报。[①] 斯蒂文斯理工学院则规定，对于课后作业中的不当合作，最轻处罚是记录在诚信档案中，最重的处罚是课程分数为零；论文中只有一段有剽窃现象的，最轻处罚是记录在诚信档案中，最重的处罚是论文成绩为零；当学生第二次违反学术诚信政策时，将直接被开除学籍。[②] 杜克大学则规定，对于违法诚信准则情节严重者，其处罚有关记录将永久性地存放在个人档案中。[③]

（三）高校诚信档案制度的现实意义

高校诚信档案制度作为一种制度规范，在推动国家信用体系建设以及开展大学生学术诚信教育的过程中都发挥了重要的意义。一方面，高校诚信档案制度的建立为完善国家信用体系提供了客观信息支撑。高校诚信档案制度是美国信用体系在高校内的投射，与经济社会的发展相辅相成，美国社会信用体系的重要地位为诚信档案的威慑力提供了强有力的保障。同时，诚信档案的如实记录也为美国公民信用评估提供评价依据，从而有助于形成道德伦理的良性约束，提升国家诚信制度建设的软实力。另一方面，诚信档案制度对高校开展大学生学术诚信教育提供了有效制度规范。作为一种制度规

① "Honor Code Policy and Procedures", 2018–01–10, https://www.baylor.edu/honorcode/index.php?id=44060.

② "Academic Administration", 2018–01–10, https://www.stevens.edu/about-stevens/university-policy-library/academic-administration.

③ 崔延强：《中外大学生诚信教育比较研究》，北京：中央文献出版社2009年版，第127页。

范，诚信档案制度根本目的在于震慑并预防学术失信行为，培养学生对学术诚信形成正确的认识与认知，而非单纯惩戒，其根本目的不是记录学生成长过程的“污点”，而是要“治病救人”，因此对于情节不是十分恶劣，并且当事人积极做出改正的情况，失信记录是被允许在一定情况下加以恢复的。当然，对于多次学术失信的惯犯，为了维护学术尊严，其诚信记录将永久保留，例如普林斯顿大学的缓期惩戒会成为对学生的永久性记录并被公开，具体针对的是在两年内如果接受该惩罚的学生有再次违反学术规范的行为，不论严重程度如何，都将会受到程度更严重的惩罚，如退学、开除等。构建高校学术诚信体系对于培养当代具有诚信精神的大学生有着至关重要的作用，许多美国高校把追求学术诚信作为治校之本，作为学校学术生命赖以生存的基础。不难看出，诚信档案制度以其“终身性”的特征为大学生学术诚信教育提供了强有力的制度规范，确保了教育的有效实施与现实收效，也为高校实现其对学术诚信使命的追求提供了强有力的保障。

三、“标准化”学术规范制度

学术规范是与学术研究活动相伴而生的，是与这种精神生产相适应的学术主体的学术行为准则与道德规范。[①] 法国著名社会学家爱弥尔·涂尔干曾指出：“所有规范都必须依据尊重人、推动进步的原则，对所有的人而言，这些规范都无一例外地同样有效。”[②] 学术规范是学术研究标准化、制度化的有力保障，保障健全的知识生产体系和学术传播体系对构建可持续发展的学术生态具有重要意义。首先，学术规范为惩处学术研究中的不良行为提供理论依据；其次，学术规范有助于学术知识的积累与传承，在这个意义上讲它推动了学科发展与创新。此外，更加重要的一点是通过学术规范外在的指导和约束能够促进学者内在的价值观养成，形成对学术事业的积极态度与学术责任，即为学术道德。美国社会高度重视知识产权保护，以国家立法的方式对学者的智慧成果进行保护。

大学阶段是培育大学生学术道德的关键时期，在诸多研究结果的产出过程中，有效接受学术规范的指导，养成学术研究规范意识，尊重前人研

① 杨玉圣、张保生：《学术规范导论》，北京：高等教育出版社 2004 年版，第 19 页。

② 〔法〕爱弥尔·涂尔干：《职业伦理与公民道德》，渠东等译，上海：上海人民出版社 2001 年版，第 5 页。

究成果及智力贡献，对既有成果进行规范引用，是大学生学术诚信教育的基本要求。学术规范中的核心是“规范”，是对事实引用的精准标注，从标识符号到信息排序必须是丝毫不差的；同时对于别人思想的引用也要做到“每一字都有出处”，这无不体现了学术规范制度的标准化。在美国学界，虽然在引文注释方面存在着诸多标准，不同领域、不同学科所参照的体系都有所差别，但是人文科学和社会科学领域的研究成果使用规范相对集中，当前美国高校所普遍要求采用的三种学术规范如下：

（一）MLA Style

《MLA 论文写作手册》是由美国现代语言协会制定的论文指导格式，该协会作为美国最权威的人文科学协会之一，在文学、语言学、社会学等学科领域都发挥着重要的影响作用。1951 年，第一版 MLA 格式手册出版，其中对英语论文的脚注、尾注、参考书目的书写格式进行了详细规定，在当时成为了学术论文与期刊的参考规范。三十余年后，分别于 1984 年和 1988 年两次修订标准，根据协会所提出的要求，即体现准确、简洁、易于理解等目标。伴随着时代的发展与学术要求的日益精细，MLA 规范始终在不断完善与创新，不断接纳新鲜事物，致力于提供更加与时俱进的学术规范。2016 年，第八版 MLA 规范手册问世，本次修订结合了数字化出版物的特征，提供了一套通用的指导方式，以帮助研究者使用各种来源的信息，并致力于让来自不同领域的研究者都可以通过 MLA 的统一规范，直观地知晓文档资料的来源。[①] 可以说，第八版手册有效地结合了社会发展的时代特征，突破性地引入了新的模式，即通过核心元素来创建条目。为了更好地推动 MLA 规范手册的使用与推广，美国现代语言学会单独设立 MLA 格式中心，旨在帮助研究者使用最新版 MLA 格式规范，具体包括如何正确地使用核心元素进行规范引用、传播规范制定者的理念和思想、提供规范化样例等内容。[②] 值得一提的是在该中心的职责职能中着重强调了剽窃与学术失信的相关内容，明确地界定了剽窃的概念、剽窃的严重性与危害性、剽窃行为的形式、如何规避剽窃的发生等内容。甚至直接指明没有用清晰的引用格式对既有成果进行引用的行为也属于剽窃范畴。对上述问题的细

---

① “What’s New in the Eighth Edition”, 2018–01–12, https://www.mla.org/MLA-Style/What-s-New-in-the-Eighth-Edition.

② “The MLA Style Center”, 2018–01–12, https://style.mla.org/.

致解读与分析，以及对引用规范使用的严格要求，从侧面强调了使用规范化格式的重要性以及严格遵守学术规范的重大意义。

（二）APA Style

APA 格式是指美国心理学会出版的《美国心理协会刊物准则》①。作为一种研究论文的撰写格式，它针对学术文献的引用与参考文献的撰写方法，对表格、图标、脚注、附录的编排方式进行了详细的界定，是当前美国学界，尤其是社会科学领域所普遍采用的规范格式之一。1929 年《心理学公报》中刊载了一份写作指南，首次对写作格式进行描述，后来这一报道被视为 APA 格式的前身。1952 年这个写作规范正式以独立形式出版，名为《刊物准则》。经过不断的发展，这一准则已经经过了六次的修订，由原有的 7 页篇幅增至 272 页，成为美国学术论著与期刊所普遍采用的三大书目格式之一。APA 格式所推崇的是简洁明了、通俗易懂的表现方法，认为研究成果应该着重突出显示的是研究理念与思路，因此行文结构、字词选择、标点符号、表格图形、参考文献等要素都被认为是能够以"最小干扰"和"最大精准程度"来实现这一观点的方式。② 其中着重关注文内文献引用和文后参考文献列举两个部分。APA 格式中心在美国享有盛誉，其主旨是帮助用户发展自身的写作与专业研究能力，该中心通过将学术规范准则与先进的专业工具与技巧结合，为研究者构建了一个功能强大的集成服务平台。③ 它有针对性地将服务对象分为四个群体，即学生与研究者、图书馆员与写作辅助人员、教师与管理者，并根据其需求提供帮助。值得一提的是，APA 格式中心为了将学术规范融入到用户的学术与职业生涯之中，特设学习、研究、写作与出版四个子中心。首先，学习中心为学生和教育工作者提供了一个专业化的环境以及关于正确使用 APA 格式的权威性指导，帮助使用者快速掌握这一规范的具体规则，例如参考格式、页面格式、易错问题等。其次，研究中心为所有研究者提供电子参考图书馆等资源，其中包括过往运用 APA 格式的引用原文等资源。再次，写作中心为研究者提供不同类型出版物的模板，例如实证研究、文献综述、理论文章、案例研究等，此外还提供有助于

① Bob Algozzine, Fred Spooner, Meagan Karvonen, "Preparing Special Education Research in APA Style", *Remedial and Special Education*, vol.3, 2002, pp.24–30.

② "About APA Style", 2018–01–12, http://www.apastyle.org/about-apa-style.aspx.

③ "APA Style Central", 2018–01–12, http://www.apastyle.org/products/asc-landing-page.aspx.

写作的专业工具与专家指导，以确保写作的规范性与流畅性。第四，出版中心帮助想要发表研究成果的人提前检索与其当前研究相关的资源，并维护来自全球数百家出版商所拥有的期刊信息。不难看出，APA 格式中心掌握了强大的资源体系与专业工具，适用于各类群体与多个研究领域。

（三）Chicago Manual of Style

《芝加哥规范手册——写作、编辑和出版指南》是由芝加哥大学出版社于 1906 年首次出版的规范类著作。由于编者是一批经验丰富的资深编辑，并且该书内容涉及广、体系架构完善、细节描述清晰，很快受到了学界的广泛好评，被誉为“编辑的圣经”与写作、出版、编辑界的“百科全书”。截至目前，该书已经再版 15 次，主要面向写作者、编辑者与出版者。在最新版本中，共分为 16 个章节三个部分，分别为出版流程、格式与用法、文献资料。[①]《芝加哥规范手册》从宏观角度提出了系统、专业的指导，又从微观角度注明了符号、术语的使用规范，可以说，关于写作、出版与编辑的任何问题都可以先去查找本书。《芝加哥规范手册》与《APA 规范手册》共通的一点是都将文字的格式规范置于审美风格与表现形式之上，因此，关于格式的解读占据了全书的大部分篇幅。《芝加哥规范手册》强调注释与参考书目的重要性，要求研究者通过脚注或尾注标注引用的来源，并以正确的格式罗列所涉及的全部参考书目。正确地使用注释和参考书目在一定程度上可以保护研究者免受剽窃或故意不标注来源成果的指控，更重要的是，对二者的正确使用在一定程度上也可以增强研究成果的可信度与真实度。[②]可以说，该手册囊括了学术写作与编辑所涉及的各个细节，为规范化引用与注释提供了全面的依据。此外，《芝加哥规范手册》网络版也始终伴随着书籍的改版而逐步更新与完善。在网络平台上，不但可以在线查看最新版本规范手册的内容，还可以进行格式的快速套用、观看指导视频、答疑解惑、开展论坛讨论。此外，还有一个特色模块为“图书馆员、教师与学生常用资源”，为服务主体围绕本学术规范提供可能需要的各类信息资源，以学生资源为例，其中包括常见问题、引用速成课、文章写作。而在

① 王晓红：《拥有权威格式规范的“百科全书”——评〈芝加哥手册〉》，《中国编辑》2015 年第 4 期，第 106 页。

② “Chicago Manual of Style 17th Edition”, 2018–01–10, https://owl.english.purdue.edu/owl/resource/717/01/.

“文章写作”这个部分明确了26个主题，为初次进行文章写作和想要提高技能的研究人员提供了十分详细的指导。①

众所周知，学术规范之于高校大学生而言，正如美国科学哲学家托马斯·塞缪尔·库恩所说的，“学术规范主要是为以后参与实践而成为特定科学共同体成员的学生准备的。因为他们要加入的共同体，其成员都是从相同的模型中学到这一学科领域的基础的，尔后的实践将很少会在基本前提上发生争议。以共同范式为基础进行研究的人，都承诺同样的规则和标准从事科学实践”②，而这种规则与标准正是学术规范。虽然上述三种规范制度各有侧重与要求，但是其核心旨趣大体相同，那就是为学术活动提供基础性、规范性、全面性的指导。众所周知，剽窃作为学术失信行为的类型之一具有多种表现形式，未能正确且规范的引用既有研究成果也属于剽窃范畴，因此学术规范对学生开展学习研究至关重要。为了保障学术交流渠道通畅、学术成果格式统一，美国各高校都会选定某种写作规范作为本校学生所必须遵循的学术规范，通过任课教师、图书馆员的详细解读，辅以学生的自我学习与运用，学生能够对校内所执行的学术规范了如指掌，进而在日后学习过程中自觉地加以遵守。“预防是比治疗更加的上策”③，作为对高校大学生开展学术研究的有效指引与客观评判，学术规范制度为高校大学生学术诚信教育提供了权威的制度规范。

第二节 美国大学生学术诚信教育的教育引导

教育除了传授专业知识与训练技能外，更为重要的是承担着人文精神的培育与价值观塑造的重要责任。④大学教育作为培育社会精英的重要途径，在个体价值观形成的关键时期承担着价值培育与引导的神圣使命。教

① “CMOS Shop Talk from the Chicago Manual of Style”, 2018–01–10, http://cmosshoptalk.com/for-students/.

② 〔美〕托马斯·库恩：《科学革命的结构》，金吾伦、胡新和译，北京：北京大学出版社2003年版，第10页。

③ 〔美〕唐纳德·肯尼迪：《学术责任》，阎凤桥等译，北京：新华出版社2002年版，第23页。

④ 段妍：《比较视域下当代大学生核心价值观培育研究》，北京：人民出版社2016年版，第42–43页。

育能够有效促使学生个体从感性向理性、从普遍接受到有意批判、从被动指挥到主动辨识等方面的转变。美国著名学者鲁斯·格兰特认为："学术诚信教育的良好效果包括诚实与对质疑、相反观点和论据开放的态度，能够对具备有力证据支持的结论进行理性判断，以及乐于接受分歧意见。"①作为价值观教育的重要组成部分，以及美国所具有的诚信社会属性，绝大多数高校十分注重开展大学生学术诚信教育。部分美国学者认为以单一课程形式开展价值观教育的效果并不理想，应综合多种教育形式，在大学生学术诚信价值观的培育过程中做好引导环节。②此外，美国著名哲学家劳伦斯·布卢姆教授在其文章《多元文化主义与道德教育》中也表明，美国大学中的价值观的教授、传达与灌输的三个重要途径就是课程、课堂互动与课外活动。③那么，通过整合美国高校开展大学生学术诚信教育的诸多方法与途径，不难发现其主要通过课程引导、活动引导、文化引导得以展开。

一、通识课程与专业课程互动的课程引导

美国高校的学术诚信教育是通过价值观教育建构一种有效的价值传递和整合路径，在其中，课程引导就是其开展价值观教育的重要路径之一，主要包括通识课程与专业课程两个方面。通识教育课程是美国高校在学生入学前两年普遍开设的一种课程类型，其价值观教育功能的发挥主要依托于向学生传授广泛的科学文化知识与各领域前沿资讯，全面提升学生个体能力和素养，内容涵盖文学艺术、历史研究、社会分析与伦理道德等多个方面。通识教育课程的常用方法包括"学会批判性思维，克服偏见加以审视，提出自己的观点，接受更有说服力的论证与论据等"④。1945 年，美国大学现代通识教育纲领性文本《自由社会中的通识教育：哈佛委员会的报告》对通识教育进行了首次明确表述，认为从广义上讲教育可以被分为通

① Ruth Grant, "The Ethics of Talk: Classroom Conversation and Democratic Politics", *Teachers College Record 97*, vol.3, 1996, pp.470–482.

② S. Nonis, C. O. Swift, "An Examination of the Relationship Between Academic Dishonesty and Workplace Dishonesty: A Multicampus Investigation", *Journal of Education for Business*, 2001(November/ December), pp.60–76.

③ 〔美〕伊丽莎白·基斯、〔美〕J. 彼得·尤本主编:《反思当代大学的德育使命》，孙纪瑶、段妍译，北京：人民出版社 2017 年版，第 149 页。

④ 同上书，第 299 页。

识教育和专业教育两部分。其中，通识教育的目标就是让学生知晓自然与社会的客观知识、具备批判性思维与创造性思维的能力，此外，更为重要的是认知并认同国家核心价值观。[①] 大学生学术诚信教育在通识教育课程内容与形式等方面得到了很好的体现。

一方面，在通识教育课程内容中明晰诚信内涵及学术诚信行为。美国众多高校开展知识产权类课程以强调美国社会对知识产权的高度关注与重视。例如，麻省理工学院每年春季学期开设“专利、版权和知识产权法律”课程，结合专利与版权所有者的权利界定、权利维护等内容，对美国知识产权法开展深入介绍，强化学生知识产权意识。[②] 此外，写作规范类课程也是高校开展学术诚信教育的重要课程，以哈佛大学为例，自 1872 年起就要求每名学生在入学的第一年都要注册“Expos 20”这一概述性的写作课程，课程内容围绕学术风气、写作规范、诚信意识等方面展开，作为一门基础性写作指导课，它明确地告知学生“写作与思考密不可分”，教会学生如何整合与引用学术资源以及如何避免抄袭。[③] 另一方面，在通识教育课堂互动形式中强化学术诚信思想。除了对学术诚信相关的基础性理论知识的教授之外，课堂讨论及良性互动形式也是通识教育课程中开展诚信教育的重要组成部分。教师会在课堂上有意识地向学生传递正确的学术诚信价值观，针对诚信政策规定中概念不清或不易理解的内容针对性地设置讨论互动，让学生充分参与到讨论中并表达自身对学术诚信等问题的观点及看法，从而引导学生在思考问题、讨论问题中逐渐形成正确的价值判断。例如，加利福尼亚大学开设一门名为《怎样当一名科学家》的通识课程，并要求着重开展师生对话、答辩、讨论等，通过学术诚信系统知识的教学活动，实现学生内心塑造和自我管理、自我约束，最终实现班级内部的良好学术诚信氛围。

美国高校通识教育具有明确的价值导向性，主要呈现出以下三个特征：一是课程结构体系化。通识教育课程既注重各学科之间的横向关联，强调价值观教育的系统性与融合性；又注重不同学段课程的纵向衔接，强调价值观教育的连贯性与阶段性。二是课程内容丰富化。课程内容开放、多元，

---

① 葛春:《美国大学价值观教育课程探析》,《思想理论教育》2013 年第 8 期，第 20 页。

② “MIT Course Catalog Bulletin 2017–201”, 2018–01–12, http://catalog.mit.edu/search/?search=intellectual+property.

③ “Expos 20”, 2018–01–10, https://writingprogram.fas.harvard.edu/pages/expos–20–0.

以全球化视野讲述多元文化知识，同时涵盖不同知识领域与方向。[①]耶鲁大学的通识课程从18世纪的10门左右发展到今天的200余门，涵盖语言、文学、历史、自然科学、社会学等32门学科。三是课程方法综合化。综合多种教学方法的同时，又有倾向、有侧重，将教学方法有机结合，形成综合化教学方法体系，多表现为理论与实践相结合、灌输与渗透相结合等。通识教育帮助学生了解文化、政治、经济、社会等层面的科学知识，培育学生的批判性思维与创新精神，引导学生正确认识并认同美国人文传统、思想与价值观，并在此过程中把握自身言行的伦理维度，对自身信仰与价值观开展批判与反思，逐渐完善自身价值观念。可以说，通识教育是价值观教育的基础性环节，为预防大学生失信行为构筑了第一道防线，虽然不能完成学术诚信教育的全部任务，但却通过提供学术诚信相关的基础知识，有效引导学生对“学术诚信”形成正确认识与引发积极思考。

除此之外，在美国通识教育与专业教育相互结合、紧密配合，使得核心价值观教育融入到学校整个课程体系之中，同时，课程之间又通过精心设计进行有机整合，形成价值观教育合力。教育者有意将价值观内容融入专业主干课与专业选修课之中，在教授专业知识与技能的同时开展价值观教育。美国道德教育协会前主席、著名心理学家托马斯·里克纳曾说：“学术课堂在价值观培养方面好比一个沉睡中的巨人，如果我们不能充分利用这种课程去培养价值观和伦理意识，那么我们就正在浪费一个大好时机。”[②]因此，美国高校要求在专业教育的课堂教学与专业实践过程中明确强调学术诚信的内涵。首先，开设专业伦理课程，高校要求学生对主修专业应该从历史、社会、伦理学等角度进行全面了解与研究，提倡学生在开展课程学习之前反思三个基本问题：这个领域的历史和传统为何？所涉及的社会和经济问题为何？需要面对的伦理和道德问题为何？以普林斯顿大学为例，面向生物学专业学生开设“分子生物学实践中的科学诚信”[③]、面向工程学专业学生开设“负责任的研究工作：一门关于工程伦理的课

① Rebecca Moore Howard, Laura Davies, “Plagiarism in the Internet Age”, *Educational Leadership*, vol.3, 2009, pp.64–67.

② 〔美〕托马斯·里克纳：《美式课堂——品质教育学校方略》，刘冰等译，海口：海南出版社2001年版，第12页。

③ “Course Offerings —Scientific Integrity in the Practice of Molecular Biology”, 2018–01–05, https://registrar.princeton.edu/course-offerings/course_details.xml?courseid=000926&term=1184.

程”①。又如，密歇根州立大学在计算机科学与工程学院开设“伦理、专业和当代问题”课程。此类课程探讨专业范围内的基本伦理问题、教导学生开展负责任的专业学术研究、引导学生思考所学专业在未来实践应用过程中可能涉及的道德问题等，将专业知识与伦理学相结合，使学生在进行专业学习的同时，获得关于学术道德、敬业精神与价值观选择等方面的渗透教育。其次，明确专业课程规范，基本上全部的专业课教师都会在课程开始之初分发包含学术诚信等课程规范在内的课程教学大纲，并对其中内容进行详细的解读与阐释。密歇根州立大学“微型处理器与数字系统”的课程大纲中写道：“在本门课程的课程作业、课程报告、课堂测验及考试中，不允许任何形式的欺骗行为发生，学生可以通过小组讨论的形式完成作业，但是直接抄袭、窥视等行为都将被视为欺骗，将会被进行零分处理并上报院长办公室。”②“模拟线路原理”则要求，学生必须独立完成课程作业，不可以与同学交流研究思路，任何与其他学生雷同的作业都将被进行零分处理，并且与往届学生作业雷同的情况做同样处理。③这种在课程大纲中明确的学术规范内涵，加之任课教师的详细解读，成为一种效果显著的道德教育形式。俄玛琳・基尔还提出，通过这种涉及道德和伦理问题的课程训练，还有助于学生更好地接受专业实践守则④，理解专业内涵，进而达到相互促进的作用。再次，在教学中引入现实诚信问题。教育者注重培养学生批判性思维，经常在课堂教学中引入合作探究、小组讨论等教学方法，尤其是在人文学科或社会学科专业课教学过程中，教师有意引入一些道德两难问题，让学生进行思辨与阐释。米歇尔・皮克斯利・蒂皮特等学者就明确提出：“对于学术诚信问题的讨论，应该贯穿课程始终。”⑤学生在问题讨论过

---

① “Course Offerings —Responsible Conduct in Research: A Course on Ethics in Engineering”, 2018–01–05, https://registrar.princeton.edu/course-offerings/course_details.xml?courseid=011776&term=1184.

② “Syllabus & Course Schedule”, 2018–01–05, http://www.egr.msu.edu/classes/ece311/mason/web_files/ECE331–S11_syllabus.pdf.

③ “Gregory Wierzha. Analog Circuit Theory”, 2018–01–05, http://www.egr.msu.edu/-wierzba//SYLL_831.pdf.

④ Ermalynn Kiehl, “Using an Ethical Decision-Making Model to Determine Consequences for Student Plagiarism”, *Journal of Nursing Education*, vol.6, 2006. p.35.

⑤ Michelle Pixley Tippitt, Nell Ard, Juanita Reese Kline, Joan Tilghman, Barbara Chamberlain, Meagher P. Gail, “Creating Environments that Forster Academic Integrity”, *Nursing Education Perspectives*, vol.30, 2009, p.242.

程中，不断强化对诚信问题的认知与理解，能够对问题背后的现实社会发展、社会失信现象的诱因等问题进行追问和反思，从而在这一过程中传达学术诚信价值观，去影响学生的价值选择。

在专业教育中融入学术诚信教育，一方面使学生明确了解学术诚信的内涵和外延，在辅助强化专业基础理论知识的同时，使得学术诚信教育更加丰富与立体；另一方面使学生在专业学习中自主进行诚信问题反思，潜移默化地推动学术诚信价值观的养成。美国约翰·邓普顿基金会每隔两年就会公布“大学和品格荣誉榜”，以鼓励那些在专业道德方面注重学生品格发展的学校。① 不难看出，如果说美国高校通识教育作为基础性教育环节，启发了学生对于学术诚信的思考，那么专业教育则在学生专业学习过程中明确了学术诚信的内涵，将专业知识与学术诚信进行了有机的结合，达到共同促进的作用。

二、宣传活动与实践活动结合的活动引导

美国高校把学术诚信作为开展大学生学术诚信教育的重要维度，几乎所有高校在学校规章制度中都会重点强调学术诚信，并详细制定了相关细则，明确学术失信行为的各个要素，结合一系列学术诚信教育举措来影响学生的学术行为，此类事前预防型教育方法更加有利于宣传诚信精神、营造诚信氛围、推动诚信认知。②

学术诚信宣传的主要内容紧密围绕着荣誉准则制度展开。据不完全统计，超过 90% 的美国高校设立荣誉准则制度，在其中荣誉誓词作为该制度的关键组成部分，为学生明确阐明在校园之内遵守学术诚信的重要意义。由于美国高校自治程度较高、办学理念不尽相同，因此荣誉誓词的内容具有差异性，但一般都与所在学校的历史传统、教育教学特点相结合，并要求每名学生通过正确的行为规范捍卫学校文化要旨、推动学校的文化传承。戴维森大学荣誉誓词中明确指出任何违反荣誉制度的学生都会被驱逐出学校，通过明确违背学术诚信的严重后果，以警醒学生重视学术诚信之于大学生的重要性。斯坦福大学要求教师在考试中不能给学生提供任何形式的

① 张永红:《美国高校学生的学术不诚信现象、理论解释及其对策》,《比较教育研究》2009 年第 2 期，第 25 页。

② 陈承财:《高校诚信教育研究》，厦门：厦门大学出版社 2014 年版，第 83 页。

帮助，明确教师群体也是校园范围内遵守荣誉准则的主体之一。诸如此类，通过荣誉誓词的宣传与签署，让学生充分了解学术诚信之于当代大学生的不可违背性。此外，学术失信行为的界定也是学术诚信的核心宣传内容。正如尼亚加拉大学琳达·基德韦尔教授所言："荣誉誓言既不是一个原则声明，也不是一段对于学术诚信的阐释性文字，而是致力于让学生们明确何为不应该去做的事情。"[①] 因此，厘定学术失信行为的类型，让学生知晓学术诚信的基本道德要求成为每个高校学术诚信宣传环节不可或缺的内容。[②] 大体而言，失信行为被分为三种类型[③]：一是作弊，指在考试或作业中抄袭他人，试图表现出并未获得的知识或技能水平。杨百翰大学将考试期间或完成作业时抄袭他人作品、允许他人在考试期间或完成作业时对自己的答案进行复制、在考试期间或完成作业时使用未经授权的材料等五种行为明确界定为作弊。[④] 二是伪造或篡改，指在进行学术研究中故意捏造或虚构信息、数据、参考文献等。例如，哥伦比亚大学认为提交伪造的实验数据、提交一份你的另一门课程论文、雇用他人写作等做法都是欺骗的行为。[⑤] 三是剽窃，指在没有规范注明资料来源的情况下恶意引用他人观点或论据作为自己的研究成果。普林斯顿大学将一切未经适当确认和使用除了学生本人以外的任何人员发表或未发表的任何作品的行为都视为剽窃。[⑥] 芝加哥大学认可直接引用或转述他人观点，但前提是应该对作者、标题和页码、或通过网站和访问日期等信息做以详细、规范的标注。[⑦]

与此同时，在美国高校学术诚信宣传方式呈现出多样性、灵活性、渗

① Linda Achey Kidwell, "Student Honor Codes as a Tool for Teaching Professional Ethics", *Journal of Business Ethics*, vol.29, 2001, p.46.

② H. J. Passow, M. J. Mayhew, C. J. Finelli, T. S. Harding, D. D. Carpenter, "Factors Influencing Engineering Students's Decisions to Cheat by Type of Assessment", *Research in Higher Education*, vol.47, 2006, pp. 670–684.

③ D. L. McCabe, L. K. Trevino, "What We Know About Cheating in College: Longitudinal Trends and Recent Developments", *Change*, 1996(January/ February), pp.29–33.

④ "Academic Honesty Policy", 2018–02–09, https://policy.byu.edu/view/index.php?p=10.

⑤ "Dishonesty in Academic Work", 2018–02–09, https://www.college.columbia.edu/academics/academicdishonesty.

⑥ "Rights, Rules, Responsibilities", 2018–02–09, http://www.princeton.edu/pub/rrr/part2/index.xml#comp23.

⑦ "Academic Policies & Requirements", 2018–02–09, https://studentmanual.uchicago.edu/Policies.

透性等特征。除去上文提及的在课程维度引发学生对学术诚信的思考外，还有许多其他宣传方式作用于美国高校之中。首先，校级规范性文本或试卷。学校制定的学生行为手册或荣誉准则制度文本中都会有对学术诚信的界定与强调，使得学生与家长都可以直观地阅读到文本中的内容，切实体会到学校对此的重视程度。普林斯顿大学会在新生报到时分发《致新生的一封信》，要求学生理解并信守学校的荣誉誓言，如果学生拒绝签署承诺书，则不允许其注册并入学。此外，学生试卷中也常见荣誉承诺，要求学生阅读或誊写誓言内容，警醒学生诚信考试。田纳西大学的试卷封面上写道："田纳西大学的一个根本特点就是有责任保持知识纯洁和学术诚实。作为大学的学生，我发誓在学习研究中既不向他人提供也不接受他人任何不适当的帮助，以此誓言申明我个人对学术荣誉的义务。"[①] 其次，主题性诚信传播类活动。文本较之于活动可能会略显枯燥与单一，因此高校经常会开展学术诚信传播类活动，以使学生更好地了解学术诚信的相关内容。学术诚信政策讨论会经常会出现在课堂之中，在开课第一天教师会结合学校政策与专业要求对学生做出说明和解读，有时还会要求学生针对某些学术诚信问题展开讨论。部分高校会举办"学术诚信周"主题宣传活动，在此期间围绕学术诚信主题，开展教师与学生论坛、模拟听证会、政策宣讲会等系列活动，其中较为有代表性的高校有凯斯西储大学、梅雷迪斯学院、堪萨斯大学等。再次，校园媒体及图书馆宣传。校园媒体作为信息传播的有效媒介，一直以来都被视作开展高校价值观教育的重要载体。许多高校会在校园主页或校报中刊载学生学术诚信条例、荣誉准则等规范，以便师生随时查阅，并且发挥时时警示的作用。还有的学校会创办学术诚信刊物以通报本校学术诚信情况等相关信息[②]，例如密歇根州立大学的《研究诚信通讯》、乔治亚理工学院的《学术研究通讯》等。此外，在很多大学的图书馆首页中都提供了本校学术引用规范的详细说明与相关链接，指导学生如何规范化引用，图书馆还会定期开展正确引用文献的培训会等。不难看出，美国高校学术诚信教育的宣传工作体现出"全面化"特征，有效地渗透到学生校园生活的方方面面，使学生充分认识到学术诚信之于大学以及

① 刘春：《美国大学生的学生荣誉誓言》, 2018–02–09, http://www.china.com.cn/chinese/zhuanti/xxsb/1223054.htm.

② 王淑芹：《大学生诚信伦理研究》，北京：人民出版社 2012 年版，第 262 页。

学生本身的重要意义，也使学生懂得了如何有效避免学术失信行为的发生，可以说，此种事前预防型教育很大程度上保障了校园学术环境的清朗，是开展大学生学术诚信教育的关键环节。

校园活动作为学术诚信教育活动引导的另一重要方面，被美国各高校广泛应用于大学生价值观的培育之中。较之于其他载体形式，由于活动引导将宣传与实践相结合，使得其“具有渗透性、生活性、多样性等道德实践特点，对美国大学生具有持续的、柔性的、体验的作用”①。首先，渗透性体现在大学生作为校园活动的组织者和参与者，需要切实参与到活动的各个环节之中，潜移默化地受到活动主题、内容、形式等因素的影响，使得价值观念在不知不觉中渗透到学生头脑之中。其次，在实用主义思想的影响下，高校通常会将活动的设置与学生日常生活紧密结合，以熟悉的场景与氛围，达到情感互通、价值共融的结果。再次，由于活动主旨的不同，校园活动还具有多种多样的存在形式，其中包括政治参与类、志愿服务类、文化交融类等。校园活动作为隐性教育重要形式之一，在培育大学生学术诚信意识等方面也做出了积极的贡献，其中主要体现在诚信类主题活动、志愿服务类活动、大型仪式类活动等活动之中。一是诚信主题类活动：从新生入学之初便开展教育，学校就开始向新生进行学术诚信宣讲、组织签署学术诚信保证书、举行学术诚信宣誓活动等。此外，分发学术诚信手册或学生生活手册也是重要活动形式之一，例如《哈佛学习生活指南》之中就高度强调了学术诚信的重要性，并用加大加粗的字体以最严肃的态度与严厉的措辞表明了在学校出现学术失信行为的严重后果；宾夕法尼亚大学每年秋季学期初都会举行为期一周的“学术诚信周”系列沙龙；凯斯西储大学为师生举办关于学术诚信的开放式讨论会；维克森林大学为新生分发刻有本校荣誉誓言和道德规范内容的光盘；部分高校还采用播放角色扮演的视频来诠释学术失信行为的种类②等活动。二是服务学习类活动：以约翰·杜威为代表的教育家们提倡“将公民教育根植于真实的情景与教学实践之中”，服务学习作为大学生参与社会服务的主要形式，将课程学习、

---

① 李潇君：《课外活动：美国高校道德教育的重要载体》，《东北师大学报》（哲学社会科学版）2014年第2期，第146页。

② Sami W. Tabsh, Akmal S. Abdelfatah, Hany A. Elkadi, “Engineering Students and Faculty Perceptions of Academic Dishonesty”, *Quality Assurance in Education*, vol.4, 2017, pp.380–385.

价值反思与社区服务、问题解决相结合，成为了美国高校开展价值观教育的重要手段。通过参与服务学习项目，学生可以更好地感知社会、开放思维、承受压力、帮助他人等。例如，斯坦福大学哈斯公共服务中心为学生提供参与政府工作、政策制定、社区服务等活动，在此过程中学生不但能够了解社会运行方式，还能与更多优秀的人一同工作，感受精英群体的言行与思维，在培养学生公共服务意识的同时，还使其产生“见贤思齐”的决心。良好的品质是相互促进的，优秀的素养是逐渐养成的，在不断完善自身价值观念的同时，学生个体的诚信意识，乃至学术诚信意识都会获得不断提升。三是仪式类活动，至少包括开学典礼、校庆典礼和毕业典礼。这种主题式仪式活动不仅是大学传统与文化的传承，也是社会宗教信仰与习俗的体现。在安大略省女王大学的开学典礼上，官方致辞都会着重强调荣誉准则制度，并发出号召：签订荣誉准则尚且只是一个开始，真正的意义在于你们如何去做；如何在面临选择时，每时每刻都可以正确地做出选择；如何在离开学校之后还可以做出正确的选择；每一次自己的选择都是走出美德、诚实、勇气和信任的一步，都是走向理想生活的一步。① 此外，在最具代表性的毕业典礼上，各个高校会充分利用有效契机渗透价值观念，在建立学校归属感的同时，培养学生的国家意识与民族意识、增进学生的身份认同、规范学生的行为举止、激发学生的精神动力。我国著名教育学家叶圣陶指出，“‘教’都是为了达到用不着‘教’”②，作为预防大学生学术失信行为的重要环节，隐性教育的渗透作用不容小觑，它使得整个高校学术诚信教育更加立体化、生活化，调动了学生的主观能动性，提高了学生的自律能力和自控能力，全面推动了学术诚信教育的实践。③

三、人文环境与物质环境融合的环境引导

自 1968 年美国社会学家菲利普 · W. 杰克逊在其《班级生活》一书中首次提出“隐性课程”④ 概念后，学界便开始了对“隐性教育”的研究与探

① Lynn Morton, “Choosing Honor: Creating a Culture of Faith and Trust”, *Vital Speeches of the Day*, vol.23, 2004, pp.727–728.

② 叶圣陶：《叶圣陶教育文集》，北京：人民教育出版社 1994 年版，第 204 页。

③ D. L. McCabe, “It Takes a Village: Academic Dishonesty & Educational Oppprtunity”, *Liberal Education*, 2005(Summer/ Fall), pp.26–31.

④ Philip W. Jackson, *Life in Classrooms*, New York: Teachers College Press, 1990, pp.69–73.

索。隐性教育通常指的是一种无意识的教育方式，区别于显性教育中受教育者被动地接受教育的特征，隐性教育将教育内容渗透到受教育者所处的生活环境之中，通过对其周遭环境、文化、制度、舆论等方面预设一定的教育内容，进而潜移默化地作用于受教育者，达到一定的教育目的。[①]隐性教育以其教育目的和内容的隐蔽性、教育过程的灵活性、教育主体的自由性、教育途径的多元性等特征，成为价值观教育的重要途径之一，旨在“通过不断反复的道德实践，形成不需要外在监督即可实现的道德行为生活惯例”[②]。文化引导作为隐性教育的重要形式之一，在美国大学生学术诚信教育中，成为推动学术诚信实践养成的关键方式，是课程引导与活动引导的有效补充。

校园文化作为学生学习生活的人文环境，不仅提供了丰富的文化生存空间，还构成了学生自我学习的重要场域。[③]通过感受校园文化的内涵，逐渐将其内化为自身价值选择，提升个人修养。与此同时，校园文化还有助于提升学术诚信价值观由知到行的转化，良好的校园文化通过教师的言传身教、身体力行呈现出一种积极的学术诚信价值取向，严谨治学、诚信为先的行为选择与道德体现，推动着学生将头脑中对学术诚信价值观的认知转化为外在行为表现。[④]因此，美国高校十分注重校园文化中诚信教育内容的渗透，旨在通过校园文化的价值观教育功能，提升学生学术诚信品质。美国学术诚信研究专家唐纳德·迈克卡比也对校园文化的重要作用做出了积极肯定，他认为“决定学生作弊与否的主要因素就是他或她所在机构的学术文化”[⑤]，而一个组织整体的诚信氛围如何首先就体现在这个组织是否尊重诚信这一价值标准[⑥]。“每所高校在打造自身品牌的过程中，必然生成其独特的精神文化，从而构成学校品牌的内核和灵魂……人是文化的生成

---

① B. E. Whitley, P. Keith-Spiegel, “Academic Integrith as an Institutional Issue”, *Ethics & Behavior*, vol.11, 2001, pp.325–330.

② 曾钊新、李建华等:《道德心理学》，长沙：中南大学出版社 2002 年版，第 367 页。

③ 向征:《诚信教育优化研究》，北京：知识产权出版社 2015 年版，第 115 页。

④ D. L. McCabe, “It Takes a Village: Academic Dishonesty & Educational Oppprtunity”, *Liberal Education*, 2005(Summer/ Fall), pp.26–31.

⑤ Donald L. McCabe, Patrick Drinan, “Toward a Culture of Academic Integrity”, Washington: The Chronicle of Higher Education, vol.8, 1999, p.B7.

⑥ L. S. Paine, “Managing for Organizational Integrity”, *Harvard Business Review*, 1994(2), pp.106–117.

物，文化是学校品牌的灵魂，精神文化是学校文化的‘魂魄’，而校训是学校精神文化的最好体现。”[①] 校训作为大学的灵魂，是学校办学理念与治校精神的高度凝练，为广大师生提供了行为指引与道德追随，是学生接受文化熏染的核心来源。以下列举了美国几所著名大学的校训：

学　校	拉丁文原文	英文原文	中文释义
哈佛大学	Veritas	Truth	真理
斯坦福大学	Die luft der Freiheit weht	The wind of freedom blows	自由之风劲吹
耶鲁大学	Lux et Veritas	Light and Truth	光明与真理
芝加哥大学	Crescat Scientia; cita excolatur	Let Knowledge Grow From More to More; and so be Human Life Enriched	益智厚生
哥伦比亚大学	In lumine Tuo videbimus lumen	In the Light Shall We See Light	在你的光中我们看到光明
约翰·霍普金斯大学	Veritas vos liberabit	The Truth Shall Set You Free	真理会让你自由
杜克大学	Eruditio et Religio	Knowledge and Faith	知识与信念
西北大学	Quaecumque Sunt Vera	Whatever Things are True	凡事求真
华盛顿大学	Lux sit	Let There Be Light	让光芒闪耀
加利福尼亚大学旧金山分校	Pro Urbe et Universitate	For City and University	城市与大学
北卡罗来纳大学教堂山分校	Lux libertas	Light and Liberty	光明与自由
得克萨斯大学奥斯丁分校	Disciplina praesidium civitatis	A Cultivated Minds the Guardian Genius of Democracy	理性的思维是民主的守卫者

这些校训极具代表性地体现了学校的文化旨归，其中一个普遍特征就是号召学生追求真理、摆脱虚无、实现崇高使命。在追求真理的路上，诚恳谦虚的态度与求真务实的精神是走进探寻真理的必备法宝，因此，在名校校训中，虽然并非全部都提及了与诚信有关的内容，但也却都暗含其中，具

① 王彩霞:《中国学校校训研究——20世纪中国校训历史演进的教育考察》，太原：山西教育出版社 2012 年版，第 200 页。

有丰富的诚信教育意义。

与此同时，校园物质文化建设也是开展学生教育引导的物质承载基础，其中包括自然地理环境基础、标志性建筑、人文景观、绿化景观等。苏联教育学家瓦·阿·苏霍姆林斯基就说道："用环境、用学生自己创造的周围情景、用丰富集体精神生活的一切东西进行教育，这是教育过程中最微妙的领域之一。"① 良好的校园环境具有积极的情绪感染和激励效应，使学生的思想情感、审美情趣等方面受到潜移默化的熏陶；同时，良好的校园环境具有正确的导向作用，引导学生的思想行为向积极的方面发展；此外，良好的校园环境还具有一定的约束作用，是人格化的精神力量，教导学生正确的行为选择。② 校园物质文化以其独特的教育形式贯穿于大学生校园生活全过程，其对当代大学生的影响具有全面性和潜在性等特点。文化设施是承载诚信文化"软件"所不可或缺的物质基础，对大学生价值观培育起到了助推作用。"校园文化设施不仅成为诚信文化内涵的载体，还成为涵育诚信元素的文化土壤，为学生提供了自我教育的物质支撑。"③ 图书馆、文化广场、名人雕像等诚信文化活动场地，以及学术诚信教育警示牌、提示语等诚信文化传播媒介的影响，使得大学生群体在校园生活中，时刻受到文化元素的作用，其思想观念、行为方式、价值观点等很多方面都会受到潜移默化的影响，并且这种影响是一种积极的正向引导。

综上所述，不难看出课程引导将学术诚信价值观融入到一般性的常识之中，启发学生对学术诚信问题展开思考；活动引导将学术诚信价值观融入到宣传活动与学生实践之中，为学生解读学术诚信问题内涵；环境引导则将学术诚信价值观融入到人文环境与物质环境之中，为学生营造良好的学术诚信氛围。可以说，上述三种教育引导形式构筑了从平面、到立体、再到动态的教育体系，为大学生学术诚信教育的有效实施提供了全面化的引导。

---

① 〔苏〕瓦·阿·苏霍姆林斯基:《帕夫雷什中学》，赵玮等译，北京：教育科学出版社1983年版，第122页。

② 陈正良:《冲突与整合：德育环境的系统建构》，北京：中国社会科学出版社2005年版，第178–181页。

③ 向征:《教育优化研究》，北京：知识产权出版社2015年版，第117页。

第三节 美国大学生学术诚信教育的失信惩戒

美国大学生学术诚信教育着重将学术诚信理念贯穿于教育全过程之中，在对学生开展正面教育的同时，将失信惩戒也作为重要的教育方式之一，并且强调教育实施的阶段性特征，将事前预防、事中调查、事后处理紧密衔接、相互作用，构筑了制度规范、教育引导以及失信惩戒的连通式教育实施过程。

一、“程序性”学术失信调查

前期开展学术诚信教育引导工作，虽然会起到很重要的宣传与强化作用，但不可否认这并不能完全避免大学生学术失信行为的出现，一旦有学生出现或可能出现有悖于学术诚信要求的行为时，高校便会立即启动学术失信调查工作。教育学家夸美纽斯曾指出，“我们需要惩罚有过错的人，他们之所以应受惩罚，不是由于他们犯了过错，而是要是他们日后不再犯错”[①]，那么，确保能够开展有效惩罚的前提就是合理且公正地调查。因此，无论案件的性质或影响程度如何，美国高校都会严格遵循调查原则与程序，最终认定出确实犯有过错的个体或群体。

在高校之中出现的学术失信情况类型多样、程度不一，因此很难找到固定的套用模式，然而在美国核心价值观念的影响下，职责机构在处理案件过程中都会严格遵循相关原则。首先，公正性（Fairness）原则，是美国多元化背景下追求平等价值观在校园管理中的投影，要求在学术失信处理过程中，无论学生身份背景如何、过往经历如何，当出现可能存在的失信行为时，相关负责人都应当充分调研与收集证据，以事实为导向，依据规章制度加以处理。并且还应依据失信行为的类型采取不同对策，如当疑似剽窃时主动区分是否只是资料或信息的误用或非规范性引用；当疑似篡改时主动会见学生，要求学生说明其研究成果的得出过程，描述研究过程与细节等，拒绝一概而论现象的发生。其次，保密性（Privacy）原则，为最大程度地保护个人隐私权所设立的指导性原则，由于失信报告具有不确

① 〔捷克〕夸美纽斯:《大教学论》，傅任敢译，北京：教育科学出版社1999年版，第198页。

定性，不能凭借失信报告的出现即断定个体触犯了学术诚信规范，因此在未最终判定学生存在失信行为前，相关机构不会对外公布任何调查信息与被调查者个人资料，并要求调查所涉及相关人员也不得透露与调查有关的任何信息。① 虽然在明确个体或群体确实出现学术失信行为后，部分学校会定期在校园主页或校刊中公布失信案件情况与处罚决定等信息，该做法作为学术失信惩罚的手段之一并不与保密性原则相悖。再次，人性化（Humanization）原则，在进行案件调查的同时，相关负责人会持续关注被调查对象的心理健康状态，为学生提供必要的心理疏导与帮扶，避免学生因受到调查或惩戒而引发心理疾病。此外，申诉机制的建立也是人性化原则的重要体现②，即在案件的调查期间，如学生存有某些证据或结论，则可以随时通过申诉来表达个体想法与观点，也进一步确保了案件处理的公正性。

虽然绝大部分美国高校设立荣誉准则制度，而其中对于学术失信行为的处理程序都做以明确规定，但必须注意的是，不同高校对于学术失信案件处理的程序设定、机构命名、处理环节、术语规定等内容呈现出一定的差异性，因此，本书结合美国高校对于学术失信行为调查的实际执行情况做以归纳和总结，处理程序大致包括四个基本环节。一是报告（Report），指相关个体（教师或学生或任何人）有权利和义务向职责机构报告自己所知道或所认为的有可能违反学校相关规定的行为。在接到报告后，相关职责机构委员将会对报告的可信度进行初次合议，如果多数委员认为其不可信则会直接撤销该失信报告，以避免不必要的资源浪费；如果失信报告被初步界定为是可信的，则会有荣誉顾问与荣誉律师介入，进入审理程序。毋庸置疑，报告是整个学术失信处理程序中的最初环节，但在公正性与隐私性原则的指导下，即便职责机构开始启动对某一案件的审理程序，也并不意味着被调查者真正具有失信行为，任何人都不得透露任何关于被调查者的个人信息与案件信息。二是调查（Investigation），指收集相关信息以

---

① University of Pennsylvania, “Confidentiality”, 2018–01–12, Http://www.upenn.edu/osc/pages/confidentiality.html.

② D. L. McCabe, L. K. Trevino, K. D. Butterfield, “Dishonesty in Academic Environment: The Influence of Peer Reporting Requirements”, *The Journal of Higher Education*, vol.72, no.1, 2001, pp.35–39.

评判是否存在违反“荣誉制度”的行为。相关机构会组成至少三名荣誉委员的调查小组，要求报告者对自己所知晓的情况进行陈述和评价，被调查者对被质疑行为可以进行解释和反驳，期间所有内容都会记录在案。其后，调查小组依据所掌握的证据来决定是否指控被调查者，期间如果被调查者有异议，可以提出申诉。事实上，高校学术不端行为处理的申诉程序也是对整个审理过程的复查，以使处理程序更加周严。例如，普林斯顿大学《学术纪律申诉条例》规定，当出现与学术失信行为调查过程相关的信息没有被告知；认为处罚措施不属于类似学术失信行为的处罚范围；在学术失信行为审理的过程中出现了程序性违规这三种情况时可以进行申诉。[①]三是审判（Trail），在调查小组正式指控被调查者后将会对其失信行为类型与过错程度及所带来的负面影响进行判定。在此过程中，被调查学生有权在合理范围内向荣誉律师寻求帮助，以求为自己争取到表达观点与解释行为的机会。同时相关职责机构将随机从既定范围人群内组成陪审团，这一既定人群的选择具有校际差异性，可能是职责机构成员、普通同学或二者兼而有之，或由其他群体组成。其后，将对案件进行再次考证并举行听证会，在这其中，陪审团作为被校级规章制度召集听取并在听证会上做出重要表决的人员，审判结果会依据相关规定以及具体情况而定夺。四是终极审判（Post-Trial），在上述三个环节后，可以认为是基本完成了整个调查过程，然而，为了保障被调查或被指控学生的权益，防止可能出现的漏洞或误判，多数高校在案件调查环节中都设置了终极审判步骤。普遍情况下是在审判结束 30 天内，学生可以凭借更新的证据或更好的解释提起上诉，此时上诉委员会将依照证据情况决定是否对案件进行重新审查，如果被认定可以重新审查，则会重新审判甚至是更改审判结果。

不难看出，美国高校学术失信行为处理作为大学生学术诚信教育的实施环节之一，充分体现了美国高等教育的人文关怀特征，无论学生个体是否具有学术失信行为，都最大化地保障其个人权益的发挥。组织专门的职责机构开展程序化调查，严格遵循公正性、保密性与人性化的失信案件调查原则。程序化的调查过程，层层深入、环环相扣，既保证发生失信行为

---

① “The Undergraduate Honor System”, 2018–01–01, https://ua.princeton.edu/contents/undergraduate-honor-system.

的个体受到应有的惩罚，又保证了未失信个体的权利不受侵害，[①] 同时也为下一阶段学术失信行为的惩戒工作做好前期基础性工作。

二、“差异性”学术失信惩戒

苏联著名教育学家安东·谢苗诺维奇·马卡连柯指出，“正确地和有目的地应用惩罚是非常重要的” [②]。对学术失信行为的惩戒作为大学生学术诚信教育的重要组成部分，既是对失信个体的错误进行惩罚，使其充分认识到自身过错的严重性与危害性，又对校园内其他个体进行了警示教育，有效遏制潜在失信行为与投机观念，因此开展严肃且严厉的大学生学术失信惩戒具有双重意义。[③] 美国学术诚信教育研究专家迈克卡比教授等学者对惩罚机制的研究数据也论证其在有效遏制学生失信行为中的重要作用，即认为作弊被发现后学生所将面临的严重后果将减少学生作弊的概率。[④] 与学术失信行为调查类似，学术失信惩戒也表现出一定的校际差异性。

其一是课程处罚，其实施主体一般为任课教师，通常的表现为降低课程分数或以不及格处理，包括警告或记过。可以说，这种处罚是一种较轻的处罚形式，也是针对失信情节较轻的个体所开展，在其中教师具有较大的处罚权利，可以依据学生行为情况进行判定。例如，马萨诸塞大学阿默斯特分校规定教师有权利对学生进行课程处罚，但是前提条件为学生承认在课程中出现剽窃、篡改数据等学术失信行为。如果学生拒绝承认，那么教师也有权利在向学校提交最终课程成绩前，向学生以书面形式通知课程处罚结果。[⑤] 再如，杨百翰大学允许教师以不同形式开展课程处罚：以书面或口头形式给予学生警告；要求学生重新完成涉及学术失信的课程作业；给予学生出现学术失信行为的课程、考试、作业以较低的分数或直接认定

① D. L. McCabe, L.K. Trevino, K. D, “Butterfield. Honor Codes and Other Contextual Influences on Academic Integrity: A Replication and Extension to Modified Honor Codes Settings”, *Research in Higher Education*, vol.26, 2002, pp.479–482.

② 〔苏〕马卡连柯:《论共产主义教育》，刘长松、杨慕之译，北京：人民教育出版社1981年版，第170页。

③ W. L. Kibler, “A Framework for Addressing Academic Dishonesty from A Student Development Perspect”, *NASPA Journal*, vol.31, 1993, pp.8–18.

④ D. L. McCabe, L.K. Trevino, “Academic Dishonesty: Honor Codes and Other Contextual Influences”, *Journal of Higher Education*, vol.64, 1993, pp. 522–538.

⑤ “Code of Student Conduct”, 2018–02–10, https://www.umass.edu/dean_students/codeofconduct.

为不及格；还可以对情节严重者处以停课处理，以及向学校建议对其进行休学、退学处理。

其二是学校处罚，针对情节较为严重、影响较为恶劣的学术失信行为，将采取学校处罚的措施，不过值得一提的是，处罚标准并未一概而论，而是采取不同的处罚等级，实施差异化惩戒[①]，其中大致包括如下几种：一是留校考察（Probation），就是学生继续留在学校，但同时需要接受职责机构的密切考察，考察期限不定，甚至是持续到毕业。在此期间，学生如果再一次违背学校规定，则会面临更加严重的惩罚。部分学校会要求学生在留校考察期间为所在院系或其他社会单位提供一定小时数的志愿服务，例如杨百翰大学等。如果学生按规定完成了要求的公益服务时数，或在考察期行为表现良好，则其违规行为记录可能会在毕业时或注册期满后被消除，否则失信记录将永久性记入学生档案。二是休学（Suspension），分为暂时休学和立即休学两种。暂时休学中违规学生短期内允许留在学校，当本注册学期结束后会被勒令休学，一般休学时长为一至两个学期，当休学期满后回到学校继续学业，但需要接受职责机构的考察。与暂时休学不同的是，立即休学这一处罚要求学生即刻休学，所在注册期内所选课程全部作废，其惩罚等级明显高于暂时休学。三是开除（Dismissal），是一种最为严重的处罚形式，接受这种惩罚的学生不允许完成当下的课程而必须马上离校，违规学期的所有学分全部失效。违规课程的成绩也会被记载在学生的成绩报告上，并在该学期学生的档案里永久记为“F”。此外，在未来学生也不得再进入本校学习，同时其被开除的记录将永远记录在学生诚信档案之中。除此之外，一旦学生学术失信行为触犯法律，例如擅自闯入办公室或盗取试卷，学校有权上报司法部门寻求解决[②]，进而使问题上升为社会问题。

显而易见，通过学术失信惩戒的差异化区分美国高校将惩戒手段作为开展大学生学术诚信教育的另一种方式，其目的并不在于惩罚既有的过错，而是通过对错误的明确判定使得失信个体及其他个体获得警醒与教育。[③]除

① D. L. McCabe, L. K. Trevino, “Academic Dishonesty: Honor Codes and Other Contextual Influences”, *The Journal of Postsecondary Education*, vol.64, 1993, pp.522–538.

② 王淑芹:《大学生诚信伦理研究》，北京：人民出版社 2012 年版，第 259 页。

③ W. L. Kibler, “A Framework for Addressing Academic Dishonesty from A Student Development Perspect”, *NASPA Journal*, vol.31, 1993, pp.8–18.

去“开除”这一惩罚结果外，其余处罚结果都为学生留有了改过自新的机会与余地。

第四节 美国大学生学术诚信教育实施过程的典型案例

上述特征是美国高校普遍采取的实施过程的特征概括与总结，但是在实际执行过程中，每所高校都有其着重突出的环节或要素，并非千篇一律。因此，本节选取关于“制度规范”与“过程实施”的两个案例进行细致介绍，不但可以从中体会不同高校在不同环节中的特色做法，也为我们深入了解美国高校实际经验提供重要抓手。

一、“制度规范”典型案例：普林斯顿大学的荣誉准则制度①

普林斯顿大学位于美国新泽西州的普林斯顿市，是在世界范围内享有盛誉的私立研究型大学，位列全美八所常春藤盟校之一，以突出的科学成就闻名于世，更以高质量的学术成就享誉全球。在多次美国教学评估中，普林斯顿大学一直处于领先地位。在 2017 年《美国新闻与世界报道》中蝉联全美第 1 位。卓越成绩的取得与其在学术和教学上拥有的独特历史是密不可分的。其中，对于学术诚信的严格要求与堪称“完美的”荣誉准则制度，成为了这所名校的治校瑰宝。学校百年来一直延续的荣誉制度是其在学生诚信教育上取得成功的关键。

如上所述，荣誉准则制度最早在威廉与玛丽学院建立。威廉与玛丽学院培养了一大批有绅士风度的学者，其中就有“弗吉尼亚大学之父”杰弗逊，他将荣誉准则制度带回了弗吉尼亚大学并加以实践与探索，在荣誉准则制度的发展和传播中起到了关键性作用。当时新泽西州大学（普林斯顿大学前身）考试作弊成风，学生们将考试作弊看作是一种和教师斗智斗勇的有趣行为，在考场上抄有答案的纸片到处乱飞，拒绝合作作弊的学生会遭到别人的耻笑。随着时间的推移，学生们对这种作弊文化表现出越来越多的不满。当时在普林斯顿大学最有影响力的一些学生建立了以学生荣誉

① “Academic Integrity”, 2018–03–12, http://www.princeton.edu/pr/pub/integrity/pages/discipline/.

作为保证制度替代原有的考试体系的荣誉准则制度。当时荣誉准则制度在美国南部的学校已经普遍建立，如威廉与玛丽学院和弗吉尼亚大学。学生们去南部多所荣誉准则制度建设取得突出成绩的学校进行学习，并将经验带回了普林斯顿大学，尝试推动建立普林斯顿大学荣誉准则制度。1895 年普林斯顿大学荣誉准则制度投入使用，1974 年荣誉准则制度得到进一步修改，直至今天，普林斯顿大学荣誉准则制度已经从当初简单的荣誉誓词和承诺宣言发展成为了一套结构合理、内容完善的制度体系。

普林斯顿大学荣誉准则制度的内容主要包含荣誉声明、荣誉准则、组织机构、违规处理程序和惩罚机制五个方面。荣誉声明即荣誉保证，是每一个普林斯顿人在加入普林斯顿大学之初都必须签署的文本誓言。拒绝签署这份荣誉声明的学生，普林斯顿大学将会取消其入学资格。此外，每名学生还会收到一封荣誉委员会主席的信，信中详细介绍了普林斯顿大学荣誉准则制度的光荣历史和意义，并要求每一个学生在荣誉准则制度上签字后进行宣誓——“我以我的人格保证我在这次考试期间没有违反荣誉准则”。学生在荣誉声明上签名并宣誓，以表示完全正式地接受荣誉制度。荣誉声明在一代代普林斯顿人的共同努力之下，已经成为了每一个普林斯顿人应该履行的最高义务，意味着责任也象征着权利。荣誉准则是在具体学术工作中应该遵守的荣誉制度的具体说明和解释。普林斯顿大学先后通过印发《权利、规范与责任》[①]和《学生学术诚信手册》来细化上述内容，主要对引述、剽窃、篡改原著以及学生在学习中与同伴间的协作等方面的内容进行了说明和规范。普林斯顿大学荣誉准则制度的组织机构主要包括荣誉委员会和师生纪律委员会。其中，普林斯顿大学荣誉委员会由 12 名正式成员组成，这 12 名正式成员必须包括从大一到大三年级 3 名在任的学生会主席和 3 名已经卸任的学生会主席，以及从群体学生中选出来的 3 名普通的本科生，另外还有 3 名候补委员。荣誉委员会的职责主要是对涉嫌违反荣誉准则的事件进行处理，一般包括报告、调查、听证以及判决四个步骤。师生纪律委员会主要负责对学生行为进行规范的各种条例和规则的制定，评估学生的学术违规行为等。该委员会由学生、教师和学校行政管理人员共同组成，其中包括 5 名学生、4 名教职工、1 名学院系办公室的系主任和 1 名

① “Rights, Rules, Responsibilities, 2017 edition”, 2018–03–19, http://www.princeton.edu/pub/rrr/.

本科生教务长、1名本科生副教务长。

普林斯顿大学内容完备、体系完善的荣誉准则制度，体现出以下几个方面的突出特征：一是历史悠久，注重传承。普林斯顿大学荣誉准则制度建立于1893年，至今已有百余年的历史，并且在一代代普林斯顿大学师生的共同努力下得以继承和发扬，成为了每一个普林斯顿人的骄傲，深刻地镌刻在普林斯顿人的灵魂之中，对其一生的行为选择都起到了重要作用，普林斯顿大学使得学生把荣誉精神深深地内化于心。二是学生自治，广泛参与。普林斯顿大学荣誉准则制度的一个突出特征就是学生参与广泛，从其制定到实施，学生都起到了不可替代的重要作用，这种广泛的参与，既充分地发挥了学生的主观能动性，又保证了整个过程的公开透明。三是教化为先，制度为本。普林斯顿大学荣誉准则制度不仅注重制度本身的建设，而且十分重视教育引导和道德内化，注重运用教育的手段使得学生形成学术诚信的价值观念，积极引导学生建立学术荣誉感，形成学术诚信的自觉习惯，再辅助制定严格的制度规范，在教化与制度的双重作用之下，充分巩固了学术诚信教育的效果。“普林斯顿大学一个四年级本科生，在其为西班牙语课准备的12页论文中，多次引用同一本书的原文和大意，但没有注明足够的出处。此事经核实后，校方推迟一年为该生发放毕业证书。”[①] 四是内容规范，组织健全。普林斯顿大学荣誉准则制度的实施离不开完善的组织体系和规范的内容形式，在内容上细致的规定使得荣誉准则制度不再是高高在上的抽象的准则，而是通过确保具体的描述使得其可感知、可接受，精确到了每一个具体的课程要求，“许可”与“禁止”一目了然。五是民主平等，富有人情。在荣誉准则的制定和执行过程中，普林斯顿大学真正地做到了公正与民主参与，每一年在开学之初荣誉委员会都会广泛征求学生意见，在荣誉制度被执行的每一个程序中，学生们都会被提前告知，当惩罚程序开始时学生也可以通过申诉来争取正当的权益，并且最后的判决和处罚方式仅由荣誉委员会通知到学生本人，学校不会公开学生的姓名。以上这些措施都体现了普林斯顿大学荣誉准则制度尊重人性，公平民主，充满了对学生的尊重与维护。

普林斯顿大学荣誉准则制度的实施不仅对学校的繁荣发展起到了巨大

---

① 田德新：《美国高校的学术自由与学术诚信》，《外语教学》2003第4期，第95页。

的推动作用，为美国政府培养了一大批优秀人才，同时也为美国大学生学术诚信教育的发展以及世界各国大学生诚信教育提供了参考范例，影响深远。荣誉准则制度尊重学生成长规律。一般情况下，学校的规章制度通常由学校的教师和管理人员制定，其前提性考虑更多的是学校的发展与过往的经验性的总结，但往往不符合当下学生出现的新状况和产生的新问题，不能很好地得到执行，甚至引起学生的集体性反抗。但普林斯顿大学的荣誉准则制度不同，它由学生自己参与制定和实施，将学生的意志最大限度地考虑其中，对学生给予充分的信任，将学生看作是有责任感的独立个体，这一过程不仅符合学生成长成才的需要，也使得规章制度更民主公平、更有人情味、更容易实行，这种制度的力量也更为凸显。荣誉准则制度保障了诚信精神，营造了一种健康向上的学术诚信环境，使得学术诚信成为了每一名普林斯顿大学师生的价值选择，成为了他们立足社会的基础。普林斯顿大学认为，缺乏诚信品质的学生不仅会影响自身的成长，未来对于整个社会也终将无益，甚至会对其从事的整个行业产生消极影响。荣誉准则制度体现了公平正义的核心价值。在普林斯顿大学考试内容、学术成果是神圣而不可侵犯的，谁也不能够玷污学术的纯洁，不能违反学术竞争的公平原则，不能侵犯他人的合法权益。普林斯顿荣誉准则制度有力地捍卫了公平和公正的原则，已经超越了制度建设的本身，成为了普林斯顿大学的一种精神和文化，成为了每一个普林斯顿人的价值观念。

二、“失信惩戒”典型案例：马里兰大学帕克分校学术失信惩戒①

马里兰大学帕克分校位于美国马里兰州，类属于公立性研究型大学，位列美国最优秀的十所公立大学之中，被誉为“公立常春藤”大学。因其卓越的教学实力与研究成果产出而享有盛誉，在 2017 年《美国新闻与世界报道》中排名全美第 60 位。

马里兰大学高度重视学术诚信方面的教育与实践活动，因此特设“学生行为办公室”着重对学生行为进行指导，该组织宗旨是“推动诚信、品

---

①　本案例内容具体参见：“Office of Student Conduct”, 2018–01–13, https://www.studentconduct.umd.edu/current-students；以及 “University of Maryland Code of Academic Integrity”, 2018–01–13, https://www.president.umd.edu/sites/president.umd.edu/files/documents/policies/III–100A.pdf.

格与美德”。学生行为办公室着重关注学生的学术失信行为与非学术失信行为两个方面。该机构会在学生入学通知当中附有荣誉声明，着重介绍学生行为办公室的权责以及校内学术共同体所需要遵守的准则。同时号召在所有的考试、论文或者学业练习中学生都需要手写荣誉誓言：“我郑重宣誓，在本次考试中，我不会使用或者给予他人任何未经授权的帮助。”此外，学生行为办公室还明确界定了学术失信行为的分类，即包括作弊——在课程或者练习中的欺骗行为，企图使用未经授权的资料或者信息；捏造——虚假引用或者捏造信息；助长学术失信行为——助长他人违反《学生学术行为准则》；抄袭——将别人的言论或者理论作为自己的观点，通过明确的界定，学生清楚地了解学术失信的范畴。

马里兰大学的学生学术失信行为的调查过程中，包含一个特色初始环节，就是学生的自我转介，其内涵就是有学术失信行为的学生可以向学生行为办公室检举自己的失信行为，通过调查之后，如果没有人对被检举的行为有任何异议，则学生不会被追究任何责任，也不会留下任何学业记录，但是学生行为办公室主任会将失信行为转达给学生的专业课教授。无论何种情况，一旦学生的自我转介被承认，学生将会被勒令参加由学生行为办公室举办的不计学分的专业诚信研讨会，同时，学生的专业课成绩将会降一个等级，或者直接被判定为 0 分或者 F。如果有人对被检举的行为有任何异议，则会启动《学生学术行为准则》进行裁决。

此外，针对其他未进行自我转介的学生失信案件，则在马里兰大学帕克分校《学生学术行为准则》之中明确规定了学生学术失信行为的调查过程。首先，报告与非正式决议。《准则》中强调，学术共同体中的任何一个成员如果目睹或有合理的理由认为某个个体或群体存在学术失信行为，都有责任及时上报学生行为办公室。如果相关负责人对这一行为的初步预判得以通过，学生行为办公室将会为学生提供初步面谈的机会以审查这些指控是否真实。学生行为办公室负责人、学生和课程教授要对事件的解决方法达成一致，这种非正式决议和惩罚不接受上诉。其次，通过纪律会议加以解决。通过这种方式解决的学生，必须满足以下两点：一是，根据《准则》规定，学生的失信行为不会引起任何的学业暂停或者开除。二是，学生在此次失信行为之前，不存在任何其他学术失信行为或者其他司法历史记录。纪律会议会对被转介的学生行为进行判定。在这其中，相关负责人会针对被指控案件的各个要素进行分析与判定，被指控者也可以针对案件证据、提问做出反馈。纪律会议的负责人通常由学生行为负责人担任或任命，该会议的商议结果和惩罚决定将以书面形式送达给学生，学生没有权利对会议结果进行上诉。再次，通过荣誉审查加以解决。荣誉会议是由荣誉委员召开，荣誉董事会通常是 6 个人组成，其中的 5 个人拥有投票权，荣誉董事会的决定需要有 3 人或者 3 人以上投票通过。荣誉董事会的选举有如下原则：学生荣誉委员中选举出 3 名学生（如果研究生被起诉有学术失信行为，则必须要有至少 2 名成员是研究生）；由学生行为办公室指定选举流程，选举出 2 名教职人员（如果研究生被起诉有学术失信行为，则必须要有至少 1 名教职工是常规的研究生教师工）；荣誉董事会必须有 1 名主席，主席可以是学生、教师、职员，由学生行为办公室主席推荐产生。荣誉审查的目的在于调查引起学术失信行为的案件，并裁决是否为学术失信行为。学生行为办公室主任会安排荣誉审查的时间和地点，并至少在审查 5 天之前书面通知各方。

荣誉审查的顺序是由被调查事件的属性和被调查的信息特点所决定的，主席可以根据实际情况选择合理的方式，但是以下步骤是公认为最有效并被广泛推荐的：投诉者和学生或者学生的支持者在荣誉董事会之前总结问题和整理所有相关信息；投诉者和学生可以对事件相关人员进行提问，并提供案件相关证据和材料，投诉者、学生和荣誉董事会都可以对证人的证词进行提问；荣誉董事可以对投诉者和学生进行提问，董事会成员还可以要求投诉者或者学生提供进一步的证据；投诉者、学生或者学生的支持者可以在结案之前做简短的陈述；荣誉董事会私下讨论并投票得出最后的结果；荣誉董事会需要有足够清晰有力的证据证明学生的失信行为，否则控诉不成立；如果荣誉董事会证实一个学生存在学术失信行为，投诉者和学生或者学生的支持者可以共同推荐一种合理的惩罚措施，董事会需要私下召开会议并投票决定最终的结果，主席需要以书面报告形式将荣誉董事会的决定传达给学生和投诉者。

若证实一个学生存在学术失信行为，则学生会被给予相应的惩罚。对于本科学生来说，如果违反了学术诚信准则，则会被给予学业科目 XF 的成绩。对于研究生，则会给予暂停学业或者开除的惩罚。如果失信行为涉及预先策划、论文作假、与其他人一起策划，或者危害了其他学生，则惩罚会更加严重，包括暂停学业、开除等。XF 成绩代表学生在该课程中有学业失信行为，并会被记录在学生的成绩单中。在计算学生平均分、判定是否需要课程重修、评定学生的学术定位等过程中，XF 和 F 成绩是一样的。当学生在满足以下条件的情况下，可以向学生荣誉委员会提交书面的请愿书，将 XF 成绩移除，替换成 F，其中包括：XF 成绩判定至少 12 个月之后提交请愿书；学生需要成功地完成一个不计学分的学业诚信研讨会；学生行为办公室需要证明该学生在学校或者其他机构没有其他的学生失信行为。在裁决请愿之前，荣誉委员会需要审查案件的记录，并向学生行为办公室主席咨询。如果学生的失信行为中存在预先的策划，则 XF 成绩不应该被移除。如果 XF 成绩可以被消除，则失信行为记录也会变为无效。作废 XF 成绩的裁决可以上诉给高级副主席，如果高级副主席裁决消除 XF 成绩，则需要向荣誉委员会提供书面的证据。如果荣誉董事会对学生的处罚级别低于暂停学业或者开除，则在书面结果送达五个工作日之内，学生或者教职员工可以申请上诉，学生可以对裁决和处罚进行上诉，投诉者只可以对处罚结果进行上诉。书面的上诉补充材料必须在十个工作日之内，提交给学生行为办公室主席。上诉机构根据之前的会议情况，以及后续提交的证据，进行投票做出最后的裁决。如果荣誉董事会决定将学生暂停学业或者开除，学生则需要向学生行为委员会的参议会成员提供书面的上诉。无论学生是否上诉，暂停学业都需要学生会副主席签署，如果是开除则需要学生会主席签署。

在马里兰大学帕克分校，还有一个很重要的组织发挥着重要的学术诚信教育功能，那就是学生荣誉委员会，它由拥有良好学术地位的本科生和研究生组成，任期一年，可以连任一年。学生荣誉委员会拥有以下责任和权利：在校园中提供和宣传学术诚信的重要性；制定学校学术诚信法规；选举成员进入荣誉董事会；考虑从大学成绩中消除 XF 成绩的请愿；帮助设计和授课不计学分的学术诚信和道德发展研讨会；为教职员工提供学术诚信方面的咨询；为大学委员会提供关于学术诚信标准、政策和适当改变建议的年度报告。可以说，学生荣誉委员会作用于校园学术诚信教育的各个环节，在学术失信行为调查和事后惩戒各个环节中都发挥着重要作用。

第四章

美国大学生学术诚信教育的保障体系

从大学生学术诚信教育角度而言，教育目标是对整体教育开展过程及实施效果的阶段性目标与总体性定位，是大学生学术诚信教育的理想追求。教育实施是教育实践过程的综合体现与具体落实，是达成目标的路径与方法，其中，保障措施是教育目标实现的有力保证。美国大学生学术诚信教育经过长久发展，现已形成了一套涵盖政策保障、队伍保障、技术保障等要素相互作用、协同发展的保障体系。本章将着重分析各个保障要素的基本构成与作用机理等内容，其中包括“国家—社会—学校”层次化政策保障体系、分别侧重于政策督导、自治自为、榜样示范、专业指导的各类教育队伍，以及具有普适与精专相兼顾、主客观判断相统合等特征的商业学术失信检测数据库和高校学术不端自查体系。

第一节 美国大学生学术诚信教育的政策保障

政策是国家政权机关及组织或其他社会政治集团等团体为了实现自身所代表的阶级或阶层的利益与意志，以权威形式来体现的规范性文本，大致包括奋斗目标、行动原则、明确任务、工作方式、采取步骤、具体实施等方面，具有阶级性、规范性、稳定性等特征。教育政策则是政策制定主体为了实现教育目标和任务所制定的规范与准则，作为教育理论与实践的中介维度，教育政策对于指导实际工作的组织、协调和开展具有重要的导向、保障、规范等功能。“政策是一种解决问题的过程”[①]，良好的政策环境

---

① 〔美〕弗莱蒙特 · E. 卡斯特、〔美〕詹姆斯 · E. 罗森茨韦克：《组织与管理：系统方法与权变方法》，傅严、李柱流等译，北京：中国社会科学出版社 2000 年版，第 515–516 页。

在有效开展教育活动的过程中发挥了重要的保障作用，是大学生学术诚信价值观培育的关键因素之一。在美国高校开展大学生学术诚信教育的过程中，着力实现“培养个体学术诚信价值观”与“形成共同体学术诚信文化”两个高级目标，并且形成了一系列体系化、流程化、特色化的实施手段和方法。毋庸置疑，目标的实现与教育的实施都离不开政策的指导与保障。美国高校学术诚信教育的精神溯源和驱动力与其宗教信仰[①]、社会体制以及美国教育发展历史密切相关。美国各界对学术诚信的高度关注在全社会范围内形成了追求诚信、抵制失信的社会风气，这对高校开展学术诚信教育提供了资源与保障。经过长久的发展，现已形成了由国家顶层战略部署、社会团体协同促进、高等院校具体实施的政策体系，确保了大学生学术诚信教育的有效开展。

一、国家顶层设计下的“主导性”政策

作为发达国家的典型代表，整个美国社会都高度注重学术诚信，自 20 世纪 80 年代起，学术失信便成为了公众热议且密切关注的话题，因此一些专门化的机构或部门相继建立，其中较为具有代表性的是 1992 年由隶属于美国公共卫生局（PHS）科研诚信办公室（OSI）与科研诚信审查办公室（OSIR）合并而成的科研诚信办公室（OSI），以及美国国家科学基金会（NSF）于 1898 年所设立的调查办公室（OI）。虽然美国是联邦制国家，分权是其制度的一大特征，但是诚信作为美国社会的主要价值观，以及人们对信用、契约精神的高度重视，使得美国国内对学术诚信的要求十分严苛，已经在国家层面对此项教育的开展进行了顶层设计，表现出国家关于学术诚信的整体设计与根本要求，决定了在青年培养过程中需要明确的目标和方向，也引导着学校学术精神培育的具体实践。国家相关部门所出台的政策性文件，为社会各界学术诚信的保障提供了宏观的政策指导，大体可分为防止学术失信类的惩戒性政策与加强研究诚信的预防性政策两类，然而必须提及的是，在国家范畴内所制定的政策多为针对科研不端等方面，但在本研究第一章所做出的界定中不难看出，科研不端依旧归属于本书研究范围。

---

① 美国是一个典型的宗教大国，其中绝大多数美国人信奉基督教，在基督教教义中，“信”是三主德之一。参见〔古罗马〕奥古斯丁:《论信望爱》，许一新译，北京：生活·读书·新知三联书店 2009 年版，第 70–74 页。

（一）联邦政府预防学术失信的政策

美国国家部门在 20 世纪就出台了相关规定以预防学术失信行为的发生，但鉴于美国国家联邦制属性，为了获得更好的一致性，美国白宫科技政策办公室（OSTP）自 1996 年 4 月起，与国家科学技术委员会（NSTC）共同致力于学术失信的联邦政策研究，并于 2000 年 12 月 6 日发布了《关于科研不端行为的联邦政策》①。这一政策涵盖五个方面内容：首先就是明确指出了科研不端的定义，即在提议、执行、审查研究或报告研究结果过程中出现的伪造、篡改或剽窃，并针对三种失信行为做以明确界定。其次指明如何发现科研不端行为，包括与公认惯例具有较大偏差的研究；被认为是蓄意的、莽撞的不端行为；被大量证据所指控的行为。第三部分也是主体内容，介绍了不同主体的责任和作用，规定了联邦机构与研究机构对研究过程承担共同责任，其中前者对其所资助的研究拥有最终的监督权，后者则对失信行为负有主要责任，并负责对该行为进行调查、研究与裁决。第四、五部分提出了公正、及时的程序指南，并规定了如何针对研究不端行为的严重程度给予相应处罚等具体内容。值得一提的是，在主体正文的最后，明确地指出这一联邦政策并不限制研究机构或其他实体机构的权威性，上述机构可以以此为参照，相应地制定研究失信的处理政策、指导方针或道德指南，用以落实具体工作。②

联邦政策的制定及出台对于美国社会倡导学术诚信具有重要意义，它着重强调了科学工作者与专业协会在促进科研诚信方面的重要作用，并补充和强化了研究机构的职权范围与主要责任。③可以说，这一政策既对科研中不端行为做出了整体性规范和要求，强化了学术诚信的重要性与必要性，展现了国家意志与要求；又为下属各相关机构及部门保留足够的“自我监管的特权”④，赋予其足够的权利对职责范畴内的不端行为进行调查与惩戒，极大地体现了联邦政策的宏观性与导向性。

---

① “U. S. Federal Policy on Research Misconduct”, 2018–03–10, http://www.aps.org/policy/statements/federalpolicy.cfm.

② 同上。

③ Sybil Francis, “Developing a Federal Policy on Research Misconduct”, *Science and Engineering Ethics*, vol.5, 1999, p.269.

④ National Academy of Sciences, *Responsible Science: Ensuring Integrity of the Research Process*, Washington D.C.: National Academy Press, 1999, pp.9–11.

（二）联邦政府加强学术诚信的政策

美国联邦政府始终认为，研究记录的客观性与真实性是促进各领域科学研究良好发展的基础，同时，研究机构需要并且应该向公众提供客观、精准的研究记录与研究过程。因此为了加强研究诚信，美国前任总统奥巴马于2009年3月围绕科学诚信签署总统备忘录，要求各级行政部门采取积极措施，在所涉及的领域最大限度确保研究诚信，落实科学诚信的规范化文本。①2010年12月，白宫科技办公室根据总统要求正式发布了《科学诚信备忘录》，该政策细化了对各级机关和部门在保证科学诚信方面的要求。同时科技办公室主任约翰·霍尔德要求相关联邦部门根据备忘录中的相关要求提交各自的科研诚信政策，据统计，截止到2012年7月26日，美国24个联邦部门和机构都出台了相应的科研诚信政策文本。②在《备忘录》中，强调大力加强政府中的科研诚信，鼓励各部门积极制定相关政策预防研究失信，政策涵盖加强政府研究可信度、信息传播真实性、科技信息流动性等内容；强调各部门应当制定公共传播政策，旨在确保政府职责部门公众信息的开放程度与机密信息的限制程度达到有机平衡；鼓励开展联邦咨询会，确保科学咨询意见在联邦各部门工作中的有效运用；要求促进研究人员的职业发展，例如鼓励科学家与工程师发表学术文章与申报课题等。③较之于《关于科研不端行为的联邦政策》侧重于对学术失信的惩戒作用而言，《科学诚信备忘录》更加倡导科学诚信的事前预防，体现了联邦政府对科研诚信建设的积极举措，力求防患于未然、未雨绸缪。从联邦层面出台相关政策，用以规范和指导下属机构和部门制定相关的细化文件，不但确保了下级政策的规范性与统一性，还搭建了国家科研诚信的政策体系。此外，在政策制定阶段就积极征询公众意见④，不但最大化完善了政策的可行程度，还极大地确保了公众对政策的了解与监督，提高政策知名度。

---

① Barack H. Obama, “Memorandum on Scientific Integrity”, *Daily Compilation of Presidential Documents*, 2009, pp.1–2.

② 主要国家科研诚信制度与管理比较研究课题组：《国外科研诚信制度与管理》，北京：科学技术文献出版社2014年版，第27页。

③ “Scientific Integrity Policies”, 2018–03–10, https://obamawhitehouse.archives.gov/blog/2016/12/19/scientific-integrity-policies-update.

④ “White House Grapples with How to Ensure Scientific Integrity”, *Targeted News Service,* 2009–05–12.

二、社会参与促进下的“辅助性”政策

学术团体多样化是美国学界的重要特征之一，其中包括了科学研究机构、高校研究中心、应用研究机构等多种类型的组织与机构。[①]各种不同类型的学术团体在美国各领域研究的发展与创新过程中发挥了不可磨灭的作用，其作用在促进社会研究诚信这一方面尤为突出，可以说，学术团体在发展道德规范和推动研究实践、道德政策的建立等维度中投入了巨大的精力[②]，在其积极参与国家研究建设之中，其相关研究诚信政策为高校大学生学术诚信价值观的培养提供了积极的助推作用。值得注意的是，美国社会学术团体除使用研究诚信这一概念外，还倡导研究伦理、研究道德等维度，使研究诚信的范围更加广泛与突出。下文将选取较为典型的几个学术团体，着重介绍其在促进研究诚信方面的举措与政策。

（一）美国科学促进会的“道德规范”

美国科学促进会（AAAS）始建于1848年，旨在“为了全人类的利益，在全世界范围内推进科学研究与创新”，在其九个组织目标之中，第二位就是“推动并捍卫研究诚信及成果使用过程中的诚信问题”。[③]该协会下辖260多个研究机构与组织，对诚信问题的关注可以追溯到20世纪80年代，不断通过报告的形式发布要求与建议，对下辖子单位进行约束与管理。1992年AAAS发布了《良好的科学与负责任的科学家》报告，指出“学术团体是其学科独特知识、传统和职业道德的监管者，其使用的研究标准包括本学科的集体道德，并反映了其道德责任”[④]。该报告着重强调了学术道德之于学术团体的重要意义，也体现了学术团体在构建学术研究道德氛围中的重要作用。此后，2000年协会又发布了《学术团体在促进研究诚信中的作用和行动》报告，并明确指出学术团体应该并且必须以实际行动推动研究诚信。报告认为所有学科都应该制定道德规范，并且让成员尽可能地

---

① John T. Edsall, *Scientific Freedom and Responsibility*. Washington, D. C.: American Association for the Advancement of Science, 1975, p.4.

② Felice J. Levine. Joyce M. Iutcovich, “Challenges in Studying the Effects of Scientific Societies on Research Integrity”, *Science and Engineering Ethics*, vol.9, 2003, pp.257–258.

③ “AAAS Mission”, 2018–03–10, https://www.aaas.org/about/mission-and-history.

④ 主要国家科研诚信制度与管理比较研究课题组:《国外科研诚信制度与管理》，北京：科学技术文献出版社2014年版，第47页。

参与其中；在制定政策的同时，为了更好地确保政策的落实，应该同时制定政策传播与教育计划；在进行学术失信调查时应严格按照流程开展，并注意调查结果的公众知情权等。值得一提的是，AAAS 注重学术团体与高校的合作关系，为高校提供开展负责任研究的实习机会、协助开设学科教育课程、积极提供相应的教育材料等。①

（二）美国国家科学院的“道德要求”

美国国家科学院（NAS）成立于 1863 年，是一个私立的、非营利性质的杰出学术团体，负责为国家提供有关科学与技术等方面的咨询建议，致力于促进美国的科学发展，其成员单位都是国际科学界的积极贡献者，迄今为止共有超过五百名成员获得诺贝尔奖。1992 年，NAS 开展了关于研究诚信的影响因素调研活动，发表了题为《负责任的科学》的报告，强调学术团体应该对科学道德问题给予足够的重视，并采取积极行动加以促进。2002 年出版《科研道德：倡导负责行为》，强调“科学家及个人所在机构既要定期地反思其对科研道德建设所做出的努力，也要反思指导其科研工作的价值观和职业作风”②，强调科研道德环境建设的重要意义以及科研机构推进道德建设的途径③等内容。值得一提的是，该书还着重论述了如何利用教育推动科研道德建设，认为训练学生在专业领域内对科研资料进行批判性分析，即培养批判性阅读信息的能力，是开展负责的科学研究的关键要素。此外，还提及负责任的研究行为教育过程应当是完整的④。2009 年再次修订《如何当好一名科学家》一书，对研究失信行为处理、研究成果共享、知识产权保护、学术指导等方面都进行了详细的说明，为开展负责任的科研工作提供了更为具体的指导。

（三）美国微生物协会的“道德规范”

美国微生物协会（ASM）是全球最大且历史最为悠久的生命科学领域的学术团体，现有来自世界各地的超过 43000 个会员单位。值得一提的是，

① “The Role and Activities of Scientific Societies in Promoting Research Integrity”, Washington, D. C.: American Association for the Advancement of Science, 2000, pp.1–15.

② 〔美〕美国医学科学院、美国科学三院国家科研委员会:《科研道德：倡导负责行为》，苗德岁译，北京：北京大学出版社 2007 年版，第 41 页。

③ 同上书，第 70–99 页。

④ B. A. Fisher, M. J. Zigmond, “Teaching Ethics: Resources for Researchers”, *Trends in Neurosciences*, vol.19, 1996, pp.523–524.

其学术研究的成果水平基本上可以代表世界上顶尖的生命科学研究进展，学会期刊的文章数量超过该领域论文总量的 25%，并且文章引用量占学科研究成果的近五成。① 可以说，严谨的学术研究态度与严格的学术道德规范为其研究成果产出做出了巨大的贡献。此外，值得一提的是美国微生物协会开发了许多教育项目和资源，并且积极助推在微生物学教育中以学生为中心的教育理念。②2005 年 ASM 发布《道德规范》一文，强调了协会的目标是“致力于用微生物学来促进人类的福祉与知识的积累，而完成这些目标的关键资源就是所开展活动的真实与可信”③。其中《行为准则》对协会成员单位行为做出规定，即协会成员单位不得存在诸如伪造、篡改、剽窃等学术失信行为；应当严格遵守协会关于成果出版的所有标准；有责任报告违反学术诚信的行为等。此外，《道德规范》中还规定了如何处理学术失信行为，要求成员单位有权利对其成员的研究失信行为进行调查与处理，如果其所在单位不能解决，则会启动协会的道德评议流程，其中包括指控、学会主席反馈、调查小组调查、道德委员会决议、通报决定、申诉与执行决定等环节。《规范》对上诉环节都做出了详细的界定与解读，最大程度地确保下属成员单位的有效执行。

不难看出，美国学术团体其成员单位研究行为的规范促进了社会研究诚信的发展，保障了国家研究诚信政策的实施与落实，成为美国学术诚信体系的重要组成部分。总体看来，在美国学术团体发挥政策辅助功能过程中主要呈现出如下几个特点：首先，通过制定道德规范对成员单位进行警示与规范。绝大多数学术团体都制定了道德规范，虽然语言表达、细致程度、侧重维度等方面都存在差异，但其终极追求大体相同，即最大程度地确保科学研究中的道德规范。其次，学术团体大多为成员单位保留自我监管权。学术团体制定道德规范作为纲领性政策，由下属机构依照具体情况加以实施，但学术团体始终拥有公开调查结果权。再次，学术团体鼓励开展促进科研诚信的相关活动。在采用道德规范的同时，通过系列主题活动强调科研道德诚信观念，推进诚信价值观更加快速有效地作用于个体，进

---

① “American Society for Microbiology”, 2017–09–10, https://www.asm.org/.

② Susan M. Merkel, “American Society for Microbiology resources in support of an evidence-based approach to teaching microbiology”, *FEMS Microbiology Letters*, vol.363, no.16, 2016, p.90.

③ “American Society for Microbiology”, 2017–09–10, https://www.asm.org/.

而完成内化过程。

三、高校教育实施下的“具体性”政策

美国作为全球范围内教育水平最发达的国家之一，不仅对学生开展专业教育，还尤为注重学生的价值观教育。大学作为高级人才的输出地，致力于培养全面发展的有用人才，因此，学术诚信教育成为高等教育的重要一环。在高校之中，与科研机构多用“科研诚信”一词相对应的是“学术诚信”一词，美国高校对学术诚信管理起步之早使得其对学术诚信政策的制定与实施都处于世界前列，据不完全统计，超过 98% 的高校都制定了学术诚信的相关政策或规范。①本部分将简要介绍如下三所大学的学术诚信政策。

（一）普林斯顿大学关于学术诚信的政策

普林斯顿大学作为美国常春藤盟校之一，其科研成就与高质量学术水平享誉世界，而这些成果的取得与其悠久而独特的学术传统密切相关。在普林斯顿大学的《学术章程》中明确写道：“普林斯顿大学是一个知识分子的社群，这一社群拥有丰富的知识、技术与信息资源，可供师生们共同追求学术兴趣……从各方面来讲，诚信是这一知识分子社群的核心道德……我们中的所有人——从新生到教授都应遵循学术诚信道德，将学术成果归之于原创者。”②同时，学校以学生手册的形式为校内所有成员提供简明的信息参考与指导，集结出版了《权利、规范与责任》一书，书中的第一章节“学生行为与规范”就率先提到了“学术诚信”，写道：“大学目标的实现与否，取决于其师资、职员和学生所从事的学术工作的质量与可信程度。他们深刻地认识到，学术诚信、权利和责任共同构筑了其组织使命。”③在明确表明学术诚信之于普林斯顿大学的重要意义之后，学校又通过荣誉准则政策具体细化学生行为规范。自 1893 年建立荣誉制度以来，普林斯顿大学学生始终自觉遵守并尊重，使其在学生群体中具有绝对不可侵犯性。在

① R. M. Aaron, “Student Academic Dishonesty: Are Collegiate Institutions Addressing the Issue”, *NASPA Journal*, vol.27, 1992, pp.101–103.

② 郭洁、郭宁：《美国传统名校是怎样捍卫学术诚信的——普林斯顿大学本科生学术规范管理制度评述》，《比较教育研究》2008 年第 7 期，第 76–77 页。

③ “Rights, Rules, Responsibilities, 2017 edition”, 2018–04–02, http://www.princeton.edu/pub/rrr/.

普林斯顿，每名新入学的学生都要签署荣誉准则，以保证已经全部知晓学校学术规范条例并承诺承担义务，即作为个体，不违反学校学术诚信守则；作为团体，有责任发现可能涉嫌违规的行为并进行报告。此外，荣誉准则制度中还对学生荣誉委员会，对学术失信行为的报告、裁决、申诉等细节进行了详细的界定。

（二）乔治·华盛顿大学关于学术诚信的政策

乔治·华盛顿大学是美国顶尖的综合性研究型私立大学，被称为“政治家的摇篮”和“宫殿般的大学”。该学校在致力于追求研究使命的同时，还致力于促进道德研究和执行学术行为的最高标准，制定了《学术诚信准则》作为校级指导学术诚信的官方政策。《学术诚信准则》前言中写道：“乔治·华盛顿大学的学生、教师、图书馆员和行政人员始终相信学术诚信是这所大学使命的核心，并且要不断提升标准并促进学术诚信。对学术诚信的追随维护了我们所在社群的价值观与道德操守，基于此，我们建立乔治·华盛顿大学的学术诚信准则。”① 该准则作为《学生权利与义务指南》的重要组成部分，详细地规定了学生学术行为的最低标准，定义了被指控学术失信学生的权利，细化了审理学术失信行为的程序等有关学生学术诚信的全部相关事宜。具体而言，《学术诚信准则》中将学术失信行为界定为欺骗、伪造、剽窃、篡改或伪造学校的学术文件、帮助他人采取学术失信行为等。与普林斯顿大学的学术诚信政策相类似，乔治·华盛顿大学的《学术诚信准则》中也着重强调了对可疑学术失信行为做出反应是学校每一名成员的道德责任，发现人有义务进行报告，共同为营造良好学术诚信氛围做出应有贡献。此外，学术诚信政策还强调了教师在促进学术诚信过程中的重要作用，规定教师对其布置的作业和考试方式直接负责，鼓励教师向学生们清楚诠释诚信要求，并尽量选择有利于促进学术诚信的作业和考试方式。

（三）麻省理工学院关于学术失信的政策

麻省理工学院是世界著名私立研究型大学，素以顶尖的工程学和计算机科学闻名，2017—2018 年度位列 QS 世界大学排名第一位，US News 世

① “Code of Academic Integrity”, 2018–04–02, https://studentconduct.gwu.edu/code-academic-integrity.

界大学排名第二位。麻省理工学院不仅综合实力稳居世界大学前列，还致力于研发高科技武器，拥有世界级顶尖实验室，如林肯实验室、麻省理工学院媒体实验室、计算机科学及人工智能实验室等。其学术研究地位的取得得益于学术研究政策的详细界定与有效实施。其一，学院在《教师与职员指南》中，以整章的篇幅详细地记录了研究与治学领域以及学生学术失信行为的处理程序。该政策中针对学生失信行为的处理主要包括教师传达学术诚信的要求和学院对违规行为的处置两个主要方面。具体而言，首先，在学期之初教师应当在课堂上积极地为学生阐明学术失信行为所包含的具体内容、如何规避学术失信行为的发生、如何进行规范化引用等内容。其次，当教师认为学生存在或可能存在学术失信行为时，应当尽快与涉事学生进行沟通，当教师认定学生确定存在失信行为后，直接交由纪律委员会等部门进行处理。其二，学院还为广大学生制定了《学术诚信手册》，手册中就何为违反学术诚信做出了明确界定，并对后果进行描述，还包括如何进行科学且规范的引用、如何避免剽窃、如何合作研究、如何在压力下工作等内容。作为政策资源，它为学生带来较强的警示作用的同时，也细致地阐述了学生确保学术诚信所可能涉及的信息与资源，可以说《学术诚信手册》为实现学院学术诚信要求提供了可能。①

不难看出，在美国国家学术诚信政策体系之中，在联邦政策的主导下，在科研机构的政策细化与学术团体的政策辅助下，美国高等院校结合教育实际，进一步细化了学术诚信的国家要求与希望，为大学生学术诚信教育的开展提供了有针对性、细致化的政策指导。研究表明，制定学术诚信政策的学校发生学术失信行为的可能性远小于其他高校。②除上述三所校级学术诚信政策外，结合众多美国高校学术诚信政策的具体内容，发现美国高等院校学术诚信政策主要呈现出如下特征：首先，政策规范细致化，政策针对学术失信行为的特征与要素进行细致化规定，针对不同失信行为的严重程度制定不同程度的惩戒措施，最大限度地将政策化文本进行详细解读，使得学生在了解学习政策与学校、教师实施政策的过程中都清晰、明了，

① “Academic Integrity at MIT—A Handbook for Students”, 2018-04-02, https://integrity.mit.edu/handbook/academic-integrity-mit/what-academic-integrity.

② Rodney A. Arnold, “The Relationship between Honor Code Systems and Academic Dishonesty”, University of Missouri-Columbia, 2004, pp.50–55.

避免政策空白区域的出现。其次，政策规范开放化，所有学校的相关政策都印制在学生手册、公布于校内主页等校内成员极易获取的地方，确保了政策宣传的实效与警示性作用的发挥。再次，政策规范全员化，无论是政策实施的主体，还是政策制约的主体，都将教师、学生、管理人员等群体纳入学术共同体之中，整合各方资源、动员全员力量，提升政策实效性。

第二节　美国大学生学术诚信教育的队伍保障

学术诚信是学术共同体内全体成员都必须具备的基本学术精神和道德素质，加强学术诚信教育不仅有利于营造良好的学术氛围，维护学术诚信的权威，还有利于提升学生的学术诚信道德观念，帮助学生养成独立思考和勇于创新的精神，为他们日后的工作和研究奠定良好的基础。因此，高校必须重视大学生学术诚信教育工作，学术诚信教育不仅要深入到动态课堂之中，同时也要延伸到整个学校乃至全社会。作为当今世界学术资源最为丰富的国家之一，美国把追求学术诚信视作学术生命赖以存在和繁荣的基础，在大学生学术诚信教育队伍建设方面付出了艰巨且艰苦的努力。经过三十多年的实践探索，美国逐步形成了联邦下属诚信组织、校级学术诚信组织、学生自治诚信组织、教师榜样示范团队及图书馆员指导团队等多主体共同参与，既分工协作又相互监督的大学生学术诚信教育队伍，并且对校内群体资源与力量的整合所能带来的实效性给予了高度评价与关注①，对改善学术诚信状况、提高学术诚信水平，进而完善美国学术诚信治理体系产生了广泛而深远的影响。

一、各级官方诚信组织落实“政策督导”

作为全球范围内为数不多的具有较为完善的学术诚信组织体系的国家之一，美国的联邦下属诚信组织在大学生学术诚信教育问题上发挥着重要作用。第二次世界大战后的美国，由于科研经费的大量投入、学术规模的不断扩大和学术系统的迅速开放，学界关于学术价值与市场价值的看法发

① D. L. McCabe, “Faculty Responsies to Academic Dishonesty: The Influence of Honor Codes”, *Research in Higher Education*, vol.34, 1993, pp.647–658.

生冲突与分歧，科研成果的质量得不到很好的保障，国内学术失信现象一度凸显，多所著名高等院校和科研机构都先后发生多起令人震惊的学术不端事件，例如 1974 年纪念斯隆 – 凯特琳癌症研究中心的研究员威廉姆·萨默林实验舞弊事件[①]，1979 年耶鲁大学学生维杰·索曼论文剽窃事件[②]等，都在很大程度上引发了全社会对研究诚信问题的普遍关注。但由于当时的学术诚信治理体系及惩罚机制尚不完善，因而并未出现科研人员因自身的学术失信行为而受到法律惩处的情况。同时，由于这些案件的处理大多交由相关学术失信者所在的学校或研究机构负责，处理过程中甚至出现了有意包庇和协助掩盖的行为，引发了公众的强烈质疑和不满情绪。鉴于这一情形，1981 年 3 月，美国国会众议院议员艾伯特·戈尔在国会科学委员会监察小组委员会中首次主持召开听证会就此类事件进行回应，并拉开了美国学术诚信治理组织体系建设的帷幕，然而这一举动却受到了高校和科研院所方面的消极对待。此后几年间，美国科研学术界又相继发生哈佛医学院的助理教授约翰·罗兰·达西伪造实验数据事件[③]（1981 年）、加州大学圣迭戈分校放射学家罗伯特·A. 斯卢茨基论文数据重复事件（1985 年）等几起严重的学术失信事件。至此，美国国会决心正式介入此类研究失信事件的审查处理之中。从 1981 年到 1988 年这八年间，美国国会先后举行四次学术失信事件听证会，学术诚信治理问题逐步成为美国的政府公共政策热点讨论话题，美国学术诚信治理组织体系建设进入快速发展的时期。

20 世纪 80 年代末 90 年代初，美国联邦下属诚信组织对学术诚信问题处理的关注焦点发生转移，从单一的谴责层面逐渐提升到改进调查程序、制定预防策略等层面[④]，学术诚信治理体系建设取得长足发展。1989年，美国国家卫生与公众服务部牵头成立科研诚信办公室（OSI）和科研诚信审查办公室（OSIR）。其中科研诚信办公室主要负责开展国家学术诚信政策制度的贯彻落实情况调查，以及进行接受国家卫生与公众服务部资助的相

---

① J. R. Hixson, *The Patchwork Mouse*, New York: Anchor Press, 1976, p.220.

② W. J. Broad, “Imbroglio at Yale (I): Emergence of A Fraud”, *Science*, vol.210, no.4465, 1980, p.38.

③ 舸昕:《从哈佛到斯坦福——美国著名大学今昔纵横谈》，北京：东方出版社 1999 年版，第 37–38 页。

④ Stephen F. Davis, H, “Wayne Ludvigson. Additional Data on Academic Dishonesty and a Proposal for Remediation”, *Teaching of Psychology*, 1995, pp.119–121.

关科研机构的学术诚信问题的调查、监督及处置工作；科研诚信审查办公室则主要负责审查由科研诚信办公室开展的学术诚信调查工作，为涉及学术失信行为的机构或个人提供处理意见和建议，并制定学术诚信治理的相关政策规定和办理程序。1992 年，美国国会通过《国家卫生研究所复兴法案》，宣布成立学术诚信办公室（ORI），原有的科研诚信办公室和科研诚信审查办公室正式合并成研究诚信办公室，成为美国历史上第一个专门负责处理学术不端事件、强化学术诚信建设的政府机构。① 从组织上讲，研究诚信办公室隶属于美国卫生和公众服务部（DHHS）之内。至此，作为美国联邦下属诚信组织的监管层，研究诚信办公室开始在美国学术诚信治理体系中发挥其巨大作用。研究诚信办公室成立后，在学术诚信制度方针制定、相关政策制度的执行状况调查、学术诚信情况调查监督，以及接受学术不端行为举报等工作中严格履行职责，并与相关科研院校、社会团体、企业等主体开展了广泛的合作与交流，其影响范围从科研院校不断扩展到社会各界，对美国学术诚信治理组织体系的完善产生重大影响。② 自 1996 年起，作为美国学术诚信治理组织体系结构中的最高决策层，白宫科技政策办公室（OSTP）开始致力于制定联邦政府关于学术不端的统一政策问题，并开始征求各方意见。直到 2000 年，白宫科技政策办公室才正式发布纲领性文件《关于科研不诚信行为的联邦政策》。它作为美国科研学术诚信的最高政策，明确规定学术不端行为的概念，并进一步加深了对科研学术中的学术不端行为的惩处力度③，为美国高校完善学术诚信管理制度、深入推进大学生学术诚信教育工作提供了重要政策依据④。除此之外，美国司法部门还通过立法、司法审理等工作加强知识产权保护，将学术不端列入侵权行为，并严肃追究其相关法律责任。美国《版权法》中明确指出“从 1989 年 3 月 1 日起，无论出版的著作中是否附带版权标记，都会受到版权

① C. Mitcham, “Co-Responsibility for Research Integrity”, *Science and Engineering Ethics*, vol.9, 2003, p.285.

② Chris B. Pascal, “The History and Future of the Office of Research Integrity: Scientific Misconduct and Beyond”, *Science and Engineering Ethics*, vol.5, 1995, pp.184–190.

③ Office of Science and Technology Policy, “Federal Policy on Research Misconduct”, *Federal Register*, 2000, pp.76260–76261.

④ Sybil Fransis, “Developing a Federal Policy on Research Misconduct”, *Science and Engineering Ethics*, vol.5, 1999, pp.261–272.

法的保护，受到侵权可以起诉”[①]，为美国大学生学术诚信教育提供了强有力的法律保障。

可以看出，联邦下属诚信组织的建立对国家范围内营造学术诚信氛围产生了巨大的推动作用，各类学术诚信组织所制定的负责任的研究标准、诚信政策的有效实施路径、失信行为惩戒的指导标准、受联邦资助项目所应遵循的伦理要求等事宜[②]，一方面推动了学术共同体成员学术诚信价值观念养成，另一方面也为学术诚信的现实工作开展提供了宏观指导。学术诚信组织在国家范围内强化学术诚信价值，也为高校学术诚信教育的开展提供了强有力的政策指导与环境建设，成为大学生学术诚信教育的有力队伍保障之一。

与此同时，鉴于大学生学术诚信教育的系统性、持久性等特征，为推进大学生学术诚信教育，防止学生的学术失信行为，美国国内各高校为此付出了诸多努力。1985 年，美国国会制定并通过《卫生研究拓展法案》，将机构是否拥有学术不端治理措施作为接受资助的条件之一。[③] 至此，各高等院校及科研机构都纷纷开始成立以“学术不端治理委员会”“学术诚信治理委员会”“学术诚信办公室”“特别评审小组”“伦理委员会”等为代表的专门性校级学术诚信组织。虽然称谓各有不同，职责范围也并不统一，但是这些学术诚信组织作为高校学术诚信教育队伍的中坚力量，在学术诚信治理条例制定、学术诚信审查、学术失信行为惩戒、学术诚信教育氛围营造等方面扮演着重要角色，极大推动了大学生学术诚信教育的进步与发展。

首先，作为学术诚信政策及条例的制定者与执行者，校级学术诚信组织不断完善高校学术诚信教育制度体系。美国高校学术诚信教育的最大亮点就在于开展学术诚信教育过程中有详尽的规章制度和极具操作性的程序方法等作为有力保障。借助这一系列切实可行的学术诚信治理条例，对学术失信行为进行具体的界定和描述，有效避免了学术诚信治理的“纸上谈兵”，同时也详细给定并解释了违反学术诚信治理条例的相关惩罚处理措

---

① “Plagiarism in colleges in USA”, 2018–01–20, http://www.rbs2.com/plag.pdf.

② Alicia K. Dustira, “The Federal Role in Influencing Research Ethics Education and Standards in Science”, *Professional Ethics*, vol.5, 1996, pp.145–152.

③ United States, Kennedy Institute of Ethics (Georgetown University), “Health Research Extension Act of 1985. Public Law 99–158”, *United States Statutes at Large*, vol.99, 1985, pp.2–3.

施，严格约束学生的学术失信行为。[①]据相关资料显示，目前美国国内超过九成的高校都纷纷制定了校内学术诚信治理条例[②]，如杜克大学的《学术研究政策》、普林斯顿大学的《学术政策》、斯坦福大学《研究政策手册》等，其中斯坦福大学的学术诚信政策明确了学术诚信治理的一般政策与原则、权利与责任、调查程序、调查报告、记录和其他事项等[③]。

其次，校级学术诚信组织通过严肃开展学术诚信审查，切实预防学术失信行为。美国在对待学术失信审查方面是非常谨慎的，既要求严格落实相关审查制度规定，切实维护学术诚信的权威性，又要求必须遵循严格的审查程序，保障存在学术失信行为人员的正当利益。[④]相关组织或部门在接收到学术失信行为举报后，需认真审核举报信息，依例针对相关涉事人员进行程序化询问，再组建专门的学术诚信调查小组深入调查取证并形成完备的调查报告，最后交由学术诚信道德委员会或学术诚信审查办公室等校级学术诚信组织进行报告审查，以确保万无一失，最终根据学术失信行为严重程度对相关人员做出惩戒处理决定。

再次，校级学术诚信组织积极参与校园学术诚信环境建设，努力为校内师生营造良好的学术诚信教育氛围和学术风气。认知发展理论心理学家让·皮亚杰认为："教育的真正目的不是增加知识，而是设置充满智慧刺激的环境。"[⑤]良好的校园学术诚信环境因其在影响作用上的广泛性、自发性和渗透性，具有极强的情感陶冶功能和潜移默化的育人效果，不仅能不断激发学生的奋发精神和学术研究潜力，还能帮助学生将学术诚信规范内化于心、外化于形，并最终固化为自身的学术行为习惯。与此同时，高校大学生学术诚信教育的有效落实，也离不开良好的学术诚信环境所提供的

---

① A. E. Jordon, "College Student Cheating: The Role of Motivation, Perceived Norms, Attitudes, and Knowledge of Institutional Policy", *Ethics & Behavior*, vol.11, 2011, pp.233–247.

② Ronald M. Aaron, "Student Academic Dishonesty: Are Collegiate Institutions Addressing the Issue?", *NASPA Journal*, vol.29, 1992, pp.107–113.

③ 段成瑶:《美国高校学术诚信制度的特点及经验借鉴》,《中央高校科技》2017年第10期,第43页。

④ C. Sowden, "Plagiarism and the Culture of Multilingual Studentd in Postsecondary Education Aboard", *ELT Journal*, vol.59, no.3, 2004, pp.226–233.

⑤ 张春兴:《教育心理学：三化取向的理论与实践》，杭州：浙江教育出版社1998年版，第112页。

有力支撑，需要高校内全体人员共同参与营造与维护①。基于这种认识，美国各高校内部以学术诚信委员会等组织为代表的校级学术诚信组织每年都会积极发挥引领作用，联合或支持校内图书馆、学生自治诚信组织等定期组织开展内容丰富、形式多样的学术诚信教育宣传活动，帮助学生增强对学术诚信规范的理解与认同，引导学生自觉杜绝学术失信行为，树立正确的学术诚信观念。例如，在每年新生入学之时，弗吉尼亚大学的学术诚信道德委员会都会联合学生荣誉委员会举办新生入学荣誉誓词签署仪式，并组织新生发表“我以我的荣誉起誓，我遵守诚信的原则，拒绝欺骗和剽窃，维护共同的学术诚信氛围”②的荣誉誓词，通过把握入学阶段重要时间节点，切实增强新生的学术诚信道德观念。

进入 20 世纪 90 年代，美国高校的校级学术诚信组织发展愈发完善，诸多高校在依托各自学校内部的学术诚信组织开展大学生学术诚信教育之余，还开始积极尝试高等院校校际学术诚信组织的经验分享与交流学习。1992 年 10 月，罗格斯大学迈克卡比教授等六位学者在斯坦福大学创建了加强校际学术诚信教育合作的国际学术诚信教育中心（ICAI），美国 24 所高等院校均加入成为其首批会员，该中心在积极推进学术诚信建设、培育学术诚信道德文化、加强校际学术诚信教育交流等方面发挥重要作用。可以说，美国国际学术诚信中心是为应对高等教育中的学术诚信教育而建立的，其核心使命即“为学术机构培育文化提供助力”③，通过为会员机构提供评估工具、资源等手段，推动学术诚信建设，此外，还积极推进学术诚信交流与对话，搭建经验沟通与信息共享平台。经过多年的发展，美国国际学术诚信教育中心在美国学术诚信教育领域占据了极为重要的位置，对美国高校学术诚信教育也产生了深远的影响，这从美国国内所通用的“学术诚信”概念界定就是以该中心的界定为基准中就足以见得。

---

① Michelle Pixley Tippitt, Nell Ard, Juanita Reese Kline, Joan Tilghman, Barbara Chamberlain and P. Gail Meagher, “Creating Environments that Foster Academic Integrity”, *Nursing Education Perspectives*, vol.30, 2009, p.241.

② The University of Virginia, “The Honor Committee”, 2018–04–01, http://honor.virginia.edu/.

③ “ICAI-Mission Statement”, 2018–04–11, http://resource.library.nenu.edu.cn:80/rwt/CNKI/http/P75YPLUBMNRXI3LNNFSXT5UVMWUYE4LVQEYG86UH/icai/about–1.php.

二、学生自治诚信团体倡导“自治自为”

学生是高校学术诚信教育的主体，只有当学生真正意识到学术诚信的重要性，对学术不端具有清晰的认识，处在一个良好的学术氛围中，才能自觉地遵守规范。①反之，大学生学术诚信价值观的缺失，会导致学术诚信权威性和约束力日益下降，给大学生学术诚信教育带来诸多消极影响，甚至出现部分大学生明知学术失信行为会受到相关政策法规及学校制度规定的惩罚，但依然不为所动的情况。基于此，自 20 世纪 90 年代起，美国高校管理者们开始尝试探索一种崭新的大学生学术诚信教育理念，即加强大学生学术诚信自治，这种“自治自为”理念后来逐渐成为美国大学生学术诚信教育实施的传统。各高校在开展学术诚信教育过程中纷纷引入民主自治元素，尊重学生在学术诚信教育中的主体地位，强化学术诚信教育主客体之间的双向信息交流，让学生在极具开放性的教育情境中充分认识到学术诚信的重要性，引导学生从被动接受学术诚信教育转变为主动培养学术诚信观念，并把学术诚信作为自身参与学术科研活动的具体行为准则，充分发挥大学生的学术诚信自治能力。在此背景下，诸如“学生自治办公室”“荣誉委员会”等学生自治诚信组织迅速崛起，在高校学术诚信教育中努力发挥着学生群体强大的积极性、主动性和创造性。

作为美国大学生学术诚信教育的重要力量之一，学生自治诚信组织广泛参与到美国大学生学术诚信规范的制定和执行过程之中。学校、政府、立法机关等相关主体在制定或修订与学术诚信有关的管理规定时，不仅会深入相关学生自治学术诚信组织进行广泛调查，征集和听取学生群体的意见和建议，同时也会从中遴选部分代表直接参与进入相关条例的制定和修订过程。②进入大学生学术诚信治理条例的贯彻实施阶段，学生自治诚信组织积极主办有关学术诚信的校内刊物，组织形式多样的学术诚信宣传和讨

---

① Jennifer L. Kisamore, Thomas H. Stone & I. M. Jawahar, “Academic Integrity: The Relationship between Individual and Situational Factors on Misconduct Contemplations”, *Journal of Business Ethics*, 2007, pp.381–394.

② D. L. McCabe, L. K. Trevino, “Academic Dishonesty: Honor Codes and Other Contextual Influences”, *The Journal of Postsecondary Education*, vol.64, 1993, pp.522–538.

论小组，营造良好的校园学术诚信环境。[①]例如凯斯西储大学在社团活动周举办关于学术诚信的开放式讨论会，堪萨斯大学的模拟听证会、荣誉委员会早餐以及以“这是舞弊行为吗？”为主题的师生小组讨论会[②]等学生自治诚信组织举办的各项实践活动，不仅有利于锻炼学生群体的组织协调能力，而且还有利于增进学生对学术诚信规范的理解与认同，进而培养学生的学术诚信意识和自治精神。

与此同时，在高校学术诚信评议机构中学生自治诚信组织也拥有着一定的权力。一般而言，在美国高校学术失信处理中心、学术道德委员会等权威机构中都有一定数量的学生代表。这些学生代表作为学生自治诚信组织的一部分，可以通过高校学术道德委员会或听证会，直接参与高校大学生学术失信行为的调查处理工作。这不仅有利于提升学生参与学术诚信评议的能力以及遵守学术诚信规范的意识，同时也是对学术失信学生的申辩权、申诉权等基本权利的一种保障。例如，在 1999 年美国里昂学院诉格蕾案[③]中，由 12 名学生组成的荣誉委员会，按照相关学术诚信治理规定发出书面听证通知，具体说明针对学生格蕾考试作弊的指控，为格蕾提供学生顾问兼辩护人、证人出席听证会、诘问其他证人以及向校长申诉的机会，并对此指控展开具体调查，依据调查结果对格蕾的学术失信行为做出暂时停学的处分决定；得克萨斯农工大学也设置“学生荣誉办公室”作为学生自治诚信组织，广泛参与学校有关大学生学术失信行为的裁定和相关学术诚信教育宣传工作。

此外，学生自治诚信组织在加强学生学术行为自律和学术诚信监督工作中也发挥着积极作用。传统荣誉制度是保障美国高校学术诚信最普遍也是最强有力的一种方式，深受学生群体的认同与推崇。在传统荣誉制度的影响和作用下，学生自治诚信组织利用学生对自身荣誉感的重视和维护，激励学生加强学术行为自律，引导学生自觉主动地约束自身学术诚信行为。[④]同时，学生往往会较为容易受到朋辈榜样的积极影响，“学生特别愿

---

① Smith P. Melgoza, “Revitalizing an Existing Honor Code Program”, *Innovative Higher Education*, vol.4, 2008, pp.209–219.

② Stephen L. Carter, *Integrity*, New York: Harper Collins, 1996, pp.132–136.

③ 李奇：《美国大学学术诚信问题的研究报告》，《比较教育研究》2006年第5期，第8–9页。

④ P. A. Hutton, “Understanding Student Cheating and What Educators Can Do About It”, *College Teaching*, vol.1, 2006, pp.171–176.

意观察、欣赏并效仿那些已经在学校学生文化中具有较高知名度和责任感的人”。[①] 另外，学生自治诚信组织还将举报学术失信行为作为组织成员的责任与使命，广泛开展学生群体间的相互监督。[②] 譬如，美国弗吉尼亚大学考试一般都设置诚信考场，学生考试过程中几乎没有监考人员，考场纪律则完全交由学生自治诚信组织负责，各学院学生通过加入学生荣誉委员会的下属执行委员会积极行使权利，向学生代表举报考试过程中出现的违反学术诚信的行为，并协助学生荣誉委员会开展具体的调查和处理工作。

三、教师榜样示范团队实施“正向引导”

大学生学术诚信教育绝不能仅仅局限于高校的德育课程，而是要有机融入教育教学各环节各领域。开展大学生学术诚信教育工作，应当说是一个相当漫长而艰巨的任务，需要广泛动员一切可动员的力量。其中，教师作为一线教育工作者，在督促、引导学生形成正确的学术诚信观念和养成良好的学术诚信行为方面发挥着关键作用，可以说他们是学术诚信的坚强捍卫者。美国高校通常会对教师提出明确要求，使其率先认识到学术诚信是学校的立校之本、价值核心，例如罗格斯大学在教师相关网站中写道：“学术诚信是学术共同体的基石。”[③] 教师教学的过程或明显或微妙，但其效果却几乎是毋庸置疑的：“学生在接受教育的过程中，其智力和道德观均受到教师的强烈影响。”[④] 离开了教师队伍这一学术诚信教育的重要保障力量，学术诚信教育将很难被学生主动认同并内化为自身的道德观念，进而难以付诸实际学术行为实践。美国作为全球学术诚信教育的领军力量，自 20 世纪七八十年代以来就非常重视强化教师队伍在学术诚信教育中的重要地位及作用，通过一系列举措着力打造教师榜样示范团队，让教师不仅成为学术诚信的拥护者、执行者，还要积极承担学术诚信的指导者和传播者的角

---

① 〔美〕伊丽莎白·基斯、〔美〕J. 彼得·尤本主编：《反思当代大学的德育使命》，孙纪瑶、段妍译，北京：人民出版社 2017 年版，第 269 页。

② D. L. McCabe, L. K. Trevino, K. D. Butterfield, “Dishonesty in Academic Environments: The Influence of Peer Reporting Requirments”, *The Journal of Higher Education*, vol.72, 2001, pp.29–45.

③ “Faculty Academic”, 2017–09–12, Http://ctaar.rutgers.edu/integtity/faculty.html.

④ 〔美〕麦克里那：《科研诚信——负责任的科研行为教程与案例（第 3 版）》，何鸣鸿、陈越等译，北京：高等教育出版社 2011 年版，第 30 页。

色，切实服务于美国大学生学术诚信教育。

第一，要求教师自觉严格遵守学术诚信规范，形成强大的榜样示范力量。进入 20 世纪 90 年代以来，学术诚信被美国学术界放置于至高无上的地位，学术失信则被视为对学术生命和学术土壤的严重践踏。因此，无论是学生还是教师，都必须严格地遵守学术诚信规范。教师应当积极发挥导向作用，引领学生树立正确的思想和观点，强化其社会责任感与道德情操。① 尤其在学术诚信教育过程中，教师承担着教书育人的重要职责，要求学生做到遵守学术诚信规范，教师就势必需要通过自身严格遵守学术诚信规范的实际行动，做到率先垂范，为人师表。② 马克思在《1844 年经济学哲学手稿》中曾说道："如果你想感化别人，那你就必须是一个实际上能鼓舞和推动别人前进的人。" ③ 康德也认为，道德榜样将道德法则"所规定的东西变成可行的无怀疑的。它们把实践规则以较一般的方式表现出来的东西，变得看得见摸得着的"④。这都充分地阐明了教师的榜样示范性作用。如哥伦比亚大学的教师声明中就明确指出"作为学术社会的一分子，我们每个人参加学术讨论和研究时，有责任保持诚实和维护学术诚信" ⑤，这对高校大学生端正自身的学术诚信观念和行为产生了潜移默化的影响。与此同时，在美国许多高校内还设有专门的学术诚信教育培训机构，负责对教师提供学术诚信教学策略、反学术不端策略的指导和培训，引导教师有效避免自身的学术失信行为，帮助教师树立严谨的教风和榜样示范，也恰是这种在日常师生交往互动中所展现的榜样激励，成为了比任何形式的演讲说教都更为有力的大学生学术诚信培育手段。

第二，将监督处理学术失信行为作为高校教师的职责和义务，营造良好的学术诚信氛围。美国高校十分重视发挥教师在监督处理学生学术失信

---

① 朱小平、邬丽莎:《当代研究生学术诚信保障体系研究》，成都：西南交通大学出版社 2015 年版，第 166 页。

② P. A. Hutton, "Understanding Student Cheating and What Educators Can Do About It", *College Teaching*, vol.1, 2006, pp.171–176.

③ 马克思:《1844年经济学哲学手稿》，选自《马克思恩格斯文集》(第1卷)，北京：人民出版社 2009 年版，第 247 页。

④ 〔德〕康德:《道德形而上学原理》，苗力田译，上海：上海人民出版社 1986 年版，第 61 页。

⑤ "Columbia College. Faculty Statement on Academic Integrity", 2018–04–13, http://www.college.columbia.edu/faculty/resourcesforinstructors/academicintegrity/statement.

行为中的积极作用，部分高校甚至以明文规定了教师的具体学术监督职责，如规定当教师对学生的某篇论文产生怀疑时，应尽力查找证据或到互联网寻找线索等[①]，并依据最终调查结果对存在学术失信行为的学生给予严肃处理。教师在给学生布置学术论文或科研课题时，相关选题一定要具体化、明确化，“学期论文，特别是毕业论文的选题宜与学生的知识结构和学术水平相吻合，要注意考虑学生目前的知识结构和学术水平”[②]，进而从客观上降低学生因为研究难度过高、学术压力太大而出现剽窃、抄袭等学术失信行为的可能性；在审查学生的学术论文时，指导教师也要摒弃“一切唯结果论”的思维方式，要更多地关注学生撰写学术论文的整体过程，充分依据学生的平时表现及学术论文完成情况等给予学生综合评定。但若是教师在审查学生提交的学术论文或科研报告过程中发现有剽窃、抄袭等学术失信行为时，就必须严肃谨慎对待，充分借助相关论文检测工具或专业剽窃检测系统进行最终的结果确认，面对确实存在学术不端行为的学生轻则退回修改、重则取消相关学科成绩，甚至提交学校学术道德委员会等校级学术诚信组织进行最终的处罚。为此，美国高校十分重视对教师相关能力的培训，帮助教师准确迅速地识别学生的剽窃、抄袭、欺诈等学术失信行为，譬如芝加哥大学设有专门的培训机构来指导老师如何应对学生作弊。

第三，教师通过加强学术诚信规范教学，提升学生学术诚信道德理念。教师不仅是指导学生完成学业的引路人，也要负责学生在课程与研究之外的发展与成长[③]，使学生成为像教师一样的具有独特理想信念与行为标准的优秀群体[④]。因此，在美国的高校中，学校十分重视发挥教师在学生学术诚信教育中的优势作用，将指导学生遵守学术诚信规范、防止学生学术失信行为、改善学术诚信教育环境等列为高校教师的职责。例如在新生入学阶段，教师被要求通过专门的学术诚信教育课程向学生详细介绍学校的学术诚信规章制

---

① 张鸿燕、杨艳：《美国高校学术诚信制度有效性之分析》，《首都师范大学学报》（社会科学版）2011 年第 4 期，第 128 页。

② 驻纽约总领事馆教育组：《美国高校的学术自由与学术诚信》，《中国高等教育》2003 年第 18 期，第 45 页。

③ D. H. Guston. *Mentorship and the Research Training Experience, in Responsible Science, vol. II: Background Papers and Resource Documents*, Washington. D. C.: National Academy Press, 1993, p.52.

④ B. Jennings, D. Callahan and S. M. Wolf, “The Professions: Public Interest and Common Good”, *Hastings Center Report 17 (special supplement)*, 1987, p.5.

度，从学术诚信的内涵、作用、学术失信的危害及严重后果等方面帮助学生端正学术诚信观念，防止学生因不了解相关规定而出现学术失信行为。譬如针对有些学生完全无法界定自己是否存在抄袭、引用不当等情况，指导教师应耐心引导，带领他们学会如何正确查找、引用资料，帮助学生掌握正确的论文写作方法，从而提升学生的学术研究水平和诚信道德观念。在这一方面，麻省理工学院、波士顿大学、加利福尼亚大学等高校通过为研究生开设《怎样当好一名科学家》等类似课程，以师生研讨、辩论、案例分析等方式引导学生了解应遵循的学术诚信规范，并在大量的学术训练中熟练掌握其中的方法与技巧[①]，且取得了较好的学术诚信教育实效。

四、图书馆员指导团队开展“专业指导”

高校图书馆是大学知识的集散地，再加之大多位于高校的中心地理位置，图书馆常被誉为是“大学的心脏”。图书馆作为文化的集散地和信息的交流中心，与学术诚信教育有着天然的交集[②]。在美国高校中，图书馆员指导团队依托图书馆在学术诚信教育方面的独特优势及作用，在学术诚信宣传、信息素养教育培训、学术诚信研究、防止学术失信行为等方面为大学生学术诚信教育提供有力保障并发挥了重要作用。[③]

首先，在学术诚信宣传方面，高校图书馆员指导团队常依托图书馆的文化阵地优势，深入开展大学生学术诚信宣传工作，将日常学术诚信宣传教育和特色主题学术诚信宣传教育融入校园各方面、各领域，帮助加强师生学术诚信教育的沉浸式体验，营造良好的高校学术诚信教育氛围，进而取得潜移默化、春风化雨的教育效果。在日常宣传教育层面，图书馆员指导团队通常都会在本校官网上发布学术诚信条例、荣誉准则规范等，方便师生随时查阅和了解。[④]与此同时，指导团队也会根据学生在不同发展阶段的需求和特点，利用某些重要时间节点开展主题宣传教育活动，如在新生

① 禹旭才、闫峥：《美国大学生学术诚信教育的“三阶段”与“三结合”》，《当代世界与社会主义》2014 年第 1 期，第 206 页。

② 明娟、秦飞飞：《高校图书馆学术诚信教育职能的发挥》，《图书情报导刊》2017 年第 11 期，第 1 页。

③ Gail Wood, “Academic Original Sin: Plagiarism, the Internet, and Librarians”, *The Journal of Academic Librarianship*, vol.30, no.3, 2004, pp.237–242.

④ 崔延强：《中外大学生诚信教育比较研究》，北京：中央文献出版社 2009 年版，第 129 页。

入学初期，针对新生对学术诚信条例不了解甚至从未接触过的情况，某些大学会择期举办“学术诚信周”活动，对学生进行学术诚信宣传教育；抑或是在学生撰写毕业论文阶段开展反剽窃宣传，帮助学生了解学术失信行为的后果，规范毕业生的学术诚信行为。

其次，在信息素养教育培训方面，高校图书馆员指导团队常常借助图书馆的信息素养教学平台，面向广大师生开展信息素养培训活动，指导师生合理高效地使用图书馆资源，引导师生学会如何正确引用学术文献、避免学术抄袭。[①]例如，普林斯顿大学的图书馆员指导团队在本校学术诚信网站中条理清晰地提出了学术文献引用的五个基本原则；哈佛商学院贝克图书馆网站的引文指南中也详细阐述了有关文献引用的具体问题，对规范师生文献引用、避免学术失信进行详尽的介绍和培训。[②]与此同时，某些高校的图书馆员指导团队还会在学术诚信规范的讲授、学生论文抄袭的技术监督手段、提高学生学术诚信意识的方法等方面给予教师全面的培训，进而更好地帮助学生将外在的学术规范内化为学术道德信念，并在具体的学术行为中践行诚信观念，培育学生求真务实的良好学术作风。

再次，在开展学术诚信研究方面，图书馆员指导团队也依托自身资源和人才优势，开展广泛的理论与实践探索。加强学术诚信研究是大学生学术诚信教育的重要保障。在美国高校中，学术诚信研究特别注重图书馆专业人员的参与。如针对预防学术不端行为研究方面，图书馆员指导团队经常举办一系列专题研讨活动，开设专门的研习会或为学生印发最流行的缩略版“防剽窃清单”[③]。与此同时，图书馆员指导团队还在校际学术诚信合作研究方面发挥重要作用。譬如在谈及如何避免学术剽窃行为时，布朗大学就在图书馆网站上链接了汉密尔顿大学和印第安那大学的相关资源，耶鲁大学也链接了许多其他知名大学或科研机构的信息素养教育课程，与师生分享校外的学术诚信研究成果[④]。

---

① Rebecca Moore Howard, Laura Davies, “Plagiarism in the Internet Age”, *Educational Leadership*, vol.3, 2009, pp.64–67.

② “Harvard Business School. Citation Guide 2009–10 Academic Year”, 2018–04–21, Http://www.library. bbs.edu/guides/citationguide.pdf.

③ Martin Zimerman, “Plagiarism and international students in academic libraries”, *New Library World*, 2012, pp.290–294.

④ 赵奕:《美国大学图书馆学术诚信教育启示》,《图书馆论坛》2010年第8期，第49页。

最后，在防止学术失信行为方面，图书馆员指导团队同样发挥着积极作用。在美国，学术失信是一个非常严重的过失，它不仅是对学术资源的浪费，还会严重损害学术权威性、败坏学术风气，甚至阻碍学术水平的进步。美国著名高校哥伦比亚大学就曾明确指出，学术失信是学生可能会犯的最严重的过失行为之一。鉴于此，美国高校图书馆员指导团队常常依托高校图书馆的学术论文典藏优势，帮助师生进行学术论文检测服务，并对学术失信进行反复解释与说明。以论文抄袭为例，图书馆员指导团队会在图书馆网站上专门开辟网页向广大师生详细介绍诸如“什么是抄袭”“抄袭的表现是什么”“应当如何识别抄袭”“抄袭的危害与处罚”等问题。例如，宾夕法尼亚大学图书馆在主页上发布针对教师的“抄袭检测和预防指南”，针对学生的“抄袭与你”的培训课程，系统和全面地介绍了有关学术抄袭的内容①；芝加哥大学的图书馆员指导团队也会利用图书馆的资源为教师提供鉴别学生是否抄袭的帮助。

综上而言，美国高校学术诚信教育队伍是培育大学生学术诚信价值观的主体，只有这支队伍健康发展、功能全面，才能确保学术诚信教育的有效落位。在高等教育范畴内开展学术诚信教育，不仅是单一队伍或个体的工作任务或目标，更需要其他队伍参与到整体的工作中来，形成合力。除此之外，就如马克思所言：“每位受到召唤、有志于从事学术工作的年轻人，不仅需要具备学者的资格，同时也需要能够做一名好老师，而这两种条件不一定完全吻合。”②伴随着对教育质量和效果要求的不断提高，学术诚信教育团队要在其所能进行影响的范畴内成为专家。历经多年的理论探讨和实践探索，美国在大学生学术诚信的队伍保障建设方面已经形成了自身鲜明的特色，并取得了显著的成效，在一定程度上为世界各国如何高效开展大学生学术诚信教育提供了宝贵的经验与启示。

第三节 美国大学生学术诚信教育的技术保障

学术诚信教育的有效开展，一方面是从正面引导学生正确认识学术诚

① Penn State University. “Plagiarism & You”, 2018–03–14, http: / / www. libraries. psu. edu/.

② 〔美〕唐纳德 · 肯尼迪:《学术责任》，阎凤桥译，北京：新华出版社 2002 年版，第 290 页。

信的重要意义与积极作用，另一方面则是从规避学术失信行为发生上最大程度地保障学术诚信教育的实效性。众所周知，互联网信息技术的飞速发展与广泛普及很大程度上拓宽了学生的视野、扩展了学生的信息来源、丰富了学生的生活方式，但随之而来的也为学生作弊提供了更多的机会与可能。[①] 与此同时，绝大多数学生并不认为从网络上进行非规范化引用是一种作弊行为[②]，2005年国际学术诚信教育中心的一项调研显示，77%的被调研对象认为“复制网络资源”并不是一个严重的问题。错误的行为认知与日新月异的高科技作弊手段，使得学术诚信教育备受考验。在美国高校，较为常用的技术型作弊方式主要包括如下三种：一是PDF锁定，基于PDF格式的功能设定，会允许发布者限制文档的访问与粘贴，使得内容不能轻易地被检测器所识别并界定。[③] 因此，学生们倾向提交PDF格式的文本，以避免检测系统对其内容的检测，降低最终抄袭率。二是在线翻译，学生应用一些翻译软件，借用不同语种的学术资源，通过翻译软件转述他人观点或论据，使其以不同句型或词语被表达出来[④]，常用的翻译软件有谷歌翻译或SYSTRAN软件等。三是应用作图软件将既有文字或数据通过图片的方式进行呈现，很大程度上降低了抄袭行为的识别率。[⑤] 当然，除去上述三种主要的技术型作弊手段外，代写论文或作业、进行无根据的引用、简单的词语替换等学术失信行为也经常出现在大学生群体的学术成果之中。基于此，当前美国高校主要通过商业学术失信检测系统与高校学术失信自查体系作为主要的技术依靠，其所表现出的“普适与精专相兼顾”“主客观判断相统合”等特征，很大程度上提高了学术诚信教育的教育效果。

一、普适与精专兼顾的商业学术失信检测系统

毋庸置疑，学术文献是高校产出知识成果的重要方式与载体，大部分

① Wang Yu-men, “University Student Online Plagiarism”, *International Journal on Elearning*, vol.7, 2008, p.744.

② S. E. Newstead, A. Franklyn-Stokes, P. Armstead, “Individual Differences in Student Cheating”, *Educational Psychology*, vol.2, 1996, pp.229–241.

③ Ahmed Patel, Kaveh Bakhtiyari, Mona Taghavi, “Evaluation of Cheating Detection Methods in Academic Writings”, *Library Hi Tech*, vol.29, 2011, p.623.

④ 同上文，第627页。

⑤ 同上文，第630页。

学术失信行为都会体现在其中。布特教授等人的实证研究结果表明，抄袭他人学术成果以及从既有电子资源中复制信息是两种主要的抄袭形式，占各种抄袭形式总比例的 88%。[①] 当前，美国学界普遍使用多种学术失信检测系统加以甄别与检测，与此同时，通过检测系统的使用可以在校园之中形成倡导学术诚信的氛围，帮助学生提高学术诚信意识，进而强化学术诚信教育成效。以下主要介绍几种美国国内较为常用的学术失信检测系统：

（一）Turnitin 学术失信检测系统

Turnitin 是全球历史悠久且最具权威性的在线学术失信检测系统，基于来自世界各地大学与研究机构会员的学术成果等资源，使得其具有世界范围内最大的学术数据库资源。[②] 它通过所收录的海量数据资源，加之独特的数据算法，可以完成文献标题、作者、内容、参考文献等一系列比对检测，并做出迅速反馈，最终提交出评估结果，即通过百分比来展现与既有成果相似程度的原创性报告。通过提供有效学术失信行为的界定与评判，这一系统已经成为大多数高校教育工作者的重要工具，一方面通过评判结果可以有效界定学生所提交的文本资料是否存在抄袭情况，另一方面通过结果还可以有效指导学生明确界定何种引用属于不规范引用范畴，进而提升学生的写作技巧与独立思考的基本技能，可以说，每一次反馈都是对教师与学生的学术行为的判定、警示与引导。在 Turnitin 系统中，有几个突出的特点，首先，有专门针对基础教育以及高等教育两种教育阶段的针对性服务。在高校服务这个维度，其核心理念是“鼓励原创观点、预防规模化抄袭”。因此，针对学生个体会为其提供个性化与及时性的反馈，帮助学生识别自身问题，同时系统还可以自动识别个人进步与变化。针对学校或学术机构，该系统可以通过减少非原创内容的发布，并培养其成员的学术诚信自信来维护机构的学术声誉与威望。[③] 其次，提供涵盖多种主体的网络视频或文本资源。资源以主题进行划分共计六个版块，即预防抄袭、最佳实践反馈、最佳实践评分、提升写作技巧、Turnitin 有效性、Turnitin 最佳实

① N. Beute, E. S. van Aswegen, C. Winberg, “Avoiding Plagiarism in Contexts of Development and Change”, *IEEE Transactions on Education*, vol.2, 2008, pp.201–203.

② “TURNITIN”, 2018–04–16, http://www.turnitin.com.

③ C. Townley, M. Parsell, “Technology and Academic Virtue: Student Plagiarism Through the Looking Glass”, *Ethics and Information Technology*, vol.6, 2004, pp.271–277.

践。以提高写作技能版块为例，包括对发展性写作的指导、课堂策略等视频资源，以及提升写作技巧的课程计划、“维基百科怎么了”等主题的文本资源。[①]不难看出，Turnitin 系统所提供的资源深入学生实际，切合高校教育教学需求，具有较强的应用性与指导性。基于此，这一系统成为全球 90 多个国家、7000 多所高校的选择，时时刻刻地服务于各类具有学术需求的群体。[②]当然，这一系统目前存在有待完善的地方：一是一些常用的名称、人名、学术短语等内容还不能被很好地筛除，或者尚未能较好地识别统一文档的不同版本。[③]二是 Turnitin 并不能识别所有的既有资源，如图形或被转述的文本。[④]此外，也是较为敏感的一点问题就是，这一系统的原初设想就是认定所提交的资料是存在剽窃行为的[⑤]，直到被认定是清白的，这显然违背了美国精神中普遍正义的原则，因此，耶鲁大学的院长彼得·萨洛维在接受《每日新闻》的采访时说并不同意使用该系统，因为它创造了一个彼此不信任的环境，创造了一种最坏的学生文化。[⑥]

（二）iThenticate 学术失信检测系统

iThenticate 是由 Turnitin 公司开发的学术工具类检测与预防系统，它的功能主要由两部分组成，其一是全球学术出版物所组成的量级数据库，其二是基于网页的检测对比工具。该系统能够快速比对超过 600 亿网页的数据库资源与 1.55 亿的相关内容条目，以确定学术诚信程度，[⑦]旨在净化学术界与出版界的学术风气，防止学术失信行为，保护知识产权。主要表现出如下特点：首先，它具有一个自定义数据库，通过交叉核对的方式来检查新提交文献与原有资料的相似度，并能自动保存以便于日后用于与新提交

---

① Resources in Category: “Improving Writing Skills”, 2018–04–16, www.turnitin.com/en_us/resources/category/improving-writing-skills.

② 张旻浩、高国龙、钱俊龙:《国内外学术不端文献检测系统平台的比较研究》,《中国科技期刊研究》2011 年第 4 期，第 519 页。

③ Ahmed Patel, Kaveh Bakhtiyari, Mona Taghavi, “Evaluation of Cheating Detection Methods in Academic Writings”, *Library Hi Tech*, vol.29, 2011, p.631.

④ S. Mulcahy, C. Goodacre, “Opening Pandora’s Box of Academic Integrity: Using Plagiarism Detection Software”, Proceedings from ASCILITE Conference 2004, Perth, WA, 2004.

⑤ J. E. Noynaert, “Plagiarism Detection Software”, 2018–04–16, http://www.micsymposium.org/mics_2005/papers/paper97.pdf,

⑥ Tshepo Batane, “Turning to Turnitin to Fight Plagiarism among University Students”, *Educational Technology & Society*, vol.2, 2010, p.3.

⑦ “iThenticate Database Content”, 2018–04–16, www.ithenticate.com/content.

资料的比对。与 Turnitin 相比，该系统所采取的算法会更加灵活，能够做到自动去除作者姓名、参考书目、自动引用等部分，因此同一篇文档所显示的抄袭率会相对较低。其次，系统所提供的数据库资源信息丰富，其中包括白皮书及报告、博客、网络广播、培训，以第一版块资源为例，其中还分为剽窃的话题、自我剽窃的伦理、出版物主题、剽窃软件和信息图示五个子版块的九个学习资源。与 Turnitin 系统相类似，其所提供的信息资源贴近高等教育学术生活与要求，是学术工作者以及学生切实需要的信息与指导。再次，出具详细的论文检测原创性报告，在与既有信息资源进行比对后，得出相似度比例和涵盖大量相关信息的原创性报告，通过百分比来显示相似文本及可能的抄袭文献来源，为用户提供最清晰的检测报告。最后，采用数字化评分方式，节省了大量的时间，编辑或教师等群体可以随时随地读取相关数据信息，并做出及时反馈，同时检测时间短。鉴于 iThenticate 在确保写作和研究的完整性上发挥了很大作用，因此，这一检测系统常被应用于多个部门及领域。具体而言，其客户群体主要包括政府、医学、教育、文学等。约旦大学科学与技术学院 Al-Hourani 教授说道：“对研究者和硕士学生而言，iThenticate 真是一个绝佳的工具，我始终建议我的学生使用它，并且也一直在做关于研究伦理的讲座，而它是我唯一的例子。”① 据统计，全美三分之一的学术期刊在正式刊发前都会使用本系统进行学术诚信检测。②

（三）PlagiarismDetect 学术失信检测系统

PlagiarismDetect 是一个检测学术失信的在线数据库，与上述两种数据库相类似，都是通过海量的数据检索与比对，配以特殊的算法对上传文档进行比对。然而，值得一提的是，这一数据库提供了一个使用版本和免费下载的插件，用于识别 Microsoft Word 中的失信行为，为学生提供了提前自我检测的机会，其目的是帮助学生有效识别自身行为是否合乎规范，并可以有针对性地修改自身问题。在最终提交论文之前，很多教师将使用本系统进行检测作为完成课程论文的一个中间环节。这个环节，不但可以降低学生学术失信行为发生的概率，更代表着一种积极的方法，能够使学生

① “Customer Reviews”, 2018–04–16, http://www.ithenticate.com/customers/reviews.

② “iThenticate”, 2018–04–16, http://www.ithenticate.com/.

自行处理问题并提高学术诚信意识。①

在美国，诸如上文所提及的学术失信检测数据库种类繁多、功能各有突出，多家数据库公司的检测平台百花齐放，为了适应更广泛的用户群体，普适性成为系统设计运维的重要方向；与此同时，基于不同的对象群体，又有针对性与差异性，展现出精专性特征。多家平台的相互标榜，也构成了良性促进与共同发展。纵观整个数据库体系不难发现，学术失信检测数据库的后台运行十分稳定，数据更新和维护及时，并且涵盖多种拓展性功能与资源。因此，检测系统足以为学术诚信教育的开展提供坚强可靠的技术支持。②

二、主客观判断结合的高校学术失信自查体系

从学生课程作业、实验报告到毕业论文、学术成果，上述多种类型的商业性数据库资源为高校开展学术失信行为核查提供了极为便利且可靠的保障。然而，单纯的数据库技术往往并不能有效识别全部的学术失信行为或者将可疑行为也一并归为失信行为之列。因此，这就需要各个高校基于自身实际情况，构建主观判断与客观判断相统合的特色化学术失信自查体系。这样通过二者的有机结合，能够更加客观、准确地对学生行为进行甄别与鉴定。

（一）高校学术论文检测端口

大部分美国高校并不自己建立数据库，而是与上述论文检测系统开发公司建立合作，设立论文检测端口，学生登录校园网页进行论文的提交与审核。教师在各自的账号中，可以看到自己所讲授课程中注册学生提交的作业，以及检测系统所核查而成的检测报告，用以帮助教师进行文本审查。以马里兰大学为例，自 2017 年秋季学期开始，教师可以通过“Turnitin 原创检测”对学生所提交的课程论文、研究报告等文本进行检测。这一工具通过扫描学生最新提交的内容和过往提交的论文，提示其中所存在的不正确或不充分的引用，并通过对数据库的扫描，为教师们显示文本中所可能

---

① Pearson, Nacy Guillot, “Classrooms That Discourage Plagiarism and Welcome Technology”, *English Journal*, vol.6, 2011, pp.55–56.

② P. S. Strom, R. D. Strom, “Cheating in Middle School and High School”, *The Educational Forum*, vol.1, 2007, pp.104–116.

包含的与文献相似的内容。[①] 马里兰大学原创检测共有教育工作者专用端口与学生专用端口两种，都是基于 Turnitin 数据口平台，整合学校教学中心、学生行为办公室等多个部门，共同推动这一工具性资源的应用。在学生专用端口中，具有多个功能性版块，其中包括论文提交、作业指导、检测报告下载、教师反馈查看、学生培训视频等。可以说，这是一个“教师—学生—数据”互通的应用型数据库平台，在其中，学生可以看到数据库检测结果，以及教师审阅后的批示，可以基于此来修改自己的学术成果。此外，Turnitin 还针对学生学术生活中的常见问题提供培训资源，例如如何判定教师反馈、如何提交论文、如何评估相似性报告与朋辈评议等，真正达到“授人以渔”的目的。在教师专用端口中，包括任务设置、作业收集、查重报告、朋辈评议、可访问资源限制等多个版块。再以科罗拉多大学为例，当学校逐渐意识到学术失信行为已经蔚然成风之时，便开始采取积极的措施对这一问题加以干扰，随即制定荣誉准则并实施 Turnitin 检测系统。该学校荣誉准则委员会顾问杰夫·拉夫提格说道：“如果单纯的以为单一的荣誉准则就可以解决学术失信现象就大错特错了。”[②] 由此可见，专门化学术失信检测系统在改善学术失信行为的过程中发挥了重要的辅助作用。当然，各高校可以依据学校教育教学与学生需求，以及检测平台的属性特点加以选择，但都呈现出一个相似性特征，那就是通过学术数据资源的使用，搭建了沟通教师评判学生学术成果的简易化、互通化、可操作化的平台，并且其中报告的数据反馈客观、可靠，为推动学校学术诚信文化建设解决了根本的技术需求。

（二）高校教师人文技术应用

学术失信数据库检测能够有效地在海量数据中比对文本的重复与相似情况，然而，为了更加有效且合理地界定学术失信行为，应在工具检测后辅以人工甄别与调查取证等过程，才能最大程度地确保对学术失信行为判定的准确性与客观性。[③] 通过人工甄别，对检测报告中所标注的相似内容进

---

① “Plagiarism and Honor Code”, 2018–04–18, https://cte.umd.edu/plagiarism-and-honor-code.

② J. Luftig, “Strengthening Honour Codes Through Plagiarism Detection Software”, 2018–04–16, http://www.turnitin.com/static/pdf/success_stories_colorado.pdf.

③ Fintan Culwin, Thomas Lancaster, “Plagiarism Issue for Higher Education”, *Vine*, vol.2, 2001, pp.36–38.

行再次核定与考察，以确定是否真正构成抄袭或检测失败，借用这一步骤可以有效去除诸如两个作者引用同一文章而被识别为抄袭的现象。如果经过人工技术核查后，依旧被认定为抄袭的文本，则将会被记录并上报，进而进入学术失信行为的处理环节之中。

教师应该且有能力意识到潜在的剽窃行为，并不断致力于提升学术诚信的标准。① 经过多年的教育教学实践，很多美国高校教师都总结出一套较为完整、具有可操作性的鉴别方法，本书将其界定为人文技术。主要通过下述几种方式鉴别学术失信现象是否存在：首先，文体混杂，与学生实际水平不符。学生所提交的论文写作水平或展现出的研究能力明显与实际情况不符；不同段落书写风格或用词习惯明显不同，文本质量前后不一；文本中有与论述主题不相关的段落与句子等。其次，论文中出现非规范化格式或特殊文字。当学生粘贴网络资源时，可能存在字体大小不一、空格频出、版面排版混乱等非规范化格式；或者文中存在特殊文字，例如“www.essay.com”等标志性文字。第三，论文偏离主题或论据毫无逻辑。如果论文偏离主题或与主题毫无关系的论述，都可能说明学生并未在网上找到最佳破题的材料或文本，最终退而求其次选择了偏离主题的文本进行复制；此外在论文论证过程中，论据毫无逻辑，拼凑堆砌而成。最后，缺乏参考文献或特殊标注。当某段文字论据充分、行文流畅却没有参考文献时，理应多加关注与审查，有可能直接参见于某些既有成果而未进行规范化引用。当教师通过上述等方法对学生学术成果存疑时，会运用当面交谈、提问等方式加以深入佐证。一方面确保评判的公正性，另一方面也给予失信学生勇于承认、积极改正的机会。部分学者认为最好的学术失信探查者就是学生本人②，因为其知晓文本的完成过程中是否存在失信行为或哪里存在不规范化引用。因此，教师可以针对自己存疑的问题进行“提问”，若该名学生不存在学术失信行为，那其会试图再次提交相关材料并给出令人信服的解释；若学生存在学术失信行为，有可能会陷入沉默或进行更加无稽的解释。教师常用的问题诸如“我看过你的这篇论文，觉得有些部分内容特别好而有些内容特别差，为什么在一篇论文中会出现这么大的差异

① Lidija Bilic-Zulle, Josip Azman, Vedran Frkovic, Mladen Petrovecki, “Is There an Effective Approach to Deterring Students from Plagiarizing?”, *Sci Eng Ethics*, vol.14, 2008, p.140.

② 朱燕：《美国大学生学术不端的防止研究》，博士论文，北京：北京大学，2008 年。

呢？”“这篇文章的写作风格和你以往提交作业的风格不太一致，是不是在写作过程中遗漏了一些引用与注释呢？”通常状况下，教师的提问结合适时的语调与态度，很容易从学生的回答、表情、动作中得到想要的反馈信息。

（三）高校自建论文数据库

除去商业性数据库所提供的检测服务外，一些高校自行建立学生论文数据库，将全体学生的学术成果，例如课程作业、实验成果、研究报告、学位论文等，进行上传保存，以便在日后对学生再次提交相同或相类似的学术文本进行比对。① 通过这种数据库的建立，一方面有效地预防了多门课程中提交相同的论文或基本相同的论文的“一文多用”“一例多举”投机取巧的事情发生，这种重复提交的行为出现在耶鲁大学所公布的学术失信行为的第一条之中。② 另一方面也在一定程度上规避了论文代写情况。在美国高校，论文代写等学术失信现象也频有发生，学生通过支付费用雇用他人为其完成课程论文或学术作业，此种方式完成的作业主题一致、论述集中，基本上符合课程教师所要求的规范。然而，不同写作者的写作风格与话语体系之间存在的差异，可以通过对比学生此前提交的作业显现出来。如果是同学替写，甚至有教师可以从替写同学所运用的例子与其此前自己作业中运用的同一例子中发现蛛丝马迹。因此，自有数据库的建立在一定程度上可以说是发现更加细小的学术失信行为证据提供技术支持。

综上而言，技术手段在高校学术诚信教育过程中所提供的支持，作为有效核查学术失信行为的常用方法，几乎应用于所有美国高校之中，并且伴随着高校学术需求的日益扩大与技术手段的不断更新而发展完善。社会专门化学术失信检测系统与高校特征化学术失信自查体系的有机结合，构建了更为精细、严谨的检测体系。③ 学术失信行为不仅影响学生个体，更影响了整个学术社群的完整性与学术成果的可应用性，因此，为了维护学校与学生个体的利益，学术诚信教育势在必行。此外，学校除了向学生传授

---

① Bradley H. Thurmond, “Student Plagiarism and the Use of a Plagiarism Detection Tool by Community College Faculty”, Indiana State University, 2010, p.25.

② “Yale Center for Teaching and Learning”, 2018–04–17, https://ctl.yale.edu/writing/using-sources/understanding-and-avoiding-plagiarism/what-plagiarism.

③ P. G. Moeck, “Academic Dishonesty: Cheating Among College Students”, *Community College Journal of Research and Practice*, vol.26, 2002, pp.485–491.

学术知识外，也有责任培育学生的价值观念，学术失信行为的错误性是毋庸置疑的，为此，我们有责任积极运用技术手段保障大学生学术诚信教育的有效开展。[①]

第四节　美国大学生学术诚信教育保障体系的典型案例

本节上述内容从政策、队伍、技术三个方面详述了美国大学生学术诚信教育保障体系的构成要素与运行机制，可以看出在开展学术诚信教育的过程中，美国高校高度重视整合保障资源形成合力，旨在增强教育实效性，确保教育实施过程的有效开展。由于发挥保障作用的各个资源其形式与侧重点各有不同，为此本章节选取关于“政策保障”与“队伍保障”的两个案例进行细致介绍，以期能从美国大学生学术诚信教育的不同保障要素与作用机制中更加深入了解其整个学术诚信教育体系。

一、“政策保障”典型案例:《关于不正当研究行为的联邦政策》[②]

《关于不正当研究行为的联邦政策》(以下简称《联邦政策》)，是 2000 年 12 月美国白宫科技办公室发布的美国联邦政府关于学术诚信的第一份国家级政策性文件，也是从发布至今始终致力于指导国家学术诚信的最高文件。《联邦政策》细化了国家研究诚信的规章制度，对研究失信者给予了严肃的惩罚，发挥了重要的震慑作用。需要说明的一点是，《联邦政策》作为国家级政策发挥宏观统领作用，着重强调了科学工作者与专业协会在促进科研诚信方面的重要作用，并补充和强化了研究机构的职权范围与主要责任[③]，虽然这一政策并未直指美国高校学术诚信教育的相关事宜，但是作为国家宏观调控的政策体现，其对美国高校大学生学术诚信具有重要的指导

① Tshepo Batane, “Turning to Turnitin to Fight Plagiarism among University Students”, *Educational Technology & Society*, vol.2, 2010, p.2.

② “Federal Policy on Research Misconduct”, 2018–04–17, https://www.aps.org/policy/statements/federalpolicy.cfm.

③ Sybil Francis, “Developing a Federal Policy on Research Misconduct”, *Science and Engineering Ethics*, vol.5, 1999, p.269.

作用，也强化了学术诚信的重要性与必要性，展现了对于这一问题的国家意志与要求。[①] 因此，选取《联邦政策》作为案例进行细致介绍。

《联邦政策》对研究不正当行为进行了界定，意指在提出、执行或审查研究、或研究结果中出现的捏造、歪曲或者抄袭的行为。其中，捏造是指捏造数据或者研究结果；歪曲是指歪曲研究材料、设备、过程或者修改、省略、编造研究结果，致使出现不准确结果；抄袭则是指在没有标准的情况下，挪用他人研究观点、过程、结果或话语。通过对这三种行为的详细界定，明确了具体失信行为的种类、内涵，成为开展后续调查研究与处理的基础性界定。在这里值得注意的是，政策中指出“诚实的错误”（Honest Error）与“不同观点”（Differences of Opinion）并不属于该政策所界定的学术研究不正当行为。《联邦政策》中规定，对于学术研究不正当行为的调查，需要涵盖以下三个方面方可展开。首先，就是发生了与相关研究机构或团体所普遍认同的行为相背离的做法。其次，是个体故意地、有意地或者无意地做出了不正当的研究行为。再次，就是具有足够清楚的证据对于学术研究不正当行为进行指控。这一部分的政策内容明确了学术研究不正当行为调查启动的先决条件。

关于联邦机构和研究组织的责任划分，《联邦政策》要求联邦机构和研究组织机构共同承担研究过程的责任。联邦机构对联邦资助的研究拥有监管权，但是研究机构对于本机构中的学术研究不正当行为负有主要责任。在这里，联邦政府为下属各相关机构及部门保留足够的“自我监管的特权”[②]，赋予其足够的权利对职责范畴内的失信行为进行调查与惩戒，极大程度地体现了联邦政策的宏观性与导向性。此外，在调查结束后联邦机构会对研究机构或组织展开后续跟踪，在审查调查记录之后，联邦机构会对研究机构的裁决结果进行监管。当联邦机构做出最后的裁决，将会把控诉结果和判决下达给研究机构。此外，还界定了研究机构处理研究不正当案件的上报机制，即研究机构需要通知为其提供资金的联邦政府关于案件处理过程与结果，其一就是控诉涉及联邦政府资助的研究项目，同时案件中涉及的问题满足上述联邦政府对学术不正当行为的界定；其二就是研究机

① National Academy of Sciences, *Responsible Science: Ensuring Integrity of the Research Process*, Washington D.C.: National Academy Press, 1999, pp.9–11.

② 同上书，第 9–13 页。

构经过询问之后，认定有足够的证据开启调查。当调查结束之后，研究机构需要将证据复印件，调查报告、建议、结果转交给联邦机构。与此同时，还明确了在询问与调查期间，如果出现下述情况，研究机构需立即上报联邦机构，例如公众健康或安全受到威胁、联邦机构的资源或利益受到威胁、研究被迫告停、违反法律要求等情况。当案件涉及多个联邦机构时，可以指定一个领头机构来协调对学术研究不正当行为的指控及其一切事宜。

《联邦政策》要求联邦机构和研究机构对不正当研究行为必须进行公正且及时的处理，在处理过程中对检举人与被控方都执行保护策略。保护检举人使其有信心可以对学术不正当行为的指控得到相关机构或单位的重视与处理，不让检举人因善意的指控遭到恶意的报复，同时保护检举人的地位和声誉。保护被控方使其相信自身权益会受到保护，在缺少充分理由的条件下，对其研究中不正当行为的指控不会影响或中断既有研究，或作为其他惩罚或影响的既有基础。这种保护包括及时以书面形式通知当事人；指控证据获取的合理性；回应指控的机会等。政策要求，开展审查与判定的人必须具有专业知识，并且与案件涉事人不存在冲突或利益关系，以保障处理过程的客观性与专业性。对询问、调查、裁决与上诉过程设置合理期限，以确保及时性。此外，在案件处理的各个环节严格执行保密原则，对于与案件无关的人员不能知晓案件处理内容与程序，尽量缩小涉及人员范围，同时案件记录要依照《信息自由法》中的相关要求，在法律法规限定的范围外不允许公开。

《联邦政策》作为国家层面研究诚信的保障性政策，内容规定并非事无巨细，而是发挥了纲领性、指导性作用，同时并不限制研究机构或其他实体机构的权威性，可以将该政策作为参照，相应地制定研究失信的政策、指导方针或道德指南，用以落实具体工作。这一政策作为国家层面的政策要求，虽未明确提及高校之中的学术研究不正当行为的处理办法，但是为高校具化政策的制定指明了方向，具有十分重要的指导意义。

二、“队伍保障”典型案例：国际学术诚信中心[①]

国际学术诚信中心的成立旨在规避高等教育中的作弊、抄袭和学术欺

① “International Center for Academic Integrity”, 2018–02–11, https://academicintegrity.org/.

骗，自 1992 年成立以来，使命职责也在不断扩大，致力于在全球的学术机构中培育诚信文化。该中心以“在世界范围内培育诚信”为宗旨，为其成员机构提供评估、资源、咨询等服务，并开展学术诚信主题论坛活动。为了满足成员单位的发展需求，国际学术诚信中心鼓励和支持其成员对学术诚信标准的相关问题及发展趋势进行预测。

1990 年罗格斯大学唐纳德·迈克卡比教授等人对全美 31 所高校的调研结果显示，超过半数的学生承认自己曾经有过考试作弊的行为，近五成学生表示曾经有过剽窃行为。[①] 本次调研结果极大地震撼了美国高等教育界，1992 年迈克卡比教授召集会议以研讨如何有效应对当前泛滥的学术失信现象，最后参会人员一致主张应该建立统一性学术诚信组织。同年，国际学术诚信中心在斯坦福大学应运而生，24 所高校成为该中心第一批会员单位。1995 年，在威廉和弗罗拉·休利特基金会的资助下，中心将自身定位确立为致力于学术诚信工作，推动高校内成员的平等对话。1997 年，该中心迁址到杜克大学，同时启动学术诚信基本价值观研究、制定学术诚信评估指南等。2010 年，为吸纳全球范围内会员群体与满足自身国际化发展策略，更名为国际学术诚信中心。截止到目前，国际学术诚信中心成员单位遍布世界 6 大洲，20 多个国家和地区。

该中心希望在世界各国的学术研究机构中推动学术诚信建设与发展，在扮演“智库”这一角色的过程中为会员单位提供评估工具、咨询、资源等。可以说，经过二十多年的发展，现已具备诸多特色功能，并以此服务于会员单位，取得突出成效。首先，以全程化服务降低学术诚信教育建设成本。学术诚信问题作为高等教育中不容忽视的重要问题，得到了各个高校的普遍重视，于是各高校纷纷建立自身的学术诚信教育体系。为了减少因界定不同而产生的差异化处理结果，以及尽量减少开发教育体系的资源浪费，国际学术诚信中心为成员单位提供全程化服务。其一，建立学术诚信建设四阶段模型，用以测评高校学术诚信建设的具体情况与实际效果，其中包括起始阶段、发展阶段、成熟阶段与荣誉准则阶段[②]，通过与不同阶

---

① D. L. McCabe, “The Influence of Situational Ethics on Cheating Among College Students”, *Sociological Inquire*, vol.3, 1992, pp.365–374.

② “Stages of Institutional Development”, 2018–03–12, http: / /www.academicintegrity.org/ icai/ resources–4.php.

段的对标，有效呈现高校学术诚信建设的具体情况，进而有针对性地帮助各会员高校开展工作。其二，开发学术诚信评价指南，用以帮助高校评估当前学术诚信教育的有效性、推动学术共同体内的对话与交流、改进学术诚信教育问题等，该指南的制定推动了各高校学术诚信教育的标准化进程，以适应其国际化发展。此外，国际学术诚信中心还为成员单位提供丰富的学术诚信教育资源，例如学术诚信体系建设模型、荣誉准则制度模板等。其次，以调查为基础确保学术诚信教育有效发挥。如上所述，该中心缘起于对高校学术情况的调研，与此同时，持续开展的调查与研究工作，也是中心保持活力与发展的动力源泉。基南伦理研究所、拉法兰伦理研究所作为中心的合作单位，以及威廉和弗罗拉·休利特基金会、邓普顿基金会的支持，都有效地推动了学术诚信中心的理论研究成果产出，例如对于学术诚信基本价值观的研究、道德教育与学术诚信等方面的研究。可以说，数据调研为学术诚信教育实际工作的开展提供了实证基础，也为学术诚信教育的学理研究提供了研究依据。再次，以活动为契机推进学术诚信教育经验交流。鉴于个体道德发展过程与学习经历、个体反思、问题解决等多重因素有关[①]，国际学术诚信中心积极推动诚信讨论项目。在这一项目中，鼓励学生对所提供材料进行分析与思考，并用电子邮件形式联通学生与教师之间的沟通渠道，在学生回答后，由教师进行评估与额外辅导，旨在探讨信任、自律、社会责任等问题。此外，中心还积极开展竞赛类活动、建立相关奖项，例如通过制作学术诚信视频或海报帮助学生认识到学术失信行为的现实危害与潜在影响等[②]；通过设立唐纳德·迈克卡比终身成就奖、诚信校园奖等奖项表彰推动校园学术诚信建设的优秀个人与高校。与此同时，中心高度重视经验交流的重要性，以工作坊、学术会议等形式在成员之间鼓励学术探讨。以 2014 年为例，中心召开两次大型会议，分别是开普敦会议与杰克逊维尔会议，前者针对学术诚信的机遇与挑战等主题进行了探讨，着眼于未来发展，帮助会员单位正视当前在学术诚信教育中所面临的困境；后者则围绕高校学术诚信教育的问题治理、工具开发、政策演进等方面进

① Jacob Eisenberg, “To Cheat or not to Cheat: Effects of Moral Perspective and Situational Variables on Students’ Attitudes”, *Journal of Moral Education*, vol.2, 2004, pp.163–178.

② “Contest”, 2018–03–12, http://www. academicintegrity.org/icai/integrity–3.php.

行了分享。①

国际学术诚信中心在美国高校学术诚信教育，乃至国家学术诚信体系建设中都发挥了重要作用。首先，中心率先提出被美国各界所普遍遵循的关于“学术诚信”的概念界定与价值观描述，即将学术诚信视为一种责任，无论遭遇何种困难都应始终坚守六种基本价值观——诚实、信任、公平、尊重、责任感与勇气。这一概念被广泛应用于高校学术诚信教育之中，成为高校学术诚信教育目标的核心指向。②其次，中心全面推动美国各界关于学术诚信的学理研究。一方面中心鼓励开展实证研究以探求高校学术诚信教育的有效方法；另一方面中心在成立二十周年之际，全面整合了美国学术诚信教育领域的学理研究状况，出版了研究资料汇编，系统地介绍了关于学术诚信领域较为权威的书籍、期刊、论文、网页等内容，清晰地梳理了关于学术诚信教育的发展脉络、体系建设、未来发展等内容。③再次，中心提供特色化服务直接应用于现实高校学术诚信建设之中。通过评估体系、建设指南、资源供给等方面的特色化资源，为各个高校提供具有高度可操作性、可应用性价值的服务。

---

① “Academic Integrity and Security: Positive and Proactive Solutions, Academic Integrity: Confronting the Issues”, 2018–03–12, http: //www.academicintegrity.org/icai/events–2.php.

② “Fundamental Values Project”, 2018–03–12, http: //www. academicintegrity.org/icai/resources–2. Php.

③ “AI Reader–20 Years of Top Academic Integrity Research”, 2018–03–12, http: //www. academicintegrity.org/icai/resources–5.php.

第五章

美国大学生学术诚信教育的理性反思

美国是当今世界最发达的国家之一，其经济、政治、文化以及社会发展均处于世界领先水平，优秀的学术体系以及优良的教育成果是美国教育发展始终保持源源不断活力的重要原因，同时也是推动美国社会能够不断进行自我校正、保持世界强国地位的重要因素。学术诚信是高校的立校之本，大学生学术诚信价值观的培育长久以来成为美国高等教育，乃至美国社会持续关注的重要命题。美国高校不断致力于大学生学术诚信教育的内在机理与基本逻辑研究，并在长期的教育实践中逐渐形成了较为完备的教育体系与独特方法。基于此，在本章中笔者立足于对美国大学生学术诚信教育的全景扫描，深入挖掘其教育开展的理论依据，并从宗教、社会、文化等方面考察教育发展的内在动因，同时开展对教育局限性问题的批判反思，力求全面且深刻地把握美国大学生学术诚信教育的价值启思。

第一节　美国大学生学术诚信教育的理论依据

教育实践的开展离不开相关理论的指导与观照，深刻洞悉教育理论的内在思想与精髓，对于揭示教育实践活动的合理性与规律性具有十分重要的意义。大学生学术诚信教育对于美国高校教育管理实践来说是一个极为重要的领域，在两百余年的演变与发展过程中，合理遵循了契约理论、博弈理论、人力资源理论与社会交换理论等诸多经典理论的理论内涵与外延，因此对于本命题的研究与分析必须要建立在科学的理论基础之上，采取审慎的态度。基于这一认识，本部分通过对美国大学生学术诚信教育的相关理论依据展开分析，探究其指导思想，以期为深入挖掘美国大学生学术诚信教育的内在本质与现实困境提供参照。

一、主张契约信守与自由遵从的契约理论

契约精神是西方文明社会的主流精神，其产生受到了宗教思想的深刻影响，在西方文化传统中可谓是根深蒂固。纵观其发展脉络，西方社会关于“契约”的相关表述最早出现在古希腊智者学派的论述中，此后伊壁鸠鲁第一次对这一概念进行了系统的理论阐释，指明了人的自由的本质与国家起源的契约性质，将国家视为人们约定的产物。现代哲学家托马斯·霍布斯认为，人类最初生活的“自然状态”存在于一个没有政府、没有规则的世界之中，然而不可避免地由于人类丑陋本性的存在，使得这种自然状态中充斥着混乱、争夺甚至是杀戮。因此，人类有必要让渡部分权利给统治者，以获得社会的稳定与和谐，这种让渡的过程就体现了契约的发生。[①]霍布斯在其著作《利维坦》中就写道：“我们需要依托一些力量，否认人们不会注意到互惠法则的存在。”[②]与霍布斯主张的绝对的权利不同，约翰·洛克提倡分权学说，他认为如果要真正地保障人民的自由与安全，需要实行法治与分权，将立法权、执行权与邦交权分而治之。[③]到了18世纪60年代，卢梭进一步完善了这一理论，他主张建立无产阶级的“理性王国”，主张自由平等，提出天赋人权，推崇培养自然人的教育制度与体系等思想。[④]19世纪到20世纪，契约理论因遭受到各种批判而呈现衰落的态势，直至以约翰·博德利·罗尔斯为代表的哲学家们提出了一种新的契约论，即在一个假想的“原初状态”下人们通过“社会契约”找寻正义的理想，这其中所指的“原初状态”是“不受偶然因素或社会力量的相对平衡所决定的状态”[⑤]，认为契约是一种指导确立社会基本结构的根本道德原则。不难发现，在西方，契约成为人们构筑自由、平等、守信社会的重要方式，也是维系国家结构稳定、秩序优良的重要手段。在契约社会的发展过程中，逐渐形成了以契约精神为主流的西方文明社会精神，并在民主法治、经济

---

① Thomas Hobbes, *Leviathan*, London: Penguin, 1985, pp.75–90.

② 同上书，第233页。

③ 〔英〕洛克:《政府论》(下篇)，北京：商务印书馆1964年版，第59–70页。

④ 〔法〕卢梭:《论人类不平等的起源和基础》，北京：商务印书馆1962年版，第77页。

⑤ 〔美〕罗尔斯:《正义论》，北京：中国社会科学出版社1998年版，第115页。

发展等领域发挥着积极的作用。

美国高校荣誉准则制度很好地遵循了契约理论中主张契约信守与自由遵从的价值理念，逐渐成为高校大学生学术诚信教育的特色方法和手段之一。该理论在本体上包含着契约自由、契约平等、契约信守等要素，这在学术诚信教育实践中具体体现在如下几个方面：首先是契约自由，强调签约各方主体具有是否缔结契约的自由。在荣誉准则的签署过程中，学生有权选择是否签署荣誉准则誓言，虽然签署誓言是推动学术诚信建设的重要举措，但学校也不能强迫学生必须在誓言下署名，或是必须在试卷中誊写荣誉誓词。比如普林斯顿大学等高校明确要求不签署荣誉准则者不能如期注册入学，但是学生依旧有选择是否与学校缔结学术诚信这一“契约”的权利，并且不得受到其他因素的影响与干扰。其次是契约平等，指代签订契约的主体具有平等地位，并且需要承担一定的权利和义务。在荣誉准则制度的实施过程中，学生与学校互为契约双方，学生做出学术诚信的承诺，在此过程中学校不但具有监督、惩处等权利，还具有帮助学生抵制失信行为、在校园内营造学术诚信氛围等义务，例如，学校理应以文本等形式明确学术失信行为的范围、教导学生正确使用信息引用的规范、开展各类学术诚信宣讲、号召教师积极发挥正向引导作用等，明确学校在享有权利的同时也要充分发挥义务。再次是契约信守，这是契约精神的核心，明确契约的订立源于彼此的信任而非强制。在大学生学术诚信教育中，学校对学生给予充分的信任，邀请学生制定学术诚信相关政策，采取设立无监考考场、成立学生自治组织等举措；学生也采取主动的回应，自觉遵守学校规定，时刻铭记自身对学术诚信的坚守与传承，与此同时还应积极地以身作则，以自身的道德选择影响身边朋辈。在这个过程中充分体现了契约双方的守约行为与追求，达到一种自然而然相互尊重、彼此信任的状态。可以说，在荣誉准则的制定与执行过程中，无不体现着契约信守与自由遵从的这一契约理论本质特征，在这一理论思想的指导之下，有效地提升了学术诚信教育的实效性与人文性。

二、直面有限理性与利益驱动的博弈理论

博弈理论又被称为游戏理论与策略理论，是“智性决策者之间冲突与

合作的数学模型研究”[①]，作为解决斗争或竞争时对策问题的理论与方法，属于运筹学范畴。具体指的是在特定环境与规范的制约下，某个组织或个体根据当前所掌握的全部信息，从各自选择的行为或是策略中分析、选择、实施并取得收效的过程。[②]这一理论起始于恩斯特・策梅洛、约翰・冯・诺伊曼等学者的研究。1928 年，诺伊曼论证出博弈理论的基本原理，标志着该理论的正式确立。此后的 20 年，诺伊曼与奥斯卡・摩根斯坦对其进行了系统化发展，将二人博弈拓展至多人博弈，创新性地将该理论应用于经济学领域，并在 1944 年出版了著名的《博弈论与经济行为》一书，标志着现代博弈理论的初步形成。[③] 20 世纪 50 年代，约翰・福布斯・纳什利用不动点定律证明了均衡点的存在，推动了博弈理论的一般化发展，从此纳什均衡[④]成为该理论的重要术语之一。此后直至 70 年代是博弈理论成果迅速产出的时期，其中包括莱茵哈德・泽尔腾提出的“多步对策”“子博弈完美纳什均衡”“颤抖均衡”等概念，约翰・豪尔绍尼提出“贝叶斯纳什均衡”的概念以及分析不完全信息博弈的方法。自 20 世纪 80 年代开始，博弈理论日趋走向成熟，经过学者们研究的深入与不断发展，迄今为止博弈理论已经成为一门较为完善的学科，经常被用于各个领域问题的研究之中。

博弈理论中包含着四个基本要素：一是局中人（Player），指参与到博弈活动之中的主体，是具有决策权的活动参与者，根据局中人的数量多少，博弈可以被分为“二人博弈”与“多人博弈”。二是策略（Strategy），是局中人在所掌握的全部信息下最终所选定的行动规则，它对局中人在出现何种情况下做出何种反应、选择何种行动进行规定。但需要注意的是，策略指的是在某个行动中的完整行动方案，而非只应用于行动中的某个阶段。只有贯穿于行动全过程的行动方案才能够被称之为一个策略。根据博弈活动里局中人策略数量的多少，博弈还可以被分为“有限博弈”与“无限博

---

① Roger B. Myerson, *Game Theory: Analysis of Conflict*, Cambridge: Harvard University Press, 1991, p.1.

② “Game Theory”, 2018–01–13, https://en.wikipedia.org/wiki/Game_theory.

③ John Von Neumann, Oskar Morgenstern, *Theory of Games and Economic Behavior*, New Jersey: Princeton University Press, 1944, p.33.

④ 纳什均衡（Nash Equilibrium），又被称为非合作博弈均衡，以约翰・福布斯・纳什（John Forbes Nash）的名字命名，是一种策略组合，旨在使同一时间内每个参与人能够对其他参与人策略做出最佳反应的策略。——作者注

弈”。三是收益（Pay Off），指的是博弈结束时局中人所取得的结果。不难发现，局中人的收益与该主体在博弈时所选择的策略密切相关，与此同时也与全体局中人所选择的策略群密不可分。因此，每个局中人的得失与全体局中人的策略群呈现函数关系，后来这种函数关系被称为“收益函数”。四是均衡（Equilibrium），局中人在选择策略的指导下，通过行动在最终取得结果时所达到的一种稳定状态，是所有参与者最有策略的组合。

博弈活动的魅力很大程度上在于过程中所体现出的不确定性，此外，博弈结果随着多重因素的改变而可能发生根本性的变化。与此同时，由于人类具有自然属性和社会属性的双重特征，因此除去来自社会、文化、环境、人际交往等方面的影响，个体本身的情感取向与道德选择也都会对博弈结果带来极大的不确定性。对于局中人而言，并不存在绝对理性，只能是在精神性、社会性以及生物性等属性的作用下所表现出来的“有限理性”。因此，人们在进行策略选择时，并非能够直指收益最大策略，而通常是选择某种程度上的最优策略。由于博弈的过程能够很好地呈现出局中人对利益的本能诉求，因此通过博弈理论分析诚信行为，尤其是学术诚信行为，有利于分析观察学生个体的价值选择，找到学术失信行为的根本原因，进而制定开展学术诚信教育的有效机制与策略，基于此，推崇直面有限理性与利益驱动的博弈理论成为开展大学生学术诚信教育的重要理论依据。一方面，大学生群体是具有有限理性的学术诚信行为主体。根据大学生群体的思想意识与年龄行为特征及其受教育经历不难看出，个体价值观正在处于逐渐趋于成熟的阶段，在组织理性与主观理性影响下，具有一定程度的有限理性，而非完全理性或完全非理性，这就使得学生个体在面对具体问题与情景中，能够避免盲目选择与冲动实施，可以通过信息收集、情景分析与现实思考，明确自身行为的目标，最大化地满足自身利益。从博弈理论出发，大学生群体作为局中人，以其具有的自我判断力、自我决策力等能力，加以明确自身需求这一特征，可以主动地去实施自身理性选择后的最优策略，虽然在选择过程中可能存在价值冲突与价值选择，也有可能损害其他局中人的利益，但却恰如其分地体现出博弈理论的本质特征。[①] 另一方面，利益驱动是学术诚信行为博弈过程中的内在影响动因。道

① 施锡铨:《博弈论》，上海：上海财经大学出版社 2004 年版，第 7 页。

德约束作为维持社会秩序的重要手段之一，不得不说在某种程度上存在局限性，当个体利益面临巨大利益诱惑之时，道德规范有时会呈现疲软之势。博弈理论认为利益趋向性促使参与者产生不可忽视的自利行为，学术诚信制度是博弈参与者自我优化选择的结果。因此在学术诚信教育的开展过程中，可以通过制度设计，关照利益因素，“引导”学生正确认识利益的存在形式并非单纯的试卷高分、按时提交作业等方式，进而在面对失信可能时选择稳定且正确的行为策略。①

三、强调精神资本与社会资本的人力资本理论

人力资源理论起始于18世纪，伴随着欧洲产业革命的出现，人类步入大工业时代，生产力发生划时代的变革，具体表现在手工生产被机械生产所取代、经验工艺被科学技术所取代，以及作坊师徒传教形式被专业技术培训所取代，在其中，人的知识与技术、思想与方法逐渐在生产中占据了重要位置。1776年，亚当·斯密在其代表巨著《国民财富的性质和原因的研究》中突破性地将人的才能与其他资本一道，视为同等重要的生产手段，他指出人的经验、知识与能力不但是财富的一种体现，也是生产财富的一种要素，接受教育所要支付的费用是可以得以偿还且赚取利益的。②19世纪40年代，德国经济学家弗里德里希·李斯特提出了物质资本与精神资本的概念，着重强调了精神资本在生产中的重要作用，作为智力成果的集合，精神资本成为国家生产力高低的决定因素。在马克思的理论研究中虽然没有明确的人力资本理论概念，但在其劳动价值论中，人力资本也得到了充分的肯定与重视，他认为“劳动是创造社会财富的主要源泉，人类的具体劳动创造商品的使用价值，抽象劳动创造商品的价值”③。他还提出，非生产性劳动指代的就是劳动者受教育、培训、提高劳动能力的劳动，成为继承古典经济学家理论的标志性体现。20世纪60年代，现代经济学家西奥多·舒尔茨在美国经济学年会中系统地提出并阐释了人力资本理论，针

---

① 〔美〕梅利尔·D.彼得森:《杰斐逊集：上》，刘祚昌、邓红风译，北京：生活·读书·新知三联书店1993年版，第502–510页。

② Adam Smith, *An Inquiry into the Nature and Causes of the Wealth of Nations*, New York: McGraw-Hill College, 1776.

③ 吴锦程:《中国农民教育供给制度研究》，北京：人民出版社2012年版，第44页。

对人力资本形成机理与途径，以及教育对经济增长的推动性做出了细致的研究，被称为“人力资本之父”。随后，著名经济学家、社会学家加里·贝克尔在舒尔茨研究的基础上，运用经济数学的方法，将教育对经济增长的影响进行了微观分析，论证了人力资本与个人收入分配的关系。此后，爱德华·富尔顿·丹尼森等学者继续对人力资本理论进行了完善与发展。

对于所有资本形式而言，人力资本理论认为人力资源是一切资源中的核心资源，其作用要远大于物质资本。与此同时，人力资本的核心是通过教育投资提高人口质量，应该将人力资本再生产视为一种投资形式而非消费，这种投资形式所带来的经济效益非物质投资所能比拟。人力资本理论的重要意义在于，创新性地将资本分为物质资本与人力资本，将体现在个体身上的各种资本总和定义为个人资本，并且鼓励社会对生产者进行专业教育与职业教育，以提升其专业知识、生产技能与身体素质等多方面，突破性地将人体的智力、体力与道德素质上升为影响生产力的重要因素，极大地推动了人们对教育投资的认识与关注。

不难看出，人力资本高度关注个体知识、技能、精神等层面的发展，以谋求更大的经济收效。因而，如何提升个体综合实力与素质成为国家乃至社会各个层面不断探寻的问题。通过研究不难发现，在个体发展过程中，精神世界的强大与关系网络的构建逐渐成为影响其发展路径及效果的重要因素。首先，精神资本将个体视为整体加以完善。毋庸置疑，人具有物质性与精神性的双重属性，知识、文化、技术从外在物质层面将人加以武装，使其成为具有客观能力的存在，然而，精神资本则丰富了个体的内在世界，使人成为真正全面、实在、客观的整体。其次，社会资本将个体融入社会集体之中。人是社会的人，社会是人的社会，作为社会主体的人，势必是要生活在群体之中，而且只有将各个独立的个体加以整合，将分散的力量相融合，才能创造更大的效益。基于此，在大学生学术诚信教育中人力资本理论发挥着积极的作用，具体表现在如下两个方面：其一是强调学术诚信是一种精神资本。学术诚信作为一种科学的信仰与精神，是在长期的科学实践里、在学术共同体中形成的被广泛认同的价值标准与行为规范。因此，通过开展大学生学术诚信教育，使学生养成学术诚信品质与价值观，将其作为精神资本不断增强个体人力资本，对于科学事业乃至整个社会的发展都会产生重要作用。其二是强调学术诚信也是一种社会资本。学术研究，尤其是重要项目或课题的研究往往呈现团队性，在每一个研究团队之中都存在着一定规模的人际网络，与此同时，研究团队之间、研究团队与科研部门之间又构成了更大的人际网络，因此学术研究的过程是另一种形式的社会交往。科学知识的交流与分享在研究成员之间基于信任的前提下得以开展，在某种程度上而言，这是另一种意义上的社会资本存储。

四、追求物质与精神互惠平衡的社会交换理论

作为社会学中的一个重要理论，社会交换理论对人在社会中的表现从交换的角度给予了商品化的考量与探究，对于社会中的人际关系具有深远影响。美国著名社会学家乔治·霍曼斯在著作《社会行为交换论》中将社会交换定义为活动的交换，或有形或无形、奖励或代价或多或少，但至少是发生于两人之间，[①] 是社会交换理论的代表人物。在霍曼斯创立该理论之后，其他学者在此基础上展开了研究，约翰·鲍特与哈罗德·凯利将研究集中于心理学范畴。[②] 克洛德·列维－斯特劳斯基于人类学研究背景，将研究主要集中在广义交换系统之上，例如亲属之间的礼物交换等。[③] 理查德·爱默生在研究中表明交换是一种框架而非理论，但他与霍曼斯都关注交换的过程性。[④] 在霍曼斯看来，人际关系的本质就是交换关系，人际关系的和谐状态源自于人与人之间物质与精神交换的平衡，而且只有这种平衡是一种互惠平衡时，人际关系才能得以维系。

社会交换理论中存在着成功、刺激、价值、剥夺－满足、攻击－赞同以及理性六个重要的命题，诠释着交换理论的具体内涵。首先，成功命题强调的是人虽然与动物具有本质区别，但是人的某种行为却与动物有着相似性，相似之一就是都会遵循报酬原则。即如果个体的某种行为经常会受到奖励与报酬，那么此种行为就会经常出现，并且个体行为的频率往往也

---

① George Homans, *Social Behavior: Its Elementary Forms*, New York: Harcourt Brace, 1961, p.13.

② R. M. Emerson, "Social Exchange Theory", *Annual Review of Sociology*, vol.2, 1976, pp.335–362.

③ John Delamater, *Handbook of Social Psychology*, Dordrecht: Kluwer Academic Publisher, 2006, pp.53–76.

④ R. M. Emerson, "Social Exchange Theory", *Annual Review of Sociology*, vol.2, 1976, pp.335–362.

与报酬的频率或多或少成正相关。其次，刺激命题指的是如果曾经出现过某一个特定的刺激，同时为个体的行动带来了某种报酬与奖励，那么再次出现的刺激与原有刺激相似度越高，个体所出现类似行动的可能性就越大。第三，价值命题是指对于能够进行价值选择与价值判断的个体而言，某种行为所带来的结果对个体越有价值，那么个体采取这种行为的可能性则大，同理，如果某种行为对个体而言带来了惩罚或消极改变，那么个体将会有意避免此种行为的再次发生。第四，剥夺 – 满足命题中"剥夺"指的是个体获取报酬后所经历的时间跨度，"满足"指代的是个体刚刚获得报酬后的心理状态。这一命题体现了经济学中边际效用递减规律，即一个人获得报酬的频率越高，那么获得报酬之后的满足程度就会逐渐降低，将时间因素融入到个体行动与获得报酬的满足感之中。第五，攻击 – 赞同命题，其一层含义是当行为并未得到期望的报酬或遭受意料之外的惩罚时，个体将产生攻击行为，虽然该行为并不被认同，但对个体而言是有价值的。其二层含义是当行为获得了比预期还要多的报酬或者并未获得预想中的惩罚时，个体会十分兴奋并继续做出此类行为。最后，理性命题认为个体在进行选择时，会同时考虑价值与成功的可能性双重因素，人们总是倾向于选择成功可能性大且获取价值也大的行为，相反，那些成功可能性小且价值不高的行为往往不会被选择。

结合上文对社会交换理论内容的诠释，选取其中与大学生学术诚信教育密切相关的三个命题进行进一步分析阐释，不难看出这一理论在教育开展过程中的指导性。第一是成功命题在学术诚信教育中的应用。成功命题的内涵指出，如果个体在一次行动中成功获得报酬或避免惩罚后，他则会倾向继续进行此种或与之类似的行动。结合大学生学习生活实际，如果学生在考试中存在作弊行为而未被察觉，那么该名学生很有可能再次通过作弊这种行为获得较高的课业成绩；再如果学生在完成一篇学术报告时严格按照学校学术规范要求对引用内容加以标识，而获得老师的肯定并号召其他学生向该名学生学习后，那么在其日后的学术规范操作上依旧会保持严谨、公正的态度。这表明，在开展大学生学术诚信教育的过程中，需要采取多种手段严格监管，坚决杜绝学术失信行为的发生，以避免同一个体失信行为屡次发生，并且也可以积极运用鼓励手段强化优秀学生的学术行为。第二是价值命题在学术诚信教育中的应用。大学生作为具有一定价值判断能力的独立个体，如果所选择行为带来的结果越有价值，那么其选择这一行为的可能性就越大，但是，当价值预期具有一定诱惑力的时候，则可能会铤而走险。例如，虽然深知学术失信的后果，但是当面临篡改一个实验数据就可以得出前所未有的实验结果时，学生个体就可能会做出错误的行为选择。这种情况就要求教育者在开展大学生学术诚信教育的过程中，对学生正确价值观的培育做出积极的引导与推动，增强学生对待诱惑的抵制能力，时刻保持清醒的头脑。第三是理性命题在学术诚信教育中的应用。这一命题中加入了概率问题，即除了考虑行为所带来的报酬外，还要考虑获得这一报酬的可能性。如果学生发生学术失信行为的代价很小且成功的概率较大，那么失信行为极有可能会发生。反之，如果发生失信行为的代价很大且较难实现，那么学生往往可能会选择坚守诚信。所以，引导学生做出正确价值判断与认知，做出理性的行为选择，也是大学生学术诚信教育的主要方面。

以上观之，经典理论为美国高校学术诚信教育的发展与实践提供了有益指导与参考，将理论的内在思想、核心观点与学生个体特征、教育活动实际相结合，极大地增强了高校学术诚信教育的科学性、有效性与实效性。可以说，有效参照经典理论建构起的学术诚信教育体系，在社会主流文化与国家价值观的框架下助推了对学生个体学术诚信价值观的养成以及共同体学术诚信文化的构建。

第二节　美国大学生学术诚信教育的精神根源

大学生学术诚信教育体系是一个不断发展完善的动态系统，具有开放性、动态性、实践性等特征。在明晰培育学生个体学术诚信价值观与形成共同体学术诚信文化这一高级教育目标的基础上，整体把握美国国家经济、政治、文化的典型特征，不难发现国家宗教信仰与高等教育理念的核心要义是推动大学生学术诚信教育产生和发展的精神根源。挖掘精神根源、分析作用机理、把握影响要素，有助于我们全面地、深刻地把握美国大学生学术诚信教育的内在本质，从而为开展理性反思与借鉴提供抓手。

一、崇尚契约信守与严谨务实的清教主义思想

作为基督新教重要分派别的清教是美国殖民地时期的主流宗教，其伦理思想在美国文化形成初期发挥了巨大影响，成为了美国文化的基因根脉[①]。历史学家巴斯在《我们美国的传统》中说道："不了解美国清教思想，也就不可能理解美国社会。"[②]纵观美国主流价值观的形成过程，基本上都可以追溯到殖民地时期的清教文化。清教徒作为第一批到达美洲的"北美移民"主体，虽为在英国国内饱受迫害逃亡至此，但是他们依旧通过遵从自身宗教哲学的精神指引，以拼搏不懈、开拓进取、积极向上等品质，致力于建立一个理想社会，即"山巅之城"。清教徒主张简单、充实、平等的生活，是生活最为虔诚与圣洁的新教徒。与此同时，清教主义通过倡导虔敬、谦卑、严肃、诚实、勤勉等思想，逐渐成为了"一种独特的美国思想、性格和行为方式"[③]，并且长久影响着美国国家的价值规范。

正如佩里·米勒所言："契约思想是构成清教思想的核心要素之一，贯穿于清教思想始末，并对美国思想产生深远影响。"[④]对清教主义思想的研究势必要提及契约思想，纵观基督教历史中的契约思想，自中世纪起逐渐完成了"赎罪契约"到"受造契约"再到"恩典契约"的转变，清教契约思想是吸收了"恩典契约"与因信得救论等思想后所形成的。那么基于宗教伦理学视角，不难看出清教契约思想主要包含多种表现形式。一是达成恩典契约，即上帝与选民关系的确立。清教徒移民自命是上帝的"选民"，是"获得了上帝的恩典，并与上帝立下誓约，来此完成使命，创造一个受人仰望的新世界"[⑤]。在《五月花号公约》中，清教徒承诺"荣耀"上帝并希冀上帝"庇佑"等诸多表述，无不体现立约者对上帝的遵从以及对清教信仰的崇敬，充分展现了上帝与选民之间的恩典契约。二是达成社会契约，

---

① 张晓立:《解析美国高等教育》，北京：中央编译出版社 2013 年版，第 222 页。

② Herbert J. Bass, George A. Billias, Emma Jones Lapsansky, *Our American Heritage.* MNew Jersey: Orristown, Sliver Burdett Company, 1978, pp.77–81.

③〔美〕H. S. 康马杰:《美国精神》，南木等译，北京：光明日报出版社 1988 年版，第 251–252 页。

④ 李娟:《试析北美新英格兰殖民地时期的清教契约思想》,《东北师大学报》(哲学社会科学版) 2009 年第 4 期，第 119 页。

⑤ John Winthrop, "A Model of Christian Charity", in George M. Waller ed., *Puritanism in Early America*, Lexington: D. C. Heath and Company, 1973, p.22.

即自治团体与个体关系的确立。为了实现世俗活动的目标，清教徒秉持自愿原则，以契约的形式形成自治团体，既强调了个人主义与自由主义的追求，又保障了个体在自治团体中的平等权力，为日后美国宪政民主发展打下坚实基础。三是达成教会契约，即个体之间关系的确立。清教徒移民美洲的目的就是为了维护清教的正统性与信仰的纯洁性，在自治团体宗教化到一定程度之后便形成了教会，并且始终代表着个体成员以及团体的利益。需要注意的是，社会契约与教会契约是在殖民地社会化发展过程中，由恩典契约逐渐分化的产物，二者均以前者为核心。[①]可以看出，美国清教伦理思想的核心内涵就是契约精神，即要信守与神订立的契约。

清教徒代表了一种态度、一种价值观、一种精神，是最为虔诚的新教徒。因为与上帝签订了契约，所以他们满怀感恩之心自觉完成神所召唤、命令、安排的各项任务，这是他们的责任和义务所在。他们肯定现实生活的必要性，并认为世俗的工作是上帝安排的任务，是神圣的天职，“把履行世俗事务的责任，看作是个人道德活动所能采取的最高形式……使日常活动被赋予了宗教意义”[②]，它不同于天主教伦理中的“命令”（Praecpta）与“劝勉”（Consilia），认为上帝能够并且唯一能够认可的生活方式，是“履行个人在现世中所处位置所赋予他的义务”[③]。这种“天职观”将世俗劳动视为个体与上帝缔结的契约，个体自觉背负某种责任，并且要实时恪守虔信、保持热情、不懈努力等，认为努力工作是“荣耀”上帝的表现以及自我救赎的途径。作为一种伦理规则，逐渐成为一种价值选择存在，违背伦理规则的个体不会被轻易谅解，而是将被视为背弃与上帝的约定。“美国人认为一个国家的宗教特征不只在于每个公民都有宗教信仰，而且其行为也要符合宗教信仰要求。”[④]正如亨利·斯蒂尔·康马杰所言：“虽然清教神学思想的重要性在18、19世纪漫长的岁月里已逐渐消失，但其许多道德和政治思想还在继续发挥作用。两个世纪的沧桑变化并没有使我们失去对这些遗产的继承，如……通过契约和赞同忠于政府的理论以及忠于精神上和

---

① David A Weir, *Early New England: A Covenanted Society*, Grand Rapids: Wm. B. Eerdamans Publishing, 2005, p.2.

② 〔德〕马克思·韦伯：《新教伦理与资本主义精神》，马奇炎、陈婧译，北京：北京大学出版社2012年版，第76页。

③ 同上。

④ 〔美〕H. S.康马杰：《美国精神》，南木等译，北京：光明日报出版社1988年版，第249页。

道德上的民主观念，等等。”[①] 时至今日，这种天职观依旧对美国人的职业观或使命感带来深深的影响。在天职观念的影响下，大学生从事学术研究的个体行为并不是个体“自发的”行为选择，而是上帝所赋予的“天职”，通过努力开展研究，能够取悦上帝，形成学术成果是获得再生的重要手段。因而，在宗教传统与文化的影响下，为了信守与上帝的契约，个体在开展学术研究过程中要始终秉持诚信精神、潜心研究、坚持不懈，以最好的状态完成上帝所赐之“福”。

清教徒将《圣经》视为诠释上帝意志的权威代言，是精神追求与宗教生活的唯一标准，作为教徒“每个人都必须能自己阅读《圣经》”[②]，并以此来感受上帝。清教徒们认为“没有兴旺的学校和学院，教会与国家就无法生存”[③]。为了确保教徒们可以自主阅读并思考，他们高度重视教育以求“真知”。与此同时，在清教徒的思想中，推崇将理论付诸实践，强调理论知识与世俗技巧的同等重要性，这也在日后美国的教育思想中发挥了重要作用，逐渐形成了务实的态度。[④] 在开展教育实践或进行教育学习的过程中，清教徒时刻秉承契约思想，不断严格要求自己，端正学风，倡导严谨的治学态度。毋庸置疑，清教祖先严谨务实的传统对美国教育事业发展产生了巨大影响，规模化、普及化的教育事业使得美国被称为“学院之国”[⑤]。值得一提的是，这种传统对学术研究工作亦产生重要作用，促使美国人乐于投身于其中，并且还能够时刻秉持学术诚信的态度与要求，正是这种精神与追求在很大程度上助推了美国在教育、科技等领域的发展与进步。同时这种务实严谨的精神在一代又一代的学者中始终传承延续。

整体来说，清教主义思想奠定了美国社会的基础，塑造了美国人的性格，对美国的政治原则、商业伦理、价值观念、道德规范等方面都产生了深远影响。时至今日，多数美国人依旧将自己的国度视为缔结了神约的国度，依照上帝的指引而建立，受到上帝的保护和庇佑。虽然人们已经不再

---

① 〔美〕H. S. 康马杰:《美国精神》，南木等译，北京：光明日报出版社1988年版，第251页。

② Hicks Mowry Burke, *The Federal Union*, Boston: Hougbton Miflin Company, 1964, p.75.

③ 〔美〕杰拉德・贝多:《美国使话》，苏克进译，南宁：广西科学技术出版社1992年版，第32–34页。

④ Winthrops S. Hudson, *Religion in America, An Historical Account of the Development of American Religious Life (Third Edition)*, New York: Charles Scribners Sons, 1981, p.127.

⑤ 滕大春:《美国教育史》，北京：人民教育出版社1994年版，第218–219页。

如清教祖先那样严格信守着“与上帝之约”，而是彻底融入到了世俗社会的生活之中，但是原有的道德戒律与伦理要求依旧是美国社会道德规范与法律的重要基础与来源，并且深刻地影响着美国国家与社会。在这种道德规范的潜在推动下，美国高校依托学术诚信教育，力求将学术诚信变成每一个从事学术研究的个体所应自觉并乐于遵从的价值选择，所以说崇尚契约信守与严谨务实的清教主义思想作为精神根源，有力推动了大学生学术诚信教育的产生和发展。

二、坚持追求真理与学术自由的高等教育理念

自清教徒移居北美大陆开始，美国人就有着强烈的宗教使命感，与之相适应地，美国高等教育使命也承载着宗教传统中的神圣使命。伴随着时代的发展与社会的进步，美国高等教育使命的内涵也在不断地延伸。从怀抱着建立“人间天国的典范”的神圣宗教使命，到国家和世俗力量的全面介入；从为宗教信仰服务，到为经济利益乃至政治战略服务；从致力于为上帝培养合格的牧师和宗教精英到为社会培养复合应用型人才……具体而言，早期殖民地时期，美国高等教育的使命是“响应神的号召，服务于上帝的事业”①，具有十分明显的宗教性、殖民性与阶级性，教会成为教育的主导者与掌控者。北美独立战争时期，启蒙思想得以传播，追求平等、自由、民主的思想逐步渗透到大学之中，高等教育逐渐开始了“世俗化”转向，进入了遵循宗教传统思想与民主思想并存的发展时期，致力于“培养民主制度领导人”，“向民众灌输民主思想”。随着大规模移民进入美国，社会样态呈现多元化特征，多种文化、价值观、种族之间相互交流、交融、交锋，同时也赋予了高等教育新的使命，即“培育美国精神”。而自第一次世界大战后，美国一跃成为世界经济霸主，高等教育机构又开始转为致力于培养杰出的政治家、勇于探索的科学家、善于经营的企业家等专门性人才，这也昭示着美国高等教育使命从理想主义到现实主义的过渡。第二次世界大战后，高等教育进入到普及与扩展时期，领导者意识到经济上的活力与竞争力是保持美国政治优势的必要条件②，同时经济增长的重要源泉来自于

① 张晓立：《解析美国高等教育》，北京：中央编译出版社 2013 年版，第 218 页。

② John S. Brubacher, Willis Rudy, *Higher Education in Transition, A History of American Colleges and Universities*, 1636–1976, New York: Harper & Row, Publishers, 1976, p.266.

科技发展，那么专门性人才的培养被提升到维护国家国际话语权的战略高度。不难看出，美国高等教育使命的变革是伴随着社会发展需要以及高等教育发展而变化的，逐步完成了从为宗教神学服务到为世俗经济利益服务，从为社会民主价值利益服务到为美国全球战略利益服务的根本性转型。

虽然美国高等教育使命紧随时代发展而变迁，但是高等教育的核心理念却较为明确，其理念“是以自由教育呈现出的‘解放’理念，高等教育是自由教育，而自由教育是解放教育，是通过教育把个体从形形色色的愚昧、无知、庸俗、偏见、谬误、固执和各种贪婪中解放出来，从而能够自由地思想、自由地行使自己的意志与判断力”①。这种解放观念隐含了一系列论题和价值，而其中占据首要地位的就是“追求真理与客观知识”②。“大学作为知识生产与传播的主要机构，在现代社会中逐渐从边缘走向中心地位”③，它始终承担着引导价值取向、承担社会责任、捍卫民主思想等社会责任，并始终将追求真理作为其核心理念之一。作为“美国大学之母”，哈佛大学追求真理的办学理念（哈佛大学校训：拉丁语“真理”——Veritas）在一定意义上被视作美国高校与高等教育机构的“宗主原则”。“与柏拉图为友，与亚里士多德为友，更要与真理为友”成为了哈佛学子学习和为人的第一准则。哈佛大学现任校长劳伦斯·巴考在就职演讲中再次说道，“当今应该比任何时候都能更好地体现和捍卫真理，并将对真理的追求与对言论和表达自由的承诺紧密相连”。从创办至今，哈佛大学都将真理置于至高无上的位置，并以世界级学术影响力、顶尖杰出人才、高精尖科研成果等方面彰显着“求真”的实效。此外，耶鲁大学研讨班教学模式、克瑞顿大学学位标准等特色举措，都践行着大学最根本的任务，即“追求真理，而不是去追随任何派别、时代或局部的利益”。学生们凭借对真理、对事实的不断探求，逐步完善自我思想体系和人格魅力；教师力图教育学生成为有眼力的新闻和争论的鉴别者，让其成为真理和智慧的来源；大学联合会和教授学会等联合组织汇集力量，不断反思对自由教育的价值观和实践的共同承诺等。不

---

① 〔英〕罗纳德·巴尼特：《高等教育理念》，蓝劲松主译，北京：北京大学出版社2012年版，第3页。

② 同上书，第4页。

③ 〔美〕乔治·M.马斯登：《美国大学之魂（第二版）》，徐弢、程悦、张离海译，北京：北京大学出版社2015年版，第1页。

可否认，高等教育人才培养的过程是以学术研究为主要方式追寻真理的过程，学术是高等教育的灵魂，需要“以真理的精神追求真理”[①]“诚信至上”，其中来不得半点儿的含糊与虚假，此中对学术诚信的要求不言自明。

与此同时，在这种高等教育的解放观念下还隐含着另一个重要的论题和价值，即学术自由。美国著名高等教育哲学家布鲁贝克曾说道，“学术自由是大学本质和使命的必然要求，其存在具有合理性”[②]，它既是保持大学活力的重要源泉，也是大学履行使命与责任的必要前提。关于学术自由的具体内涵，《教育百科全书》认为它是“在具有高深学问的高等教育机构中教学并证明真理的自由，或探求真理而不受政治、官僚或宗教权利的干扰的自由”[③]。英国《简明不列颠百科全书》将其解释为“教师和学生不受法律、学校各种规章制度的限制或公众压力的不合理干扰而进行讲课、学习，探求知识及研究的自由”[④]。此外，《大美百科全书》《哥伦比亚大百科全书》及部分著作中都对学术自由的内涵和外延加以限定，但是概括而言均包括两个基本维度，即高校教师的教学自由（Lehrfreiheit）与学生的学习自由（Lernfreiheit）[⑤]。19世纪德国大学开始将学术自由作为办学的基本原则指导实践，并且基于以学生为中心的探究与教育发展观念，着重强调教师与学生两个维度的紧密结合。但是，由于美国早期学校水平较低与董事会学术管理体制等原因，学术自由被移植到美国之后，仅强调教师的学术自由，而忽视了学生维度。直至20世纪60年代，学生激进主义运动不但反对越南战争和种族歧视，同时也抨击高等教育弊端，例如忽视保障学生在课程内容的选择、教师的晋升诸多方面的发言权等。一系列学生反叛运动虽然对正常教学、校园设施、学术研究带来严重影响，但也促使公众和高校对学生学习自由的重视，使得其渐渐成为美国学术自由思想的重要组成部分。在这里，学生的学习自由赋予学生可以追随特定的学术兴趣或形

---

① 习近平：《深刻感悟和把握马克思主义真理力量　谱写新时代中国特色社会主义新篇章》，《人民日报》2018年4月23日。

② 〔美〕约翰·布鲁贝克：《高等教育哲学》，王承绪等译，杭州：浙江教育出版社2001年版，第46页。

③ Paul Monore, *A Cyclopedia of Education*, New York: The Macmillan Company, 1925, p.700.

④ 《简明不列颠百科全书》，北京：中国大百科全书出版社1985年版，第726页。

⑤ Louis Joughin, *Academic Freedom and Tenure*, Madison: The University of Wisconsin Press, 1967, p.157.

成自己的学术观点，有针对性地选择部分课程，把握学习进度与学习方法等权利，以帮助他们“不仅能够领会，把事物纳入自己的理解并加以应用，并且能够批判性地评价现有的理论和传统，且愿意并有坚韧的精神去采取一种立场”[①]。可以说，学生被赋予了应有的自由权利与学术尊严，构建了一种平等的师生关系，但是不可否认，享受权利的同时往往伴随着相应的责任。具体而言，学术共同体给予学生学术自由的权利，那么学生在行使自由的同时也必须发挥自己的作用，“学术共同体享有的学术自由形成了其学术伦理，如果共同体成员要保障自由特权，那么他们就必须遵循学术伦理”[②]。那么，对于学生而言，伴随着学术自由而来的责任，不仅包括了按时完成学习任务、如约上交研究成果、承担相应课程实践等常规性责任，还包括诚实、正直、乐于论证分析、尊重教师及同学、勇于坚持自己的观点等与道德相连的实质性责任，其中最重要的责任莫过于诚信地行使学术自由，即在学术活动中不剽窃、不欺骗。

纵观教育的发展进程，美国高等教育始终致力于让学生到达对自身经验进行批判性反思的理性层面，对所关注的对象形成自己独到的见解。对于学生个体而言，无论是对真理坚定不移的追求，还是行使学习自由所赋予的权利，都离不开学术研究，并且是契合诚信要求的学术研究，否则将与真理的大门渐行渐远或者背弃约定。因此，坚持追求真理与学术自由的高等教育理念成为催生并推动大学生学术诚信教育发展的第二个精神根源。

第三节　美国大学生学术诚信教育的现实困境

对于美国大学生学术诚信教育的正确认识与客观评价，需要在全面把握其教育内在动因与外在表现中依据马克思主义的基本观点进行批判性借鉴和反思。通过对美国大学生学术诚信教育的目标定位、实施过程、保障体系的系统化描述与分析，可以看出美国高校构建了一套较为完整的教育体系与实践模式并取得了良好的收效，然而不可否认在深层透视下依旧存在一些困境和问题。学习借鉴他者的成功经验和有益做法固然重要，但是

---

① 〔英〕罗纳德·巴尼特:《高等教育理念》，蓝劲松主译，北京：北京大学出版社2012年版，第179页。

② E. Shils, *The Academic Ethic*, Chicago and London: University of Chicago Press, 1984, p.77.

理性反思其内在不足与困境也尤为必要。纵观当代美国大学生学术诚信教育，可以发现依旧存在着如下几方面的现实困境：

一、操作变量难以把握导致实施效果受限

制度规范为提升大学生学术诚信教育实效性提供了制度保障，美国高校在长期实践摸索中建立了特色性制度规范，探究其本质不难看出主要通过外部道德压力，帮助学生开展道德反思与内省，进而形成个体自觉，具有严谨性、明确性、震慑性等特征。在学术诚信教育开展的过程中逐步帮助学生形成对学术诚信的理论认知、情感认同以及习惯养成，最大化地将学术失信行为扼杀在摇篮之中。在此过程中积极落实“国家—行会—学校”三级制度保障，大力建设荣誉准则制度、诚信档案制度、学术规范制度等规范，诸多制度虽规定方式多样、作用环节不同，但究其目标都是要求学生在开展任何学术活动中都保持诚信，在制度规定层面让学生明确了解学术诚信成为毋庸置疑的行为选择，并逐渐形成学术诚信习惯，进而在学术共同体中构建学术诚信文化。可以说制度明确了“诚信”的价值要求，但其执行与落实的过程却是一个持久的、复杂的、具有一定人为主观性的过程，因此在制度实施过程中会受到诸多变量的影响，而此类变量又往往表现出难以把握性，例如教师面对可能性失信行为的宽容态度、失信案件调查细致所导致的教育时效性缺失等，这些变量因素在一定程度上影响了学术诚信教育的实施效果。

首先，教师作为制度执行主体成为了影响教育实施效果的一大因素。教师榜样示范团队作为大学生学术诚信教育的重要队伍保障之一，以其言传身教为学生诠释着学者之风范、学术之严谨、研究之魅力，使学生在与教师的学习、交往过程中受到潜移默化的影响。与此同时，教师也是学术诚信的主要监督者，是否进行学术失信行为报告直接影响着是否需要相关荣誉委员会的介入调查。然而，在现实教学过程中教师普遍认为“学生是想或者会遵守学术诚信精神及要求的”，在此种观念的影响下，教师就会在一定程度上自行解决有关学术失信的事情。[①] 例如，根据笔者的域外留学

① D. L. McCabe, “Faculty Responsies to Academic Dishonesty: The Influence of Honor Codes”, *Research in Higher Education*, vol.34, 1993, pp.647–658.

经历，如果在课堂作业中出现部分抄袭情况，教授会先入为主地认为是学生“忘记引用”或“并未很好掌握规范化引用方法”等原因才导致这一事情的发生，会私下对学生进行指导或强调，如果学生反馈态度良好或能够清楚阐明原因，那么这一事情便算处理结束。只有遇到特别严重的情况或学生态度极其恶劣或拒不改正者，教师才会报告学术失信案件，并交由相关机构进行处理。在一定情况下，对于一些问题不是极其严重的情况，教师便会选择不报告，使得学术失信惩戒的教育功能并未能够得以充分展现，因此这在某种程度上会影响学术诚信教育的实施效果。[①] 其次，制度执行效率也影响着教育实施的效果。对于学术失信行为的处理过程，美国具有一套较为规范的流程化调查环节。但是据相关调查显示，在研究诚信办公室十年内所处理的案件作为分析数据得出，对于存在学术失信行为案件的审查平均时间为 7.9 个月，不存在学术失信行为案件的审查平均时间为 8.6 个月，只开展一般调查的审查平均时间为 2 个月。[②] 可以看出，虽然研究诚信办公室在学术失信行为处理上卓有成效，但其所花费的时间与精力依旧是巨大的。以在美国产生巨大影响的布罗迪事件为例，这是由美国政府牵头处理的一起学术失信案件。斯科特 · J. 布罗迪是华盛顿大学医学检测部的专家，在解剖病理学、病毒学等领域颇有建树。在 2002 年，布罗迪的研究对手向美国学术诚信办公室举报其文章中存在学术失信情况，随后检察机构开始了漫长的调查与审判。反观整个案件调查过程，从 2003 年国家权威机构开始介入，先后经历了 8 年漫长的时间，最终才得以审理与判决。无论调查结果为何，8 年的时间依然牵扯许多精力。与此同时，一旦审查发现并不存在学术失信行为或只是“无意识的犯错”等情况，那么如此长时间的调查与牵扯对于任何学者而言都可能葬送其学术生涯。另外，由于案件审理时间过长，并未能够及时对公众做出反馈与解释，极易使得外界对学术诚信调查或处理失去信心与关注度，直接导致案件调查与处理警示功能的发挥。因此，执行效率较低这一问题也严重影响着实施效果。

---

① C. A. Simon, J. R. Carr, S. M. McCullough, S. J. Morgan, T. Olsen, M. Ressel, “The Other Side of Academic Dishonesty: The Relationship Between Faculty Skepticism, Gender and Strategies for Managing Student Academic Dishonesty Cases”, *Assessment & Evaluation in Higher Education*, vol.28, 2003, pp.193–200.

② Andrea Pozzi, Paul A. David, “Empirical Realities of Scientific Misconduct in Publicly Funded Research”, 2018–02–13, http://www-siepr.standford.edu/papers/pdf/Pozzi-David_FullText.pdf.

二、价值培育效果潜隐造成行为判断模糊

学术诚信教育的高级目标就是在个体层面形成学术诚信习惯以及在共同体层面形成学术诚信文化，归根结底是关乎于价值培育的问题。价值培育的过程艰涩并且效果潜隐，是一个较为漫长的过程，虽然教育在持续发挥影响作用，但单纯依据受教育者外在行为表现很难准确判断教育效果，极有可能存在“看似诚信”但实则“暗藏玄机”的情况，使得教育者对学生学术诚信行为的判断具有一定的模糊性。

价值培育的过程具有复杂性、艰巨性与长期性，通过教育实践活动促使受教育主体接受价值观念，并进一步固化为受教育主体的价值实践，其所要实现的目标往往是对个体利益的调整、态度的改变与行为的约束①，在其中蕴含了“两个转化过程，即‘从理论到头脑’的内化过程和‘从头脑到实践’的外化过程”②。伴随着受教育主体不断地社会化，经过反应、选择、整合、认同等阶段逐渐接受社会价值，并切实将其转化为自身的价值理念，同时又能将形成的价值理念在一定条件下自觉转化为自身的实践活动。在这一过程中，受教育主体不但受到自身过往经历、既有价值判断等内在因素的影响，还受到社会思潮、传统文化、虚拟网络等外在因素的影响。同时，价值观培育也是一个持续且长期的过程，需要不断地提升学生个体的道德认知、陶冶道德情操、锻炼道德意志，最终才有可能在个体行为中得以展现。此外，价值培育效果具有潜隐性，不易考察。与技能考察可以直观地外显和量化不同，价值培育效果更多体现于细微之处，“只有当这种认知外显为行为时，才最为直观地符合监测与评价的量化指标”③。美国高校经过长期的实践摸索，构建了集特色性、终身性、标准性于一体的制度体系，“课程—文化—环境”相互作用的教育引导，还充分运用失信惩戒的震慑性教育功能，但是不可否认大学生学术诚信教育始终是一个复杂且持久的过程，如何真正地将学术诚信入耳、入脑、入心，培育学术诚信价值观，需要不断地开展针对性的教育。

---

① 檀传宝:《德育原理》，北京：北京师范大学出版社 2007 年版，第 220 页。

② 段妍:《比较视域下当代大学生核心价值观培育研究》，北京：人民出版社 2016 年版，第 19 页。

③ 刘志、韩雪娇:《研究生导师立德树人需要突破的三重瓶颈》,《研究生教育研究》2018 年第 10 期，第 14–16 页。

然而对于学生个体而言，学校要求其在任何学术活动中都必须做出守信的行为选择。无论是在课堂上分享个人观点、完成课业要求，还是在无人监考的考场中，抑或是在学术研究与项目论证过程中，学生们都应该秉持着崇尚真理、实事求是的态度，认真完成自身作为学生本职的“使命要求”。同时，对于学生是否存在学术失信行为的考察相对容易，例如可以通过信息化检测系统考察学术论文是否存在抄袭，通过教师对学生能力发展的了解对学生作业水平进行核定等。可以说，在明确的学术诚信要求与惩戒机制震慑下，绝大部分学生“不敢”违反制度要求，其行为都“看似诚信”。但是，基于价值培育效果的潜隐性等特征，并不能直接判定“看似诚信”的行为选择是学生内在学术诚信价值观作用下的诚信行为，还是出于对严厉失信后果的畏戒所做出的“诚信行为”，抑或是处于上述两种状态之间，即正处于学术诚信价值观的形成过程中，但该过程尚未全面完成而在个体思想活动中存在的对失信获利的“蠢蠢欲动”。所以说，教育者在对学生学术诚信行为判断过程中存在一定模糊性，然而如何精准、有效地考量价值培育效果，如何准确把握学生思想与行为是否具有统一性，影响着整个学术诚信教育的实施过程，并为教育者及时改变教育策略提供合理参照，因此，这一困境问题成为亟须解决的现实矛盾。

三、点位式学理研究致使理论指导力弱化

在历史、文化、社会等因素的共同影响下，美国社会以及学界对大学生学术诚信教育的关注较早，学理化研究方面现已经形成了较为丰硕的理论成果，对其进行综合性研究不难发现其主要针对几个维度着重展开并多采用实证研究方法，呈现出点位式特征。伴随着学生群体特征与外部环境等因素的变化，教育实践需要更加精深化与体系化的理论研究与成果指导，然而当前美国经验在这一方面却略显不足，使得大学生学术诚信教育相关理论的指导力弱化。

长久以来，针对高校学术诚信教育相关内容的研究呈现出点位式特征，即主要围绕大学生学术诚信的现状、影响要素、原因分析以及对策解决等几个主要维度开展。首先，是对大学生学术诚信现状的分析。其中较为有代表性的是 1964 年比尔·鲍尔斯对来自于 99 所高校的 5000 余名大学生开

展调查[①]，以及 20 世纪 90 年代唐纳德·迈克卡比等人以来自于 33 所高校的 6000 余名学生作为调研样本[②]，均以客观数据为基础展现出美国大学生学术诚信的现实状况、问题意识、个体选择等情况。其次，是对大学生学术诚信问题的产生原因与对策分析进行调研。例如，其中包括大学生学术失信的文化视角认为，学生容易在学术欺骗环境中产生失信行为，因此营造学术诚信氛围十分必要。（Donald L. McCabe, Patrick Drinan, 1999）[③] 大学生学术失信的个体因素表明学生在校内开展学术诚信教育过程的积极参与政策制定、失信处理、失信惩戒等过程，能够在一定程度上激发学生诚信意识，降低学术失信行为发生的可能性。（Donald L. McCabe，Andrew L. Makowski，2001）[④] 大学生学术诚信的师生关系视角表明，如果学生对老师具有好感或崇拜感，那么学生发生学术失信的概率较小。[⑤]（A. S. Stearns，1999）此外，还有对品格教育法、争议问题讨论法、概念讲授法等相关教育方法的研究等。

上述只是简要选举美国学界研究中的几个研究方向和学者观点，不难发现学理化研究成果较为丰富，但是不可否认也存在一定的不足。对美国大学生学术诚信教育问题的研究与分析方法尚可，但是对于研究本身的大量实证研究中出现了一些矛盾结果，并且部分研究成果还需要产生进一步实质性结论。例如，以针对大学生学术诚信教育的性别影响因素探究而言，部分学者研究结果表明男性学生的学术失信概率要大于女性学生的学术失信概率，而还有部分学者的数据结果却得出相反结果。那么，性别因素到底是否是大学生学术诚信的影响因素之一？影响程度多大？“可能需要的

① Donald L. McCabe, Linda Klebe Trvino, Kenneth D. Butterfield, “Cheating in Academic Institutions: A Decade of Research”, *Ethics & Behavior*, vol.11, no.3, 2001, pp.219–232.

② Kristin Voelkl Finn, Michael R. Frone, “Academic Performance and Cheating: Moderating Role of School Identification and Self-efficacy”, *Journal of Educational Research*, vol.97, no.3, 2004, pp.115–122.

③ Donald L. McCabe, Patrick Drinan, “Toward a Culture of Academic Integrity”, *Chronicle of Higher Education*, vol.46, no.8,1999, pp.16–22.

④ Donald L. McCabe, Andrew L. Makowski, “Resolving Allegations of Academic Dishonesty: Is There a Role for Students to Play?”, *About Campus*, vol.6, no.1, 2001, pp.17–21.

⑤ S. A. Stearns, “The Student- Instructor Relationship’s Effect on Academic Integrity”, *Ethics & Behavior,* vol.11, no.3, 2001, pp.275–280.

是一种背后的理论解释。”[①] 关于“荣誉准则制度对大学生学术诚信行为的作用程度”这一问题，不同研究表明荣誉准则制度发挥着“决定性”作用或“一般性”作用，那么就需要研究者进一步结合校际差异或其他因素，深层次挖掘内在影响机理与影响机制，进而提出具有针对性的对策和建议。再比如，研究成果表明校园诚信文化建设对提高大学生学术诚信教育效果至关重要，但却未提出具有普适性的建设方略。除此之外，伴随学生的群体特征、社会发展等变化而产生的新问题、新要求、新策略也需要与时俱进的理论成果指导。这些问题都说明了当前既有的学理研究成果，已经不能满足当前在学术诚信教育实践中所体现的发展性需求，成为当前亟待解决的困境之一。

整体而言，对于大学生学术诚信教育者来说，培育个体学术诚信价值观并构建共同体学术诚信文化是开展教育的高级目标，但通过教育实践有效达成目标却不可一蹴而就，尤其是使受教育主体实现知行合一并非朝夕可达。究竟如何规避教育实践中的消极影响因素、有效开展学术价值观培育、合理考察教育实效性、推动发展式学理研究等关键点位还需要进一步探讨。需要指明的是，美国大学生学术诚信教育过程中的痛点问题，虽不具有普遍性，但也是别国开展相关教育过程中所应重点关照的点位，因而美国大学生学术诚信教育的经验和教训在一定程度上能够为我国高校开展相关教育带来启示与借鉴。

---

① 刘强、吴新平:《美国大学生学术诚信研究述要》,《石河子大学学报》(哲学社会科学版)2010 年第 24 期，第 76–77 页。

第六章

美国大学生学术诚信教育的启示与借鉴

对于任何一个国家而言，高等院校都是培育未来国家精英阶层的高级场域，肩负着重要的历史使命与社会责任。学术诚信作为高校德育工作的重要内容，之于高等教育，乃至整个社会都具有重要意义。美国作为世界范围内高等教育体系最为发达的国家之一，在大学生学术诚信教育方面的实践探索与经验教训可以带来一定的启示与借鉴。然而，需要注意的是，由于中美两国在社会制度等方面的根本性差异，决定了这种借鉴必须是“理性的”借鉴，是带有“批判性”的借鉴[①]，是建构在马克思主义立场、观点、方法论基础之上的，立足于我国社会实际的自觉思考与实践反思，充分结合社会主义制度、新时代中国特色社会主义的基本国情以及国家培养德智体美劳全面发展的优秀社会主义建设者和接班人的政治需要。

党和国家领导人长期以来十分重视诚信道德建设工作，为高校学术诚信教育的深入开展打下了坚实基础。早在习近平总书记在浙江工作时就曾指出：“要把诚信作为公民安身立命之本，着力培育公民高尚道德良知，引导人们诚实立身，诚实为人，诚实做事，做到心底真诚、行为守信，成为具有强烈社会责任感的‘诚信’公民。”[②]2014 年，总书记在北京大学师生座谈会上明确说道，“每个时代都有每个时代的精神，每个时代都有每个时代的价值观”[③]，当代中国青年要自觉践行社会主义核心价值观，传承“诚

① 孙纪瑶、段妍：《美国高校荣誉准则制度微探》，《外国教育研究》2018 年第 11 期，第 69 页。

② 习近平：《干在实处走在前列——推进浙江新发展的思考与实践》，北京：人民出版社 2006 年版，第 321 页。

③ 习近平：《青年要自觉践行社会主义核心价值观》，《人民日报》2014 年 5 月 4 日。

信”文化，实现中华民族的伟大复兴。随后，总书记在中共中央政治局第十三次集体学习时进一步强调：“要认真汲取中华优秀传统文化的思想精华和道德精髓，大力弘扬以爱国主义为核心的民族精神和以改革创新为核心的时代精神，深入挖掘和阐发中华优秀传统文化讲仁爱、重民本、守诚信、崇正义、尚和合、求大同的时代价值，使中华优秀传统文化成为涵养社会主义核心价值观的重要源泉。”[①]2016年，习近平总书记在哲学社会科学座谈会上的讲话中提道：“要大力弘扬优良学风，把软约束和硬措施结合起来，推动形成崇尚精品、严谨治学、注重诚信、讲求责任的优良学风，营造风清气正、互学互鉴、积极向上的学术生态。”[②]随后教育部等相关部委也根据以上精神出台了一系列相关政策文件。2018年1月，国务院发布了《关于全面加强基础科学研究的若干意见》，以大力加强科研诚信建设；同年3月，国务院办公厅印发了《关于优化学术环境的指导意见》，明确指出要“优化学术诚信环境，树立良好学风”；随后又相继印发了《关于进一步加强科研诚信建设的若干意见》《高等学校预防与处理学术不端行为办法》《学位论文作假行为处理办法》《新时代公民道德建设实施纲要》《哲学社会科学科研诚信建设实施办法》等一系列政策文件。可见，党和政府高度重视社会诚信文化建设以及高校诚信教育工作。基于国家顶层设计与政策保障实际，对美国大学生学术诚信教育的深入研究可以带来如下启示。

第一节　构建层次清晰、导向明确的大学生学术诚信教育目标体系

现阶段推进科研诚信体系建设已经成为“全面贯彻党的十九大精神，培育和践行社会主义核心价值观，弘扬科学精神，倡导创新文化，加快建设创新型国家”[③]的重要举措之一。高校作为培养国家未来学术人才以及密集产出科研成果的重要阵地，学术诚信教育体系建设的效果直接反馈于人才培养的效果与质量，并影响着新时代中国特色哲学社会科学体系的建设，

① 习近平：《习近平谈治国理政》，北京：外文出版社2014年版，第164页。

② 习近平：《习近平谈治国理政》（第二卷），北京：外文出版社2017年版，第338–342页。

③ 中共中央办公厅、国务院办公厅：《关于进一步加强科研诚信建设的若干意见》，2018年6月。

因此大学生学术诚信教育的重要性不言而喻。纵观美国大学生学术诚信教育体系，明确的目标定位为开展教育实践活动提供了方向性指导，并且注重在目标设定的过程中遵循价值观形成规律，使得学术诚信教育的实施过程更加科学、有效。现阶段我国围绕大学生学术诚信教育的相关概念并无明确表述，在充分结合美国经验与我国社会实际的前提下，笔者倡导构建层次清晰、导向明确的学术诚信教育目标体系。

一、培育个体学术诚信品质

培养学术诚信品质是引导广大学生形成学术诚信观念与行为自觉，自发地做到学术诚信的根本性途径，也是推动我国高校学术活力的重要方式之一。"内因"是学生思想品德发展和价值选择的主要因素，作为"外因"的制度性约束不论多完备，如果在学生的自我价值体系中不能形成正确的诚信意识，不能养成良好的诚信品质，都不可能从根本上杜绝学术失信行为的发生。习近平总书记强调"广大青年要把正确的道德认知、自觉的道德养成、积极的道德实践紧密结合起来"[①]，因此，积极的道德观念是大学生群体所要着重养成的关键内容，也是高校思想政治教育工作的核心要务之一。此外，习近平总书记还在全国高校思想政治工作会议上指出："高校思想政治工作，面上看做的是学生思想政治工作，实际上将影响一代青年的思想观念、价值取向、精神风貌。"[②] 大学阶段是培养优质人才储备的重要阶段，是大学得以可持续发展和繁荣的基础。在这一阶段学生不仅要学习基础理论和专业知识，更要清楚地认识到学术诚信之于个人、之于学校乃至之于国家的重要意义，只有形成对学术诚信价值观的基本认同并付诸实践，才能在校园中形成健康的学术氛围。培养学生对学术诚信的习惯也被作为美国高校学术诚信教育个体层面的高级目标。那么，作为价值观教育的一种表现形式，在强化大学生学术诚信意识、引导学生养成学术诚信品质的教育过程中，具体来说教育者应当坚持以下三个核心原则：

首先，坚持理论与实践相结合的原则。诚信是一切道德的基础和根本，大学生要养成学术诚信品质，首先要处理好理论与实践的关系，大学生在

① 习近平：《习近平谈治国理政》，北京：外文出版社 2014 年版，第 52 页。

② 中共中央文献研究室：《习近平关于青少年和共青团工作论述摘编》，北京：中央文献出版社 2017 年版，第 38 页。

学习有关学术诚信知识的同时，要密切联系实际，将理论学习与解决实际问题结合起来，有针对性、有目的、有方向地开展学术研究。在这其中要着重做好以下两方面的工作：一是掌握学术诚信的基本理论和观点。在社会主义核心价值理论的指导之下，深入分析各种社会思潮，构建合理的知识结构，帮助学生运用科学的理论知识去认识自己和改造自己，认识世界和改造世界，在不断的实践过程中转变思想与强化意识，进一步助力学生形成学术诚信的优秀品质。二是要勇于实践，深入实际。在实际的教育教学工作中，依据学生在学术诚信方面出现的新问题、新现象，进一步优化学术诚信相关理论研究，促进理论创新与理论完善，在实践中感知理论的无穷魅力，带动更多的相关学者能够基于理论开展更为深入的研究。

其次，坚持理想与现实相结合的原则。理想源于现实，是对现实的反映，与此同时现实也制约着理想，二者对立统一，只有正确对待理想与现实的关系，才能使大学生在日常的行为之中能够张弛有度，正确处理好“远大理想”与“脚踏实地”的关系。使学生明白在日常的学习与工作之中踏实奋斗，应当一步一个脚印地用努力和汗水证明自身价值，而不是投机取巧、掩耳盗铃，在取得个人成绩与实现理想的过程中采取欺骗、失信的行为，从而逐步树立诚信的道德品质。为了杜绝学生因理想与现实认识不清而出现的失信行为，在日常管理与学业指导中，首先，教育者应当注重引导学生树立正确的人生理想。结合学生的性格特征、专业背景、兴趣专长等因素，引导学生树立正确的人生理想，既不好高骛远也不妄自菲薄，在恰切的人生理想的指引之下，进行人生规划与职业选择。其次，教育者应当注重引导学生进行职业规划。个别学生出现考试作弊、投机取巧的现象往往是因为对自身的认识和职业规划不足，不知道未来还可能拥有很多选择，孤注一掷，选择了与自己的能力不相符合的职业道路，当自身努力一直达不到理想状态的时候，往往就会选择铤而走险。再次，教育者应当注重引导学生牢固树立“幸福都是奋斗出来的”责任意识。通过有效引导，使学生树立积极的奋斗观，依靠自身努力获得实现梦想的机会与可能。

再次，坚持个人与社会相结合的原则。“人的本质不是单个人所固有的抽象物，在其现实性上，它是一切社会关系的总和。”[①] 人的生命过程实际

---

① 《马克思恩格斯选集》（第1卷），北京：人民出版社1995年版，第60页。

上是社会实践的历史过程，在这个过程之中每个人都面临着个人与社会关系的处理，这是人之为人的前提基础。因此，个体为了得到群体与社会的认可，往往会采取欺骗或者隐瞒的方式，失信行为由此产生，而当个体与社会在价值选择与理想信念上相一致时，这种欺骗性行为就成为了多余的行为，为了减少学生的学术失信行为，引导其形成学术诚信品质，在深层次上我们必须将大学生个体的理想追求与社会的现实要求结合起来，如此才能使得其在社会生活中更能自觉地践行学术诚信价值观念。第一，要加强对学生的社会责任感教育。引导学生增强自身社会责任感，将自身的理想追求与社会需求结合起来，在奉献社会、服务他人的过程之中找到自身的价值和自我成就感，而不是单单靠成绩的好坏、优异来衡量自我。第二，要引导学生正视成绩与荣誉。成绩与荣誉只是对过往一段时间之内个人努力的肯定，只代表一时，并不能代表全部，因此既不能不重视荣誉，也不能过于看重，不能为了满足取得成绩的心理快感而做出违背道德和有损社会公众利益的事情。

二、树立高校学术诚信风尚

校园文化具有滋养心灵、涵育德行、引领风尚的重要功能，对于处于个体价值观激荡、发展、形成时期的大学生群体而言，校园文化是其价值形成的重要场域。正如苏联教育家苏霍姆林斯基指出："用环境、用学生自己创造的周围情景、用丰富集体精神生活的一切东西进行教育，这是教育过程中最微妙的领域之一。"[①] 学术诚信教育不单纯是一种知识性的传授，而主要应是一种价值观念的影响和引导，因此，这就使得大学生学术诚信教育效果的实现建立在受教育者自我主动理解、接受、认同的基础之上，这种来自受教育者主体的主观认同，一方面要求学术诚信教育的内容必须是科学的、真理性的；另一方面则要求教育的内容要是学生在周遭的环境之中可感知的，要是具有信服力的，在大学生身处的环境之中，校园文化环境无时无刻不对学生的行为产生影响，因此校园文化成为了学生由知到行的重要推动力。大学生学术诚信教育也必须要依托校园文化才能增强说

① 〔苏〕苏霍姆林斯基:《帕夫雷什中学》，赵玮等译，北京：教育科学出版社1983年版，第122页。

服力、渗透力、感召力与约束力，引起学生的情感共鸣和行为自觉，并在个体学术诚信品质的养成之中，树立起校园学术诚信风尚。

美国高校向来注重校园学术诚信文化的渲染功能，注重将人文环境与物质环境相融合形成文化引导合力，推动学生形成个体学术诚信习惯以及塑造共同体学术诚信文化。在通识课程与专业课程中融入学术诚信要素，实施专项学术诚信宣传与实践活动，打造人文与物质相融合的学术诚信文化环境，构建了“课程—活动—文化”三维互促的教育引导机制。此外，也积极鼓励校内各级各类组织、教师群体、图书馆员、学生群体等发挥合力育人功能，共同打造校园学术诚信文化。其中值得一提的是，美国高校依托校园物质文化建设进行积极的情绪感染和激励，图书馆、展览馆、文化广场、名人雕像、激励宣传标语等比比皆是，无论是美学设计还是数量设置都十分考究，使共同体成员始终浸润在文化元素之中，极大推动了学术诚信文化的形成。现阶段，我国高校十分注重发挥校园文化在大学生社会主义核心价值观培育过程中的育人功能，但多数高校主要围绕自身办学特色与人才培养目标进行突出建设，对诚信文化的渲染尚未形成规模，在各级相关文件及政策中也尚未明确引导将诚信文化融入校园文化建设规划。近几年，伴随着国家一系列针对学术不端行为的查处举措与监督办法的出台，以及社会舆论对这一问题的持续关注，高校内难免出现“畏惧”之风，这对高校学术诚信教育提出了更高的要求，如何快速构建积极有效的教育体系，将“人心惶惶”之态扭转为人人自觉崇尚学术诚信的新风尚成为了继培育学生个体诚信品质之后的又一重要目标。那么，在合理借鉴美国经验的基础上，结合现阶段我国高校既有的建设情况，可以着重补充做好以下三个方面：

一是加强校园文化设施建设，构建立体化的校园学术诚信文化体系。习近平总书记曾指出：“校园物质环境主要包括以下两个方面：一方面，是校园建筑、设施等环境，校园的绿化园地和各类建筑需要适应学校的实际用地需要，学校要有合理的布局规划，校园建筑既要考虑功能性和美观性相结合也要具有自己的特色，校园建筑内部也要整洁高雅色调和谐，拥有浓厚的文化气息；另一方面，是学校各类设施，学校用于教学科研和生产的各种设备、为未成年人的学习生活提供各种设施要让人感到校园内的自然与文化，文明与艺术，使人的心灵得到净化，行为得到规范，语言变得文雅。”[①] 因此，高校学术诚信教育工作必须要与学校的各类设施建设结合起来。在学术诚信校园文化基础设施建设时要从多角度、全方位去考虑对学生个体及群体思想观念、情感意志、价值观念与行为方式等方面的影响，以实现对学生精神引领、价值塑造、行为改变的综合功效。同时也要加强主题类设施建设，设立学术诚信主题雕塑、文化展板与海报宣传，增强学术诚信文化氛围；在校报、校刊、校园广播等校园传播媒介中传播学术诚信故事；在图书馆、学生活动中心等场所建立学术诚信宣传展位，“建立专门的诚信教育网站或在各种思想、教育网站中充实诚信教育内容，充分发挥自媒体、社交网站等平台的实时宣传功能”[②]，使得学术诚信教育充分利用好物质与网络双重载体优势，增强其吸引力与感染力。

二是丰富第二课堂课程，促进校园学术诚信文化隐性发展。第二课堂作为第一课堂教学的重要补充在将第一课堂知识生活化、生动化的过程中发挥了重要作用，是学生提高自我道德修养、锻炼社会实践能力、提升综合素质的重要方式，同时第二课堂将知识与价值观教育有机地整合于隐性的教育教学实践活动之中，更加提高了教学成果的吸引力与感召力。中共中央、国务院印发的《关于加强和改进新形势下高校思想政治工作的意见》文件中指出：“要强化社会实践育人，提高实践教学比重，组织师生参加社会实践活动，完善科教融合、校企联合等协同育人模式，加强实践教学基地建设，建立健全国家机关、企事业单位、社会团体接收大学生实习实训制度，开设创新创业教育专门课程，增强军事训练实效，建立健全学雷锋志愿服务制度。”[③] 高校学术诚信建设也应注重发挥第二课堂育人的隐性作用，将大学生学术诚信教育贯穿于第二课堂建设之中。在这其中应当始终坚持以人为本原则，充分考虑学生的切实需要与现实困难，通过丰富多彩、积极向上的第二课堂课程或活动形式，将学术诚信教育寓于文化活动之中，真正满足学生的成长成才需要，而在这一过程之中杜绝以“领导满意，形式主义，新闻报道”为尺度的评价标准，真正将学生的喜爱与成长作为第

① 孟东方：《“四个全面”战略布局的理论与实践研究》，北京：人民出版社2017年版，第346页。

② 孙纪瑶：《大学生诚信品质的培育之道》，《人民论坛》2018年第9期，第121页。

③ 中共中央办公厅、国务院办公厅：《关于加强和改进新形势下高校思想政治工作的意见》，2016年12月25日。

一评价标准；此外，还要抓住关键的时间节点，开展特色鲜明、意义突出的学术诚信主题教育活动，例如在学生入学时进行入学诚信教育，在学生助学贷款发放前进行诚信还款教育，在考试前开展考试诚信宣誓大会，在学生就业前进行诚信就业教育等活动，致力于在学生健康成长的关键时间节点上强化诚信价值观。

三是鼓励自我教育，充分挖掘大学生群体的能动性。教育部颁布的《教育部关于切实加强和改进高等学校学风建设的实施意见》中提到："在师生中加强科学精神教育，注重发挥楷模的教育作用，强调学者的自律意识和自我道德养成。"① 自我教育是道德教育中的最高阶形式，在个体价值观养成的过程中发挥了独特作用，要引导青年学生树立学术诚信道德习惯必须要做好学生自我教育的引导工作。但在我国现阶段的学术诚信教育过程之中，自我成长的引导作用尚未得到有效发挥，在学术诚信教育的过程之中更多地注重外在的规范和要求，而较少地去发挥道德习惯，在这里道德习惯指的是"个人在社会生活中，通过不断反复的道德实践，所形成的无需外在监督即可实现的道德行为生活惯例"②。因此，应当有组织、系统地开展形式多样、内容丰富的学术诚信教育系列主题活动，为学生个体提供自我教育的空间与场域，引导学生在活动设计与安排、组织与实施的过程中实现自我教育与自我反思，通过群体效应减弱学生对学术诚信教育的排斥心理，把客观的道德知识转化为每个学生的主观思想认知与道德习惯。在师生中加强科学精神教育，注重发挥楷模的教育作用，强调学者的自律意识和自我道德养成。

三、构建学术诚信理论体系

学术诚信教育是一门艺术，有着内在特色的运行机理，加强对学术诚信的学理研究是推动大学生学术诚信教育可持续、高效实施的重要依据，只有深入探究学术诚信教育的研究范式与运行机理，才能在科学全面的基础之上做好对大学生学术诚信教育的深入研究与科学实践工作。美国学界自 20 世纪 60 年代开始，就对本国大学生学术诚信教育的影响因素、制度的作用机理、惩戒手段的有效性等内容进行了学理研究，从对性别、年龄、

① 中华人民共和国教育部：《教育部关于切实加强和改进高等学校学风建设的实施意见》，2011 年 12 月 2 日。

② 曾钊新、李建华：《道德心理学》，长沙：中南大学出版社 2002 年版，第 367 页。

民族等学生个体属性到荣誉准则、价值忠告、处罚要素、师者表率等外部环境因素及影响机制等方面都有研究或关注，此类关于学术诚信的学理研究在美国高校开展实际学术诚信教育工作的过程中发挥了重要作用，推动了美国高校学术诚信教育体系的构建。在此，笔者之所以将加强学术诚信体系建设作为高校学术诚信教育目标体系的组成部分，是因为当前我国正处于全社会大力推进科研诚信建设的大潮之中，高校作为科研产出的重要阵地，其学术诚信体系建设效果直接关乎社会信用体系的构建效果。开展大学生学术诚信教育的目标，不仅仅旨在培育学生个体学术诚信品质、树立高校学术诚信风尚，还应当在教育开展的过程中，基于实践反思，不断总结经验、分析问题、营造氛围，推动高校学术诚信建设，进而形成一个完整的、有效的、科学的教育体系，这也是对高校学术诚信教育教育者提出的使命要求。不容否认，当前我国大部分高校学术诚信体系建设已经逐步开展，但尚未全面完成，并且仍然需要相当一段时间的投入与建设，对此，笔者认为在当前阶段，通过学理研究深刻把握大学生学术诚信教育的内在机理与影响要素，成为打好高校学术诚信体系建设基础的根本性点位。

首先，加强对学术诚信的理论研究。我国现阶段在学术诚信教育中实践层面的做法已有了一定的探索，但是通过梳理相关研究成果，我们不难发现对学术诚信研究中深层次的理论层面研究成果尚且不足，关于高校学术诚信教育的理论研究还基本处于一种相对空白的状态。而理论却恰恰是解决实际问题的重要支撑，没有理论指导的实践往往是盲目低效的。因此，要进一步鼓励专家学者与一线教师对于“学术诚信的本质为何？大学生学术诚信的核心内涵为何？大学生学术诚信教育的边界为何？大学生学术诚信教育的有效路径为何？”等问题进行质疑与反思。对于此类基础性问题的回答与探究是开展大学生学术诚信教育的理论基础，只有从根本上明确“何为学术诚信教育？为何要开展学术诚信教育？以及如何开展学术诚信教育？”等问题，才能彻底掌握大学生学术诚信教育的核心。从某种程度上来说，鼓励思想政治教育的相关专家学者与一线教育教学名师积极参与到对学术诚信学理的研究之中，既是现阶段我国高校开展大学生学术诚信教育的迫切需要与现实要求，也将是学术界哲学社会科学研究领域的一个新的重要增长点。

其次，形成高校学术诚信建设新理念。理念是指导实践的又一重要支撑，只有具有与时俱进的科学理念，才能保障实践工作具有源源不断的动力，因此结合我国高校思想政治教育工作的新发展与新局面，我们提出应逐步推进高校学术诚信建设“价值理念向人本化、教育主体向全员化、目标定位向层次化、教育方法向系统化”发展。这是一种“以人为本、尊重人的发展”的人本哲学思想，更是“育人为本、德育为先”的工作理念以及“全员育人、全过程育人、全方位育人”的方法论的有机统一体[①]。这种教育观应具有三个特点：第一，强调学术诚信教育的实践性。积极实施“三结合、三协同”教育模式，将高校学术诚信教育作为统一体，结合课内教学、校内实践、校外实践三方面，实现学术诚信教育理论与实践的升华；有机协调学校、社会、学生三方力量，充分利用校内外环境，积极调动学生学习的主动性。第二，突出学术诚信教育内容的针对性与开放性。要求高校学术诚信教育不拘泥于传统诚信品质与修养，而应切实衔接时代主题、时事政治内容，始终坚持贴近学生的生活实际，提高大学生的现代诚信素养。第三，强调学术诚信教育的时空延续性。高校学术诚信教育应全程体现育人为本的宗旨，时时刻刻担负育人的任务，秉承“育人为本、德育为先”的教育原则，避免学术诚信教育局限于课堂说教与政策约束，充分挖掘学生日常生活中的教育资源，扎实推进高素质学术诚信人才的可持续性培养。

再次，深入把握学术诚信的内在机理。学术诚信教育的内在机理指的是在学术诚信教育的过程中教育主体、客体、环体、介体之间相互作用、相互联系的规律与原理，是开展大学生学术诚信教育的根本性原则。正如格式塔学派强调的那样，“个人的行为不是外界刺激的一种孤立的、简单的反应，也不是许多反射弧机械的总合，它是通过心理物理场，特别是认知活动的整合而做出的”[②]。个人行为的产生是一个复杂的、联动的过程，那么若想达到理想的教育效果就必须掌握核心问题的内在机理直击瓶颈问题，进而“根据大学生在不同发展阶段的思想、心理、行为特征，通过不同方式、方法进行针对性分阶段教育”[③]。反观我国现阶段的高校学术诚信教育

---

① 陈刚、刘刚、孙淑萍：《“大思政”视域下高职思政课实践教学模式的改革与创新》，《学校党建与思想教育》2014 年第 11 期，第 30–31 页。

② 章志光：《社会心理学》，北京：人民教育出版社 2008 年版，第 35 页。

③ 杨晓慧：《社会主义核心价值体系融入大学生思想政治教育全过程论析》，《东北师大学报》（哲学社会科学版）2009 年第 5 期，第 5 页。

现状，不难看出这种基于规律的教育研究与教育教学实践活动严重不足。因此，笔者认为大学生学术诚信教育工作理应紧密围绕并尊重以下规律：第一，尊重教育教学规律。大学生学术诚信教育本质上作为一种教育活动和教育行为，应尊重教育教学的内在规律，站在教育的原初基本上开展规范、引导与转化工作，而不能简单地将学生学术诚信教育作为一项管理工作或者仅仅是一个学生活动。第二，尊重学生成长成才规律。大学生学术诚信教育工作的对象是大学生群体，这个群体有其自身的内在特殊性，因此教育工作绝不能脱离其教育对象的群体内在规律进行，必须要在充分掌握其群体成长规律的基础上开展教育与引导工作，并逐步把工作做细、做实。第三，把握学生学术诚信的影响要素与变化过程。最大限度地提升教育效果、增强学术诚信教育的实效性和针对性。根据新时代大学生学术诚信教育新的影响要素和变化规律，有针对性地开展教育工作，使得学术诚信教育工作能够真正地落到实处。

最后，形成具有中国特色的学术诚信教育理论体系。习近平总书记在哲学社会科学工作座谈会的讲话中指出，哲学社会科学工作“要按照立足中国、借鉴国外，挖掘历史、把握当代，关怀人类、面向未来的思路，着力构建中国特色哲学社会科学，在指导思想、学科体系、学术体系、话语体系等方面充分体现中国特色、中国风格、中国气派”①。学术诚信教育的理念作为一种“舶来品”有着浓厚的西方色彩。近年来，经过国家政策法规的顶层设计与各高校在实践中的探索，逐渐建立和发展了我国高校学术诚信教育的基本路径与实施方法，然而不可回避的问题是当前我国高校学术诚信教育的特色不够鲜明、体系尚不完善、效果也并不理想，并没有体现出我国高等教育扎根中国大地办大学的独特优势。“诚信作为中华民族的传统美德，最初源于对天地之道的敬畏和理解……在古人眼中，诚是信的根基，信是诚的体现。人，因为具有道德品质之‘诚’，方能表现出道德行为之‘信’。”②然而，当前在高校开展学术诚信教育理论指导过程中，并没有很好地将中华传统美德中“子以四教：文、行、忠、信”（《论语·述而》）、“信言不美，美言不信”（《老子》第八十一章）、“儒家五常‘仁义

---

① 习近平:《习近平谈治国理政》(第二卷)，北京：外文出版社 2017 年版，第 346 页。

② 杨晓慧:《新时代的诚信精神及其价值意蕴》,《光明日报》2017 年 12 月 2 日。

礼智信'”以及“孝悌忠信礼义廉耻”等我国优秀传统的诚信思想融入其中，中华文化底蕴的传承与发展略显不足。习近平总书记指出：“要认真汲取中华优秀传统文化的思想精华和道德精髓，大力弘扬以爱国主义为核心的民族精神和以改革创新为核心的时代精神，深入挖掘和阐发中华优秀传统文化讲仁爱、重民本、守诚信、崇正义、尚和合、求大同的时代价值，使中华优秀传统文化成为涵养社会主义核心价值观的重要源泉。”①与此同时，诚信也是社会主义核心价值观在个人层面的明确要求，是个人行为价值准则的基础和平台，是具有中国特色的价值体系与观念的重要组成，因此，在大学生学术诚信教育体系建设过程中应当注重其本土化与特色化转向，形成具有中国特色的高校学术诚信教育理论体系。

第二节　打造多维并举、一以贯之的大学生学术诚信教育实施策略

大学生学术诚信教育是一项系统性工程，需要在“大思政”理念下，进行全方位的设计与规划，逐步细化学生教育过程，构建一套完整的实施体系。那么在此过程中就需要多维教育实施策略形成育人合力，既要发挥单一策略的实效性，又要有效整合策略体系，以实现大学生学术诚信教育高效化、长效化、持久化作用。当前，我国高校在实施大学生学术诚信教育过程中，已然采用多样化教育策略开展工作，例如在学生行为规范中规定违反学校相关规定的惩罚标准、期末考试前开展诚信考试宣传活动、违规行为记录入档等，但是不难发现，在教育实施过程中各种策略之间联系并不十分紧密，尚未形成合力。与此同时，在全面了解美国学术诚信教育的实施系统后，又对我们探索学术诚信教育的有效手段带来启思。基于此，笔者主要围绕教育宣传、教育管理与教育反馈三个方面，整合多重教育手段，致力于构建出提升高校学术诚信教育实施效果的策略集合。

一、完善制度与课程结合的教育宣传策略

教育宣传在整个高校学术诚信建设中具有先锋作用，是培育学生个体

① 习近平:《习近平谈治国理政》，北京：外文出版社 2014 年版，第 164 页。

学术诚信品质的重要环节，对于确保学术诚信建设的科学性与全局性具有重要意义。只有让学生明确学术诚信的基本内涵与价值要求，教会学生如何规避学术失信行为，才有可能真正地将学术诚信内化为自身价值观并指导自身实践。笔者认为，作为教育宣传的有效载体，学术诚信相关制度及多种类型课程是当前我们应当着重完善的学术诚信宣传手段。

一方面做好制度建设工作，进一步完善学术诚信制度。制度建设是内涵发展的保障，是一切有组织性教育活动开展的先决性条件，只有有了明确的制度作为支撑和保障才能使得教育教学活动“有章可依”“有法可循”。但是，在长期以来我国高校在学生诚信教育中呈现出一定的制度缺失现象，相关教育目标不明确、教育内容不系统、教育机制不完善、教育著作较为匮乏，更没有形成系统完备的诚信教育制度体系。缺乏对诚信教育的制度性安排，在一定程度上严重影响了大学的育人效果，因此抓好制度建设是当前我国高校学术诚信建设的重要环节。美国大学生学术诚信教育经过漫长的发展，制度建设十分完善，其荣誉准则制度、诚信档案制度、学术规范制度已经形成特色性、终身性、标准性特征，极大地提升了教育有效性与实效性。基于此，我们在制度建设过程中应着重处理好：一是规范性问题，即在制度制定上，要规范程序、规范表述、规范执行程序，为相关制度的施行提供保障；同时在制度执行上，要规范执行的过程，避免其他因素对过程公平公正性的影响与挑战，保障制度执行的权威性。中共中央办公厅、国务院印发的《关于进一步加强科研诚信建设的若干意见》中的第十四条就指明：“从事科学研究的企业、事业单位、社会组织等应建立健全本单位教育预防、科研活动记录、科研档案保存等各项制度。”[①] 二是发展性问题，制度的制定并不是一成不变的，要用发展的眼光和格局加以审视，在制度建设的过程中不断地完善和改进现有制度，根据现实社会需求、国家方针政策以及学生群体性特征的变化等内容创新制度建设，使得制度建设“活”起来，更好地适应复杂多变的工作实际。在此，值得一提的是在完善制度建设的同时，结合美国经验带来的启示，我们应当同时做好制度的宣传与执行工作，以制度的规范性、权威性、约束性确保学术诚信教育

---

① 中共中央办公厅、国务院办公厅:《关于进一步加强科研诚信建设的若干意见》，2018年5月30日。

开展的有效性。

另一方面做好课程整合工作，进一步落实学术诚信教育知识引导。影响美国学术诚信教育效果的一个重要因素即为学生对学术诚信问题的本质判定，而实现合理判定的前提就是对学术诚信问题的深刻认识、思考与实践，通过显隐课程的相互作用，进阶式地实现了这一教育目标。不难看出，高校学术诚信教育的开展，在制度机制的保障下，课程体系发挥着引导学生对学术诚信价值观形成理性认知、情感认同、习惯养成的重要作用，涵盖了第一课堂与第二课堂两个维度。其中，第一课堂包括通识教育与专业教育，可以在通识教育的课程内容中明确学术诚信的内涵与行为特征，例如引入科学研究写作规范指导、国家学术诚信体系建设政策解读等内容；在通识教育的课堂互动形式中强化学术诚信思想，充分运用课程结构体系化、课程内容丰富化以及课程方法综合化等特征，深化思想体悟；在专业教育的课程中强调学术诚信内涵，将专业伦理、专业规范蕴含于专业课程学习之中，更加明确、系统以及精准，将专业学习与学术规范进行了有机整合。“目前，我国大部分高校还没有开设科研诚信、科研行为规范的课程，也缺乏适合的教材和读本，许多年青年人甚至有一定研究经历的科研人员对科研规范不甚了解，不清楚‘什么该为’、‘什么不该为’”[①]，因此，尽快普及学术诚信要求、学术规范专门课程显得尤为重要。此外，通过第二课堂实践活动形式，开展诚信类主题活动，例如学术诚信系列沙龙、社会学术失信案例通报；社会服务类活动，例如社区志愿服务、义务支教活动；仪式类活动，例如优秀毕业生巡讲活动，将优质资源、优秀人才、优秀文化相整合，渗透到学生日常活动中去，让学生在参与活动的过程中，潜移默化地浸润在学术诚信抑或是诚信环境之中，进而受到不同程度的影响。可以说，课堂是知识引导的主阵地，要充分发挥其价值观培育的重要功能，无时无刻地渗透、融合着学术诚信价值观。

二、健全惩戒与激励并存的教育管理策略

合理运用“惩罚”手段是美国学术诚信教育取得良好效果的一个重要

---

① 韩启德:《在全国科学道德与学风建设宣讲教育工作会议上的讲话》, 2012–06–05, http://www.360doc.com/content/17/0220/11/23179685_630506119.shtml.

原因。将学术诚信问题与个人学术生涯乃至整个人生相关联，“其根本目的在于震慑并预防学术失信行为，培养学生对学术养成正确的认知”[①]。不但在调查中严肃程序、客观求实，还依据行为严重程度与影响范围施行差异化处理，既处理了学术失信行为，又发挥了严肃震慑效用，使学生个体不会轻易触碰学术底线，在学生群体中抑制了学生学术失信的“恶”思想的产生和蔓延。然而，当前我国高校学术惩戒制度的建立尚未成熟，一方面表现为对失信行为的惩罚不够严厉。部分高校虽然有对于学生失信行为处罚的相关规定，但在学生失信处理过程中容易出现惩罚力度不够等情况，使得部分学生在失信行为上抱有侥幸心理。另一方面表现为对守信行为的收益不明显。由于对失信行为的惩罚力度不够，使得在客观上由于失信行为所带来的实际收益明显增加，在这一因素的影响之下，守信者的守信行为往往会显得“不划算”，在客观上鼓励了更多人走向不守信的道德行为边缘。例如，当前时下舆论热议的演员翟天临学术造假事件，在其个人致歉书中，其写到侥幸心理是导致其走上学术造假不归之路的重要原因。以上两个明显局限的存在使得失信者的失信行为得不到制约，守信者的守信行为因为群体性淡漠而得不到鼓励，从而极易产生放弃个体学术诚信的消极局面，因此在接下来的学术诚信教育过程中，可以通过健全惩戒与激励同存的教育管理策略，以增强高校学术诚信教育的实效性。

通过健全的学术失信惩戒机制，严厉打击失信行为。虽然美国高校，乃至整个社会在开展学术诚信治理的过程中都是以宣传教育为主，失信惩戒为辅，但是不得不说失信惩戒是保障学术诚信的重要手段，一方面惩罚失信个体的失信行为，另一方面警示其他个体以预防学术失信的出现。“美国宪法之父”麦迪逊曾说过：“如果人都是天使，就不需要任何政府了”，“同样，要是教授是天使，那么将不会需要道德规则。”[②]不难看出，单靠人的作用不能达到理想的学术诚信教育效果，制度的规制在高校开展育人工作之中是不可或缺的。但在我国高校现行政策体系之中对失信惩戒尚未形成具体而有力的约束措施，对失信行为的处罚具有很强的主观性、宽容性，

① 孙纪瑶、段妍:《美国高校荣誉准则制度微探》,《外国教育研究》2018 年第 11 期，第 68 页。

② 〔美〕克拉克·克尔:《高等教育不能回避历史——21 世纪的问题》，王承绪译，杭州：浙江教育出版社 2001 年版，第 159 页。

大有“家丑不可外扬”之意，因此很难引起大学生对诚实守信的重视。因此，对于失信个体或群体的问题开展过程化审查及判定工作是极为有效的教育管理策略，在这里需要着重强调的是该过程一定是缜密的、细致的、周严的，并且在实际操作过程中按照既定程序操作，尽量避免其他干扰因素。针对既有学术失信行为，结合失信行为类型、严重程度、潜在影响等因素，执行差异化处理标准。从制度上规制学生拒绝“失信”，引导学生讲求诚信，对自身失信行为承担相应的责任，倡导“以防微杜渐、教育帮助为主，处罚为辅”[①]，这种警示性制度的存在，使得学生失信行为的成本增高，从而在一定程度上降低了其违规的可能，使得不讲诚信及忽视诚信的个体无法融入学术共同体之中。与此同时，在制定学术失信处罚机制后，还应大力宣传并推广惩戒条例，做到全体学生知晓并了解条例内容。

在对学术失信行为进行调查与惩戒的同时，也要注重对于守信行为的奖励和激励，使得学术诚信的行为价值和行为收益明显增多，并且切实可感，在一定意义上鼓励学生学术诚信行为，增强学术诚信的自觉性，从而使诚信者的个人利益得到保证与强化。在学术诚信奖励层面上，我国近些年来也陆续颁布了一些支持性的政策文件，例如 2017 年，国务院办公厅印发的《关于深化科技奖励制度改革的方案》中指出要“积极培育和践行社会主义核心价值观，鼓励科技人员追求真理、潜心研究、学有所长、研有所专、敢于超越、勇攀高峰。加强科研道德和学风建设，健全科技奖励信用制度，鼓励科技人员争做践行社会诚信、严守学术道德的模范和表率”[②]。《高校思想政治工作质量提升工程实施纲要》中进一步指出要“发挥科研育人功能，优化科研环节和程序，完善科研评价标准，构建集教育、预防、监督、惩治于一体的学术诚信体系，健全优秀成果评选推广机制，实施科研创新团队培育支持计划、科教协同育人计划、产学研合作协同育人计划，培养选树一批科研育人示范项目、示范团队。引导师生树立正确的政治方向、价值取向、学术导向”[③]。以笔者所在高校为例，学校每年会为教师开展科研奖励，以鼓励在职教师积极从事学术研究、加强成果产出，那么与此类似，是否可以对学生设定专项奖励基金，奖励恪守研究诚信并

① 中华人民共和国教育部:《关于加强学术道德建设的若干意见》，2002 年 2 月 27 日。
② 国务院办公厅:《关于深化科技奖励制度改革的方案》，2017 年 6 月 29 日。
③ 中共教育部党组:《高校思想政治工作质量提升工程实施纲要》，2017 年 12 月 5 日。

取得相应成果的大学生，以资鼓励。管理心理学认为，激励是“激发人的动机，使人有一股内在的动力，朝着所期望的目标前进的心理过程”[①]。学术诚信激励机制的建立，打破了原有惩罚既有失信行为的单一做法，扩大了学术诚信教育效果的衡量方式，即单纯的学术失信惩戒旨在惩罚不文明行为，教育效果是使学生明确知晓做出失信行为的后果及影响，是一种底线式处罚；而学术诚信激励机制的建立，是鼓励学生保持学术诚信状态并积极形成诚信品质，奖励其持续性的、诚实的做法，是一种高线式奖励。

三、建立严肃与客观并重的教育反馈策略

2016年教育部在《高等学校预防与处理学术不端行为办法》中强调“高等院校应当建立教学科研人员学术诚信记录”[②]，不难看出，由此而延展到大学生学术诚信档案记录也具有积极意义。当前我国高校执行的学生诚信信息记录主要包括学生基本信息和学生在校期间的诚信记录两个部分，学生基本信息主要有姓名、性别、身份证号、助学贷款情况以及毕业去向等，在校期间的诚信记录则主要包括学术诚信荣誉记录与失信行为记录两个部分。但是，现阶段诚信档案建设尚不完善，例如内容相对简单、记录更新的频次较低、相关信息调取程序烦琐等。借鉴美国高校学术诚信建设中诚信档案等相关举措的基本经验，笔者认为应着重从以下三个方面来完善高校学生信用档案记录工作。

第一，创新内容建设，实现全面记录。通过对我国各高校现行的学生信用档案记录的考察，不难发现现行学生信用档案记录内容相对简单，更多地记录着学生各类失信行为，而且记录模板化倾向较为严重，内容简单、条目单一。当前记录在案的多为大学生高考替考、期末考试作弊、大学生体质测试违纪等“重大”的失信问题，对于课程作业写作不规范、个人课题研究中的抄袭等问题，多会在教师与学生之间协商解决，抑或是采取通报批评等方式，并不会全部记入到学生个体诚信档案之中。同时档案记录内容缺乏与时俱进的发展，尚未根据时代发展与教育对象的特征变化进行相关的内容更新，比如在新媒体时代出现的“大学生论文网络写手”这一

① 苏东水：《管理心理学》，上海：复旦大学出版社1992年版，第223页。

② 中华人民共和国教育部：《高等学校预防与处理学术不端行为办法》，2016年6月16日。

新的学术失信现象，在现有的学生信用档案系统中并没有相关选项，因此根据时代发展与教育教学中出现的新情况与新问题，不断地更新学术诚信档案记录内容是完善大学生信用档案建设的重要内容之一。

第二，加强动态监管，实现跟踪反馈。诚信档案记录中的文字与内容虽然是客观存在的，但信用档案的利用却应该是动态的。诚信档案的存在不仅仅是为了记录，更要利用好数据时代的相关技术，通过对记录信息的动态观测与管理，逐步实现对学生失信行为的科学分析，找到学生失信的多发领域与关键时间节点，有针对性地加强和改进教育与培养工作，使得大学生学术诚信教育工作更有章可循，更加科学高效。与此同时也要做好对学生学术诚信“典型”的动态跟踪与实时反馈工作，这里的典型，既包括在学术诚信方面表现突出的正面典型的跟踪，也包括对在学术诚信方面表现不是很尽如人意的反面典型的跟踪，从正面典型的成长之中积聚经验，充分挖掘正面典型的示范作用，从反面典型中吸取经验教训，为更多的学生成长成才敲响警钟，并且基于此分析学生学术诚信行为的影响因素，对相关因素进行客观的评估与分析，增强大学生学术诚信建设的针对性与实效性。

第三，树立“教育为主，治病救人”的理念。在我们党的历史上，关于批评教育，我们通常认为纠正同志的错误是为了取得教训，改进工作，教育同志，也就是说，“惩前毖后，治病救人”，而不是为了把犯错误的同志“整死”，整得他实际上不能在党内继续工作。① 同样地，我们开展大学生学术诚信教育，建立学生诚信档案的目的也是为了辅助学术诚信教育，而不是为了给任何学生在个人诚信这一方面留下“污点”证据，因此在学生信用档案建立的过程中，要始终树立“教育为主，治病救人”的理念，将其作为学生学术诚信教育的一种重要的辅助手段。对于学生的学术失信行为既要客观记录，也要有一定的方法策略，采用动态观察与跟踪教育的方式，对于只是一时价值选择错误的学生，在其日后表现良好的情况下，可以适当地撤除对其相关的处分决定与记录。这样才能够给予学生成长更为广阔的空间，也为诚信教育营造了宽厚包容的环境氛围，有效地预防高校诚信教育工作走向极端。

---

①《中国共产党章程——关于修改党的章程的报告》，北京：人民出版社1956年版，第57页。

第三节　整合驰而不息、协同发力的大学生学术诚信教育保障资源

在大学生学术诚信教育中，由动静结合的各类资源共同构成了学术诚信教育的保障资源，为教育活动的实施与优化提供支持，全面保障教育目标的实现。纵观美国大学生学术诚信教育的保障体系，在各个保障要素的相互作用、协同发展下，构成了层次化政策保障、多样化队伍保障以及成熟化技术保障。不难发现，整合协同发力的教育保障资源是实现教育效果最大化的重要因素。本部分笔者致力于在当前我国高等教育背景下，系统梳理既有保障资源，并力求不断注入多样有效资源的同时整合资源系统。

一、实现政策制度纵向联通

学术诚信教育作为大学生思想政治教育中的重要组成部分，不应该只停留在思想教育与价值引导上，必须要落实到实际行动之中，增强教育的严肃性与约束性。在美国，从联邦政府的顶层设计，到科研机构与学术团体的积极推进，再到高等院校的政策实施，整体上构成了横向逐级深化、纵向一贯联通的政策体系，为大学生学术诚信价值观的培育提供了重要保障。

近一时期，我国发布了若干关于学术诚信方面的方针政策与领导讲话，其中部分如下：2002 年教育部印发《关于加强学术道德建设的若干意见》中指出“端正学术风气，加强学术道德建设成为当前我国高等学校一项刻不容缓的重要任务”，要求“要在高等学校……营造良好的学术氛围和制度环境，促进学术进步和科技创新”。[①]2005 年教育部下发了《高等学生行为准则》，提出“诚实守信，严于律己”，“遵从学术规范，恪守学术道德，不作弊，不剽窃”。[②]2011 年教育部下发《关于切实加强和改进高等学校学风建设的实施意见》中提及，“高校要为本专科生开设科学伦理讲座，在研究生中进行学术规范宣讲教育”[③]，推动课堂教育发挥学术诚信教育功

① 中华人民共和国教育部：《关于加强学术道德建设的若干意见》，2002 年 2 月 2 日。

② 中华人民共和国教育部：《高等学校学生行为准则》，2005 年 3 月 25 日。

③ 中华人民共和国教育部：《关于切实加强和改进高等学校学风建设的实施意见》，2011 年 12 月 2 日。

能。2016年发布的《高等教育预防和处理学术不端行为办法》中指出，该办法“最终目的是为了净化高校学风，营造风清气正的学术生态。从这个意义上，查处学术不端行为只是手段之一，关键还是在教育预防”[①]，明确了开展高校学术诚信教育过程中预防的重要意义。2017年《关于加强和改进新形势下高校思想政治工作的意见》中进一步强调“以诚信建设为重点，提升师生道德素养”[②]。习近平总书记在十九大报告中也明确指出要“推进诚信建设和志愿服务制度化，强化社会责任意识、规则意识、奉献意识”[③]，在2018年5月发布的《关于进一步加强科研诚信建设的若干意见》中强调“着力打造共建共享共治的科研诚信建设新格局，营造诚实守信、追求真理、崇尚创新、鼓励探索、勇攀高峰的良好氛围，为建设世界科技强国奠定坚实的社会文化基础”[④]，以及在《教育部2019年工作要点》中明确强调在高等教育方面，教育部将强化对学术不端行为的监督查处。[⑤]不难发现，“学术诚信”从最初的作为诚信教育的组成部分，到逐渐发展成为大学生思想政治教育的重点内容，随之而来的是出台和颁布了一系列的专项政策文件、法律条文以及国家领导人讲话，我国高等教育的学术诚信教育政策体系不断完善。但是，作为国家性法律法规，主要发挥宏观性指导与整体性把握的功能，暂时还不能直接关照到高校开展大学生学术诚信教育的具体工作之中。因此，就需要各省市、高校高度配合，制定相关的配套政策与方案，纵向联通政策体系，实现制度的有效衔接及落地，指导具有不同现实需求与特征高校的实际教育工作。在教育部31号令最新精神的指引之下，逐步形成完善的高校大学生学术诚信教育政策体系与有效的制度衔接，做好新精神、新文件的落实工作，应是接下来一个阶段各高校学术诚信建设的重点工作内容之一。

---

① 中华人民共和国教育部:《高等学校预防与处理学术不端行为办法》，2016年6月16日。

② 中共中央办公厅、国务院办公厅:《关于加强和改进新形势下高校思想政治工作的意见》，2017年2月17日。

③ 习近平:《决胜全面建成小康社会　夺取新时代中国特色社会主义伟大胜利——在中国共产党第十九次全国代表大会上的报告》，北京：人民出版社2017年版，第43页。

④ 中共中央办公厅、国务院办公厅:《关于进一步加强科研诚信建设的若干意见》，2018年5月30日。

⑤ 中华人民共和国教育部:《教育部2019年工作要点》，2019年2月22日。

二、确保资源形式丰富多样

学术诚信教育作为一项系统性工程，不是单靠学术诚信委员会等相关执行机构便可实现预期效果的简单活动，而需要在学术诚信教育的过程之中充分调动各方教育资源，达到合力育人的效果。在政府顶层设计、社会组织辅助的基础上，美国高校构建了系统化的大学生学术诚信教育体系，其中充分挖掘各类教育资源，推动学术诚信教育落地、生根、开花、结果。

注重发挥家庭和社会环境的学术诚信价值观培育功能，延展联合教育空间。家庭作为学生成长与生活的第一环境，父母的言行举止、情感表达对孩子身心健康及价值观养成起到潜移默化的作用，良好的家庭教育是大学生核心价值观培育的前提和基础。在其中，家长在日常生活中所构建的包含平等、自由、诚信等价值观念的家庭观念与教育氛围将会直接影响到学生成长过程中的亲身体验与所见所闻，进而帮助学生在大学阶段树立良好的价值观念，而这其中就包含了在日常学习中外显于学术诚信行为之中的诚信价值观。社会作为青年学生成长时刻感知的外部环境，时刻发挥着学校和家庭所不可替代的引导与教育功能。在社会的大环境之中，社会风气、社会舆论、社会典型问题等都会对大学生诚信价值观的养成带来影响。美国作为一个典型的信用社会国家，无论是在宗教、文化、教育等因素的影响下，还是在严重的失信后果的震慑下，绝大部分公民都会自觉维护社会信用，形成了良好的社会风气，同时这种社会风气又反作用于青少年群体的成长过程之中，形成了良性互动。现阶段，我国正处于加快推进科研诚信建设的过程之中，明确强调了要“发挥社会监督和舆论引导作用”，“对社会舆论广泛关注的科研诚信案件，当事人所在单位和行业主管部门要及时采用措施调查处理，及时公布调查处理结果”。[①] 在积极的社会风气及社会舆论中，学生也会受到积极的影响。不难看出，社会和家庭教育功能至关重要，并日益得到高度重视，因此，在开展高校学术诚信教育的过程中，要积极拓展联合教育空间，融通家庭教育与社会教育资源。

充分挖掘校园之中学术诚信教育的人本资源，发挥师德影响与朋辈教育功能。教师作为大学生学术诚信教育的执行者、传播者、拥护者，一方

---

① 中共中央办公厅、国务院办公厅:《关于进一步加强科研诚信建设的若干意见》，2018年5月30日。

面，要通过学术诚信规范教学帮助学生强化对学术诚信的认识与理解，另一方面还要通过自身师德师风的展现发挥榜样示范作用。教育部文件明确提出了教师"要向青年学生积极倡导求真务实的学术作风，传播科学方法。要以德修身、率先垂范，用自己高尚的品德和人格力量教育和感染学生，引导学生树立良好的学术道德，帮助学生养成恪守学术规范的习惯"①。与此同时，基于教师行为所能发挥的重要影响作用以及近来出现的师德败坏案件，教育部在本年度工作要点中提出"要强化师德师风建设，其目标任务要严格贯彻执行教师职业行为准则，深入推进师德师风长效机制建设，强化对学术不端行为监督查处"②。不难看出上述要求都致力于确保教师能够发挥积极的示范作用。美国高校也专门通过教师榜样示范团队向学生实施学术诚信教育的正向引导。此外，朋辈教育所特有的互动性、平等性、感染性等特征，使得其在高校思想政治教育中具有一定的优势地位，其中最为突出的一点是有助于激发"比学赶帮超"的教育态势，可以通过优秀同龄人发挥自身长处对周围同学施以积极影响。学生自治组织是美国大学生学术诚信教育中的一支重要保障团队，就是通过倡导"自治自为"的理念，利用学生对自身荣誉感的重视和维护，激励学生加强学术行为自律，并将这种主动自觉性传播到朋辈之间。

充分运用契合当前学生群体喜好的网络资源，丰富学术诚信教育形式。大学生学术诚信教育的效果是多重因素共同影响的结果，因此单纯学校教育与线下教育是远远不够的，当前在校生多为"零零后"，成长于中国移动网络时代，因此应积极探索教育新的空间领域，丰富教育形式。"在媒体技术日益发达的现代社会，推进价值观教育应当善于运用大众传媒、网络传媒和新媒体的发声渠道，占领思想道德建设的新阵地，深入了解社会舆情和群众观念，正确把握舆论导向。"③因此，在开展学术诚信教育的过程中，一方面切实防范在网络空间中出现学术失信新手段，引导学生在虚拟空间之中也要保持自身学术诚信；另一方面，积极运用网络自主性、平等性等特点，在网络空间之中开展形式多样、新颖丰富的学术诚信教育活动，

---

① 中华人民共和国教育部:《关于加强学术道德建设的若干意见》，2002 年 2 月 27 日。

② 中华人民共和国教育部:《教育部 2019 年工作要点》，2019 年 2 月 22 日。

③ 段妍:《社会主义核心价值观众"公正"真谛及其实现路径》,《思想理论教育导刊》2016 年第 4 期，第 86 页。

提升学术诚信教育的吸引力。

需要注意的是，在调动上述各类资源开展学术诚信教育的过程中，其中一个很重要的原则就是尊重学生的主体性。作为表现人的主体意识与倾向，以及各类功能的总和，主体性可以表现为个体的能动性、创造性、意识性等。马克思主义的观点认为："人是认识世界和改造世界的主体，人的主体性也就是人在认识世界和改造外部世界和人本身并创造自己历史的活动中所表现出来的能动性、自主性和创造性。"①不难看出，学生个体作为学术共同体中的重要组成部分，是校园生活的重要参与者，美国大学生学术诚信教育成功的一个重要经验就是强调发挥学生主体性，调动学生内在自治力与荣誉感，推动其参与到校园学术生活中的方方面面。学生既是教育的对象，又是教育的实施者，强化学术诚信教育主客体之间的双重角色，引导学生从被动接受转变为个体主动的价值选择，并把学术诚信作为自身从事相关活动的行为准则，充分发挥学生的自治能力。因此，我国当前在开展学术诚信教育的过程中，多为单向的引导与输出，学生处于被动接受与受约束之中，个体能动性并未得到合理应用，所以在创设相关教育活动的过程中，也应该对这一原则给予一定的重视。

三、完成失信预防技术整合

现代信息技术的发展为学术诚信建设带来了新的机遇与挑战，一方面信息交互变得更为便捷，学生学术造假的成本减小、方式便捷；另一方面，现代信息技术的发展也为学术诚信防范提供了信息支持，但在我国这种技术的应用尚待进一步完善。我国现阶段对学术诚信的检测还集中在运用文献检测系统这一单一手段上，除了简单的文字重复率的筛检，对文章的中心立意、核心思想等检验略显不足，这就造成了许多学生采用文字调整的方式盗取他人学术成果的现象，因此，大学生学术诚信教育保障体系的建设应紧跟时代步伐，充分调动现代技术以计算机与网络技术、大数据发展要求等为依托，建立健全大学生学术诚信教育体系的保障与管理机制，保持大学生学术诚信档案信息的实时、动态传递与交流、反馈，保持大学生学术诚信教育的持续、有效、协调运行。此外，技术应用的便捷性、付费

---

① 徐志远：《现代思想政治教育学范畴研究》，北京：人民出版社 2009 年版，第 183 页。

的合理性、操作的简单性、系统的兼容性等问题也需要加以关注。

一方面普及大学学术诚信自查数据库。当前我国常用的学术失信文献检测平台主要有："CNKI"学术不端文献检测系统[①]、万方论文相似性检测系统[②]、维普论文检测系统[③]等几大知名平台。各大数据库检测平台均有海量数据存储，具有检测结果准确、检测过程快速、检测报告详尽等特征。除此之外，部分检测系统还延伸出其他功能，例如，以维普论文检测系统为例，下设维普作业管理系统用以"发布作业—师生互动—作业查重—在线批改"；以及维普征文管理系统，其功能为"在线注册—报名验证—上传作品—作品检测—在线评审"等。以前者为例，可以说这一子系统突破了传统教师与学生之间作业收集、批改与反馈的固化过程，但是，毋庸置疑这类新型交互平台由于使用费用较高、与各高校校内信息系统不兼容、教师使用习惯固化等问题，导致新型系统使用频率不高，大部分高校依旧采取传统形式开展工作。与此同时，另一个现实状况就是学生日常研究成果、课程作业等文字形式并不强制要求进行系统检测，大篇幅抄袭或一文多用的现象随处可见。因此，普及大学生学术诚信自查数据库就具有重要意义。检测快速、费用低廉的数据库，同时配有个体专门账户，学生上传全部课程作业，通过智能分析与检测记录存储等手段，使自动检测成为建构起学生与教师学术成果传递之间的必要环节，通过明确的检测数据与强烈的震慑作用，有效地遏制学术失信行为的发生。

另一方面建立大学生学术诚信数据库。运用现代信息技术和网络资源，以各高校为单位，根据国家有关部门的数据标准要求，按照统一的数据格式，采集在校大学生的信用档案信息，并依托互联网技术建立信用档案数据库，最终实现中国高等教育学生信息网络为搜索平台的资源共享与信息查询。为此，我们应尽快制定和出台个人信用档案数据模型的征信标准，同时进行信用档案管理信息系统软件的编制、调试和运行，在各高校建立大学生诚信管理办公室，负责系统的维护与运营，为未来学生的经济信用、学业信用和求职信用做好大数据支持。与此同时，还可以依托数据库信息

---

① 具体参见："'CNKI'学术不端文献检测系统"，2018–06–04，http://cnki.qisen7.cn/?pm=cl3.

② 具体参见："万方论文相似性检测系统"，2018–06–04，http://cnkicheck.info/wf/.

③ 具体参见："维普论文检测系统"，2018–06–04，http://vpcs.cqvip.com/?from=baidupingzhuan.

资源整合信用评估体系。在全面掌握大学生信用信息的基础之上，对其进行科学研究的信用评估，完善大学生学术信用评估的技术手段，同时要保证是在相关法律的框架之内评估，充分尊重学生的隐私和主体地位，体现客观性、公正性、权威性原则。通过建立完善的学术诚信信息系统、规范的学术信息管理与信息共享应用，全面推进学术诚信信息化建设，[①]有效助推并把握学术诚信教育的“最后一公里”，进而巩固学术诚信教育效果。

总而言之，对美国高校学术诚信教育的研究需要我们时刻保持“警惕”之心，我们要充分认识到不同国家开展教育，尤其是价值观教育的意识形态性，理性面对教育实施过程与体系构建中的互通性。对于美国大学生学术诚信教育的可借鉴性研究，对于我们深刻剖析美国学术诚信教育的内在机理及推进我国大学生学术道德建设具有启示作用。然而，在借鉴和汲取美国高校扼制学术失信行为有益经验的同时，还必须时刻保持头脑清醒，深刻认识到两国之间政治制度、文化背景、基本国情与教育水平等方面的关联性与差异度。始终坚持以马克思主义立场、观点、方法论为基础，探索立足我国社会实际的切实方案，为中国特色学术道德体系建设添砖加瓦。

① 中共中央办公厅、国务院办公厅:《关于进一步加强科研诚信建设的若干意见》，2018年5月30日。

结　语

当今世界，高等教育的繁荣发展是国家进步与国民素质提升的有效手段与关键要素，在其中，学术诚信作为大学精神的根本，是确保学术研究与高等教育发展的前提性命题与要求。因此，在大学阶段培养青年学术诚信意识和价值观成为世界各国高等教育的重要任务。

自 20 世纪 30 年代对荣誉准则制度展开初步尝试起，美国高校开启了对大学生学术诚信教育的不断探索与有意挖掘，在民主与自由的政治思想以及精英教育思想的指引下，历经了传统式荣誉准则到改进式荣誉准则再到体系化教育的变迁与发展。从起初尝试“制度建立与跟踪调研并举”、到实施“自我约束与规则约束并顾”、再到要求“制度完善与价值养成并重”，可以说，美国大学生学术诚信教育历经了初探索、新实践与重建构的动态发展过程。时至今日，美国高校大学生学术诚信教育已发展成为特色鲜明、目标明确、资源丰富的高等教育特色内容之一。

纵观美国大学生学术诚信教育，不难发现其目标定位明确且细化、实施过程完善且周严、保障资源充实且全面。具体而言，在教育目标层面，基于学生个体价值观养成规律与教育教学经验，将目标细化为个体目标与共同体目标，致力于在个体层面培养学生的内涵认知、情感认同与习惯养成，在共同体层面培养成员对学术诚信的普遍遵守、坚决抵制并构建学术诚信文化，从个体到群体，由初级到高级，洽和个体发展规律，逐层实现阶段性目标，进而全面达成教育最终目的。在教育实施过程中，以制度规范约束学生行为、以教育引导强化学生认知、以失信惩戒深化教育效果。通过多样化制度类型规范学生行为，在荣誉准则制度、诚信档案制度、学术规范制度中彰显特色性、终身性、标准化等特征。有机整合课程载体、活动载体与文化载体，实施全面化教育引导，启发学生对学生诚信的内涵认知、深化学生对学术诚信的价值理解、推动学生对学术诚信的实践养成。同时强调学术失信惩戒的严肃性、客观性、震慑性等特征，充分挖掘其教育功能。在教育保障层面，从政策、队伍、技术三个维度构建了“三位一体”的大学生学术诚信的保障体系，每一维度之下又自成体系，各要素之间相互契合与补充。可以说，美国大学生学术诚信教育的现实经验具有重要的指导作用。

总体上来看，美国大学生学术诚信教育设定了契合个体价值观形成规律的层次化目标结构，既有横向个体与共同体之分，又有纵向认知、认同、养成之别，细致、全面、清晰地厘定了“学术诚信教育的目标为何”这一问题。另外，教育充分发挥了“国家—社会—学校”多级联动的保障功能，以国家为主导、以社会为协同、以高校为主体，着眼于高校又高于高校，整体调控保障体系架构，确保了教育效果的最大化。在此基础上，美国高校构建了集制度规范、教育引导、失信惩戒相结合的实施过程体系。教的目的是为了不教，惩戒的目的是为了警示，以学术诚信指导构建全面化的学术诚信教育，再以学术失信惩戒深化学术诚信教育效果，明确了“学术诚信教育如何‘教’”这一问题。与此同时，从全局性反观视角不难发现，经典理论的核心思想为美国大学生学术诚信教育提供了扎实的理论依据，为教育实施的合理性与有效性奠定了坚实的基础。

他山之石，可以攻玉。理性审视域外经验所带来的启思，在一定意义上能够为我国高校学术诚信道德建设提供借鉴，但也要时刻清醒地认识到，借鉴的前提是全面了解与客观评判，但也不应停留在教育现象的介绍与描述之中。我们应该深入挖掘美国的宗教信仰与教育理念等“教育背后的力量”对大学生学术诚信教育发展与完善所产生的重要影响，以及现实教育开展过程中存在的困境问题。那么如何在马克思主义立场、观点、方法论的基础上，立足我国社会实际的同时开门搞研究①，完成“理性的”借鉴、“批判的”借鉴是我们在开展比较研究过程中始终要在头脑中明晰的问题。

对美国大学生学术诚信教育的研究为我国大学生学术诚信教育体系建设能够带来哪些启示呢？首先，大学生学术诚信教育应当构建层次清晰、导向明确的学术诚信教育目标体系。通过强化学术诚信意识推动养成学术

① 习近平：《习近平谈治国理政》（第二卷），北京：外文出版社2017年版，第338–342页。

诚信品质，引领学生自觉践行学术诚信价值观念；通过校园诚信文化引领学术诚信自觉，注重发挥环境的渗透力、说服力、感召力与约束力；在学术诚信的学理研究中把握学术诚信机理，提升教育效果，增强教育的实效性与针对性，推进学术诚信体系建设。其次，教育应当打造多维并举、一以贯之的学术诚信教育实施策略。完善制度与课程结合的教育宣传策略，运用多种课程形式与制度宣讲使学生明确学术诚信的具体内涵与制度要求；健全惩戒与激励同存的教育管理策略，将正向引导与反向制约形成合力，共同推提升教育实施效果；建立严肃与客观并重的教育反馈策略，实现追踪化学术诚信反馈，中共中央办公厅、国务院办公厅在 2018 年 5 月 30 日印发《关于进一步加强科研诚信建设的若干意见》中明确提到中国科技部目前正在着手设计旨在记录严重失信行为的全国性数据库，全面推进科研诚信的信息化建设。[①]不难看出，国家层面已采取积极手段强化学术诚信记录，那么如何将此种举措有效落实到高校层面，使其在大学生群体之中发挥作用，也是一个重要命题。再次，教育应当整合驰而不息、协同发力的学术诚信教育保障资源。纵向联通政策体系，实现制度的有效衔接；横向调动各方资源，实现学生主体性发挥；整合技术手段，合理运用现代化资源辅以教育实施。

总体而言，构建高校大学生学术诚信教育体系是一个实践探索与理论研习相结合的动态发展过程，具有复杂性、长期性、艰巨性，需要整合全社会的力量与资源协同作用、同向而行。在此过程中，我们既要“不忘本来”继承与发扬中华优秀传统文化精华，也要“吸收外来”以开放交流、互学互鉴的态度借鉴域外有益经验，还要“面向未来”正视挑战与困难，坚定不移地致力于构建新时代具有中国特色的高校学术诚信教育体系，为培养德智体美劳全面发展的社会主义合格建设者和可靠接班人保驾护航。

---

① 中共中央办公厅、国务院办公厅:《关于进一步加强科研诚信建设的若干意见》, 2018 年 5 月 30 日。

参考文献

一、经典文献

[1]《马克思恩格斯选集》(1—4卷),北京:人民出版社2012年版。

[2]《马克思恩格斯文集》(第1、2、3、4、5、8、9、10卷),北京:人民出版社2009年版。

[3]《毛泽东选集》(1—4卷),北京:人民出版社1991年版。

[4]《马克思、恩格斯、列宁论意识形态》,北京:人民出版社2009年版。

[5]《毛泽东邓小平江泽民论世界观人生观价值观》,北京:人民出版社1997年版。

[6]《习近平总书记系列重要讲话读本》,北京:学习出版社、人民出版社2016年版。

[7]《习近平谈治国理政》(第一卷),北京:外文出版社2014年版。

[8]《习近平谈治国理政》(第二卷),北京:外文出版社2017年版。

二、中文译著

[1]〔美〕科尔伯格:《道德教育的哲学》,魏贤超译,杭州:浙江教育出版社2000年版。

[2]〔美〕约翰·杜威:《道德教育原理》,王承绪译,杭州:浙江教育出版社2003年版。

[3]〔美〕约翰·杜威:《民主主义与教育》,王承绪译,北京:人民教育出版社2001年版。

[4]〔美〕约翰·威尔逊:《道德教育新论》,蒋一之译,杭州:浙江教育出版社2003年版。

[5]〔美〕路易斯·拉思斯:《价值与教学》，谭松贤译，杭州：浙江教育出版社 2003 年版。

[6]〔美〕唐纳德·肯尼迪:《学术责任》，阎凤桥等译，北京：新华出版社 2002 年版。

[7]〔美〕威廉·布罗德、〔英〕尼古拉斯·韦德:《背叛真理的人们——科学殿堂中的弄虚作假》，朱进宁、方玉珍译，上海：上海科技教育出版社 2004 年版。

[8]〔美〕梅利尔·D. 彼得森:《杰斐逊集：上》，刘祚昌、邓红风译，北京：生活·读书·新知三联书店 1993 年版。

[9]〔美〕美国医学科学院、美国科学三院国家科研委员会:《科研道德：倡导负责行为》，苗德岁译，北京：北京大学出版社 2007 年版。

[10]〔美〕德雷克·博克:《回归大学之道：对美国大学本科教育的反思与展望》，侯定凯、梁爽、陈琼琼译，上海：华东师范大学出版社 2008 年版。

[11]〔美〕罗伯特·弗洛德曼、〔美〕J. 布瑞特·霍尔布鲁克、〔美〕卡尔·米切姆:《同行评议、研究诚信与科学治理：实践、理论与当代命题》，夏国军、朱勤等译，北京：人民出版社 2012 年版。

[12]〔美〕弗朗西斯·福山:《信任——社会美德与创造经济繁荣》，彭志华译，海口：海南出版社 2001 年版。

[13]〔美〕麦克里那:《科研诚信：负责任的科研行为教程与案例（第 3 版）》，何鸣鸿、陈越等译，北京：高等教育出版社 2011 年版。

[14]〔美〕伊丽莎白·基斯、〔美〕J. 彼得·尤本主编:《反思当代大学的德育使命》，孙纪瑶、段妍译，北京：人民出版社 2017 年版。

[15]〔美〕梅拉·莱文森:《不让一个公民掉队》，李潇君、李艳译，北京：人民出版社 2016 年版。

[16]〔美〕威廉·戴蒙主编:《品格教育新纪元》，刘晨、康秀云译，北京：人民出版社 2015 年版。

[17]〔美〕约翰·S. 布鲁贝克:《高等教育哲学》，王承绪等译，杭州：浙江教育出版社 2001 年版。

[18]〔美〕托马斯·里克纳:《美式课堂——品质教育学校方略》，刘冰等译，海口：海南出版社 2001 年版。

[19]〔英〕保罗·奥利弗:《学术道德学生读本》，金顶兵译，北京：北京大学出版社 2007 年版。

[20]〔英〕约翰·洛克:《教育漫话》，傅任敢译，北京：人民教育出版社 1985 年版。

[21]〔英〕罗纳德·巴尼特:《高等教育理念》，蓝劲松译，北京：北京大学出版社 2012 年版。

[22]〔英〕齐格蒙特·鲍曼:《共同体：在一个不确定的世界中寻找安全》，胡景北译，南京：江苏人民出版社 2003 年版。

[23]〔英〕彼得斯:《道德发展与道德教育》，邬冬星译，杭州：浙江教育出版社 2003 年版。

[24]〔加〕约翰·范德格拉夫:《学术权力——七国高等教育管理体制比较》，王承绪译，杭州：浙江教育出版社 1978 年版。

[25]〔日〕山崎茂明:《科学家的不端行为：捏造·篡改·剽窃》，杨舰、程远远、严凌纳译，北京：清华大学出版社 2005 年版。

[26]〔日〕福泽谕吉:《福泽谕吉教育论著选》，王桂译，北京：人民教育出版社 1991 年版。

[27]〔德〕马克斯·韦伯:《新教伦理与资本主义精神》，马奇炎、陈婧译，北京：北京大学出版社 2012 年版。

[28]〔德〕雅思贝尔斯:《什么是教育》，邹进译，北京：生活·读书·新知三联书店 1991 年版。

[29]〔法〕卢梭:《卢梭文集》，李常山、何兆武译，北京：红旗出版社 1997 年版。

[30]〔法〕爱弥尔·涂尔干:《职业伦理与公民道德》，渠东等译，上海：上海人民出版社 2001 年版。

[31]〔苏〕马卡连柯:《论共产主义教育》，刘长松、杨慕之译，北京：人民教育出版社 1981 年版。

[32]〔苏〕瓦·阿·苏霍姆林斯基:《帕夫雷什中学》，赵玮等译，北京：教育科学出版社 1983 年版。

三、中文学术著作

[1] 张耀灿、郑永廷、刘书林、吴潜涛等:《现代思想政治教育学》，北京：人民出版社 2001 年版。

[2] 教育部社会科学研究与思想政治工作司:《思想政治教育学原理》，北京：高等教育出版社 1999 年版。

[3] 袁桂林:《当代西方道德教育理论》，福州：福建教育出版社 1995 年版。

[4] 武汉大学思想政治教育系:《比较德育学》，武汉：武汉大学出版社 2003 年版。

[5] 冯益谦:《比较与创新——中西德育方法比较》，北京：中央编译出版社 1995 年版。

[6] 朱永康:《中外学校道德教育比较研究》，福州：福建教育出版社 1998 年版。

[7] 李德顺:《价值论》，北京：中国人民大学出版社 2007 年版。

[8] 艾思奇:《辩证唯物主义纲要》，北京：人民出版社 1959 年版。

[9] 冯刚、郑永廷:《思想政治教育学科——30 年发展研究报告》，北京：光明日报出版社 2014 年版。

[10] 黄蓉生:《当代大学生诚信制度建设及加强大学生思想政治工作研究》，北京：经济科学出版社 2013 年版。

[11] 张澍军:《德育哲学引论》，北京：人民出版社 2001 年版。

[12] 杨晓慧:《社会主义核心价值体系融入大学生思想政治教育全过程的基本问题研究》，北京：人民出版社 2011 年版。

[13] 杨晓慧:《当代大学生成长规律研究》，北京：人民出版社 2010 年版。

[14] 李忠军:《社会主义核心价值体系统领大学生思想政治教育研究——内在逻辑与体系构建》，北京：人民出版社 2011 年版。

[15] 檀传宝:《当代东西方德育发展要览》，北京：人民教育出版社 2013 年版。

[16] 袁桂林:《当代西方道德教育理论》，福州：福建教育出版社 1995 年版。

[17] 鲁洁、王逢贤:《德育新论》，南京：江苏教育出版社 2002 年版。

[18] 王瑞苏:《比较思想政治教育学》，北京：高等教育出版社 2001 年版。

[19] 罗国杰:《道德教育与价值导向》，北京：教育科学出版社 2000 年版。
[20] 段妍:《比较视域下当代大学生核心价值观培育研究》，北京：人民出版社 2016 年版。
[21] 袁刚、孙家翔、任丙强等:《民治主义与现代社会——杜威在华讲演集》，北京：北京大学出版社 2004 年版。
[22] 龙庆华:《高校诚信道德建设研究》，昆明：云南大学出版社 2007 年版。
[23] 陈立思:《当代世界的思想政治教育》，北京：中国人民大学出版社 1999 年版。
[24] 秦英君:《东西方道德的转型与比较》，北京：首都师范大学出版社 2002 年版。
[25] 张休勤、牟思伦:《大学生诚信修养概论》，济南：山东人民出版社 2008 年版。
[26] 朱幸福:《美国大学教育写真》，北京：清华大学出版社 2010 年版。
[27] 王恩华:《学术越轨批判》，长沙：湖南师范大学出版社 2005 年版。
[28] 江新华:《学术何以失范——大学学术道德失范的制度分析》，北京：社会文献科学出版社 2005 年版。
[29] 别敦荣:《中美大学学术管理》，武汉：华中科技大学出版社 2001 年版。
[30] 王英杰:《美国高等教育的发展与改革》，北京：人民教育出版社 2002 年版。
[31] 杨玉圣:《学术规范与学术批评》，开封：河南大学出版社 2005 年版。
[32] 杨玉圣、张保生:《学术规范导论》，北京：高等教育出版社 2004 年版。
[33] 教育部科学委员会秘书处:《学术规范与学风建设论坛》，北京：高等教育出版社 2005 年版。
[34] 景志明:《中外学校德育综合比较》，重庆：西南师范大学出版社 2001 年版。
[35] 张体勤、牟思伦:《大学生诚信修养概论》，济南：山东人民出版社 2012 年版。
[36] 崔延强:《中外大学生诚信教育比较研究》，北京：中央文献出版社

2009 年版。

[37] 朱小平、邬丽莎:《当代研究生学术诚信保障体系研究》，成都：西南交通大学出版社 2015 年版。

[38] 陈丽君:《诚信的本质、评价和影响机制——研究视角下的中西方诚信》，北京：经济科学出版社 2009 年版。

[39] 主要国家科研诚信制度与管理比较研究课题组:《国外科研诚信制度与管理》，北京：科学技术文献出版社 2014 年版。

[40] 杨萍:《高校学术道德与学术诚信体系建设问题研究》，成都：西南财经大学出版社 2015 年版。

[41] 王淑芹:《大学生诚信伦理研究》，北京：人民出版社 2012 年版。

[42] 姚刚:《大学生诚信教育论纲》，郑州：郑州大学出版社 2013 年版。

[43] 史瑞杰:《诚信导论新编》，北京：北京大学出版社 2015 年版。

[44] 黄富峰、宗传军、马晓辉:《研究生学术道德培育研究》，北京：中国社会科学出版社 2012 年版。

[45] 彭聃龄:《普通心理学》，北京：北京师范大学出版社 2004 年版。

[46] 王俏华:《榜样教育概论》，北京：北京大学出版社 2014 年版。

[47] 曾钊新、李建华等:《道德心理学》，长沙：中南大学出版社 2002 年版。

[48] 王彩霞:《中国学校校训研究——20 世纪中国校训历史演进的教育考察》，山西：山西教育出版社 2012 年版。

[49] 陈正良:《冲突与整合：德育环境的系统建构》，北京：中国社会科学出版社 2005 年版。

四、中文期刊论文

[1] 习近平:《青年要自觉践行社会主义核心价值观——在北京大学师生座谈会上的讲话》,《中国高等教育》2014 年第 10 期。

[2] 刘云山:《着力培育和践行社会主义核心价值观》,《求是》2014 年第 2 期。

[3] 张东刚:《全面贯彻落实全国高校思想政治工作会议精神　努力开创高校思想政治工作新局面——访教育部思想政治工作司司长张东刚》,

《思想理论教育导刊》2017 年第 3 期。
[4] 吴潜涛:《培育践行核心价值观在实践层面的紧迫性》,《中国高等教育》2015 年第 5 期。
[5] 吴潜涛:《培育和践行社会主义核心价值观重要意义的几点思考》,《思想教育研究》2015 年第 2 期。
[6] 冯刚:《大学生社会主义核心价值观的培育路径》,《北京教育》2012 年第 5 期。
[7] 冯刚:《着力培养大学生社会主义核心价值观》,《高校理论战线》2012 年第 9 期。
[8] 杨晓慧:《习近平青年价值观教育思想论要》,《马克思主义研究》2017 年第 11 期。
[9] 杨晓慧:《关于培育和践行社会主义核心价值观的几个区分与协调》,《社会主义核心价值观研究》2015 年第 1 期。
[10] 杨晓慧:《比较思想政治教育研究的学科理性、本质定位及系统建设》,《思想理论教育导刊》2014 年第 10 期。
[11] 杨晓慧:《关于加强比较思想政治教育学科建设的几个问题》,《社会科学战线》2014 年第 6 期。
[12] 杨晓慧:《对深化思想政治教育学科建设的几点思考》,《思想政治教育研究》2014 年第 30 期。
[13] 杨晓慧:《社会主义核心价值体系融入大学生思想政治教育全过程论析》,《东北师大学报》(哲学社会科学版)2009 年第 5 期。
[14] 杨晓慧:《比较思想政治教育研究的学科理性、本质定位及系统建设》,《思想政治教育研究》2014 年第 10 期。
[15] 沈壮海:《社会主义核心价值观研究的几点思考》,《学校党建与思想教育》2015 年第 9 期。
[16] 沈壮海:《改革开放以来思想政治教育研究的学术版图》,《思想理论教育导刊》2008 年第 11 期。
[17] 张澍军:《试论思想政治教育学科定位——学习习近平两次重要讲话的一些思考》,《马克思主义研究》2017 年第 7 期。
[18] 韩震:《中西方核心价值观有何不同》,《求是》2014 年第 2 期。
[19] 王树荫、石亚玲:《当代青年践行社会主义核心价值观的科学指南》,

《中国高等教育》2014 年第 Z2 期。
[20] 骆郁廷、唐丽敏:《核心价值观的社会治理作用及实现机制》,《思想政治教育研究》2017 年第 2 期。
[21] 李忠军:《关于思想政治教育本质的几点探讨》,《东北师大学报》(哲学社会科学版)2012 年第 5 期。
[22] 李忠军:《大学生政治价值观的形成规律及启示》,《思想教育研究》2009 年第 4 期。
[23] 李艳:《比较思想政治教育研究的问题、规定及范式》,《社会科学战线》2014 年第 6 期。
[24] 李艳、杨晓慧:《文化自觉的内在逻辑》,《高校理论战线》2013 年第 2 期。
[25] 段妍:《比较思想政治教育学科发展三题》,《思想理论教育》2015 年第 5 期。
[26] 段妍:《说理与解惑:“概论”课实现大学生道德认同的教学方法创新研究》,《东北师大学报》(哲学社会科学版)2014 年第 9 期。
[27] 段妍:《社会主义核心价值观中“公正”真谛及其实现路径》,《思想理论教育导刊》2016 年第 4 期。
[28] 王占仁:《高校思想政治教育如何实现全程、全方位育人》,《教育研究》2017 年第 8 期。
[29] 高地:《西方学者中国思想政治教育研究述评》,《马克思主义研究》2016 年第 3 期。
[30] 金昕:《美国公民教育的品牌效应、培育路径及启示》,《东北师大学报》(哲学社会科学版)2013 年第 2 期。
[31] 李潇君:《美国社会科课程中的价值观教育》,《思想教育研究》2015 年第 6 期。
[32] 李潇君:《课外活动:美国高校道德教育的重要载体》,《东北师大学报》(哲学社会科学版)2014 年第 2 期。
[33] 孙纪瑶、段妍:《美国高校荣誉准则制度微探》,《外国教育研究》2018 年第 11 期。
[34] 孙纪瑶:《大学生诚信品质的培育之道》,《人民论坛》2018 年第 9 期。
[35] 杨威:《国外价值观教育研究:目标、内容与方法》,《思想理论教育》

2017 年第 10 期。
[36] 杨威:《国外价值观教育的当代复兴及研究现状》,《教学与研究》2017 年第 9 期。
[37] 杨威:《价值的钟摆——当代价值哲学对美国学校价值观教育的影响》,《马克思主义哲学研究》2015 年第 2 期。
[38] 杨威:《当代美国高校价值观教育的关键议题与基本原则》,《黑龙江高教研究》2015 年第 10 期。
[39] 杨威:《当代政治哲学对美国公立学校价值教育的影响》,《外国教育研究》2014 年第 7 期。
[40] 上官莉娜、王晓霞:《比较思想政治教育研究方法现状与反思》,《思想理论教育》2016 年第 2 期。
[41] 上官莉娜、黄强:《比较思想政治教育整体研究及其发展进路》,《思想理论教育》2014 年第 10 期。
[42] 上官莉娜:《比较思想政治教育：现状、挑战与发展》,《思想理论教育》2013 年第 8 期。
[43] 王立仁:《论德育的价值》,《思想理论教育导刊》2002 年第 12 期。
[44] 韦冬雪:《大学生社会主义核心价值体系认同教育路径微探》,《广西师范大学学报》(哲学社会科学版) 2012 年第 4 期。
[45] 周利方、沈全:《国外核心价值观建设的实践类型及启示》,《全球视野》2011 年第 11 期。
[46] 葛春、李会松:《美国学校价值观教育实施及对我国核心价值观教育及启示》,《全球教育展望》2009 年第 38 期。
[47] 陈静、郝一峰:《国外核心价值观建设路径的研究》,《黑龙江社会科学》2007 年第 5 期。
[48] 陈延斌、周斌:《国外核心价值观的凝练及其启示》,《马克思主义研究》2012 年第 1 期。
[49] 邓玉函:《西方核心价值观的价值意蕴及反思》,《中国云南省委党校学报》2014 年第 5 期。
[50] 卡明斯、钟启泉:《价值教育的案例研究——价值教育的国际比较(之二)》,《外国教育资料》1997 年第 3 期。
[51] 卡明斯、钟启泉:《价值教育的案例研究——价值教育的国际比较

（之三）》,《外国教育资料》1997 年第 4 期。
[52] 范树成:《美国核心价值观教育探析》,《外国教育研究》2008 年第 7 期。
[53] 龙一平、沈绍睿:《论美国学校核心价值观教育的途径及对我国的启示》,《教育探索》2009 年第 6 期。
[54] 杨明、张伟:《个人主义：西方文化的核心价值观》,《哲学研究》2007 年第 4 期。
[55] 张伟:《国外加强社会核心价值观建设的做法及启示》,《当代世界与社会主义》2011 年第 2 期。
[56] 张雅光:《加强核心价值观建设的国际经验与启示》,《理论导刊》2014 年第 8 期。
[57] 萧瑜:《“加强学风和学术道德建设”座谈会述要》,《高校理论战线》2002 年第 4 期。
[58] 李长伟:《追求卓越——古典公民教育探析》,《湖南师范大学学报》2013 年第 6 期。
[59] 张会亮:《美国文理学院办学特色探析》,《比较教育研究》2011 年第 3 期。
[60] 蒋惠玲:《美国大学伦理审查委员会的运作及其制度基础》,《比较教育研究》2011 年第 3 期。
[61] 郭洁、郭宁:《美国传统名校是怎样捍卫学术诚信的——普林斯顿大学本科生学术规范管理制度评述》,《比较教育研究》2008 年第 7 期。
[62] 郭文剑:《学术诚信：美国大学学生荣誉制度的意义解读》,《外国教育研究》2010 年第 7 期。
[63] 孙洁、徐庆宁:《从中美两国相比较的角度浅谈高校学术道德教育》,《道德教育研究》2006 年第 3 期。
[64] 张晓明:《加强研究生学术道德研究》,《思想教育研究》1999 年第 3 期。
[65] 曹南燕:《大学科研中的诚信问题》,《清华大学学报》（哲学社会科学版）2004 年第 2 期。
[66] 蒋秀英、徐辉:《美国杜克大学荣誉准则制度的经验与启示》,《西南农业大学学报》（社会科学版）2008 年第 2 期。

[67] 徐辉、周月俊:《美国马里兰大学新“荣誉制度”探析》,《西南大学学报》(社会科学版)2008 年第 4 期。
[68] 邱咏梅:《中美高校学术规范文本的解读与评价——〈北京大学教师学术道德规范〉与〈乔治华盛顿大学关于学术不端行为处理程序的规定〉的比较研究》,《大学教育科学》2005 年第 6 期。
[69] 邱咏梅:《中美高校学术规范文本的比较与评价——北京大学与乔治·华盛顿大学关于学术行为规定的个案分析》,《江苏大学学报》(高教研究版)2005 年第 6 期。
[70] 胡林龙:《中美高校学术不端行为处理程序的比较研究——以中美部分高校学术规范为例》,《中国高教研究》2014 年第 6 期。
[71] 曹艳南、吴寿乾:《研究诚信的体制化——美国研究诚信办公室及其启示》,《自然辩证法研究》2006 年第 10 期。
[72] 刘培蕾、周绍斌:《约翰·霍普金斯大学本科生学术道德委员会制度及启示》,《世界教育信息》2011 年第 11 期。
[73] 顾海良:《学术规范与学术道德:自律与他律》,《社会科学论坛》2005 年第 1 期。
[74] 朱燕:《美国学生学术不诚实问题研究评介——基于 PQDD 博硕论文数据库美国博士学位论文的分析》,《国外理论动态》2008 年第 4 期。
[75] 张旻浩、高国龙、钱俊龙:《国内外学术不端文献检测系统平台的比较研究》,《研究与报道》2011 年第 4 期。
[76] 钞秋玲、李秀珍、马治国:《美国大学生的学术不诚信及其防止措施》,《大学研究与评价》2009 年第 1 期。
[77] 刘召、羊许益:《美国高校学术诚信教育的主要途径及其启示》,《淮南师范学院学报》2007 年第 3 期。
[78] 张爱玲:《美国大学生学术诚信教育研究》,《赤峰学院学报》(自然科学版)2013 年第 1 期。
[79] 田德新:《美国高校的学术自由与学术诚信》,《外语教学》2003 年第 4 期。
[80] 王艳:《美国的科研诚信:联邦政府的作用》,《科学对社会的影响》2007 年第 1 期。
[81] 张鸿燕:《美国高校大学生学术诚信管理及其借鉴》,《北京教育·德

育》2010 年第 2 期。
[82] 江新华:《美国大学防剽窃教育的主要特点及启示》,《比较教育研究》2004 年第 7 期。
[83] 李奇:《美国大学学术诚信问题的研究报告》,《比较教育研究》2006 年第 5 期。
[84] 高战新、刘培蕾:《美国高校的荣誉规章制度及启示》,《教育学术月刊》2009 年第 11 期。
[85] 张果:《大学生学术诚信建设的中外比较及其伦理反思》,《创新与创业教育》2014 年第 6 期。
[86] 赵奕:《中美大学学术诚信教育比较研究》,《图书馆工作于研究》2010 年第 5 期。
[87] 饶家辉、谭瑶:《中美大学生诚信教育生态比较及借鉴》,《继续教育研究》2016 年第 2 期。
[88] 孙洁、徐庆宁:《从中美两国相比较的角度浅谈高校学术道德教育》,《道德教育研究》2006 年第 3 期。
[89] 张银霞:《美国常春藤联盟高校本科生学术诚信治理模式研究》,《比较教育研究》2016 年第 9 期。
[90] 梁茜:《美国大学诚信体系及对我国大学生诚信教育的启示》,《高教论坛》2012 年第 10 期。
[91] 张永红:《美国高校学生的学术不诚信现象、理论解释及其对策》,《比较教育研究》2009 年第 2 期。
[92] 张永红:《美国高校的荣誉规则及启示》,《外国教育研究》2010 年第 6 期。
[93] 任海涛、魏巍:《高校德育:从自治、自律到自觉》,《中国青年研究》2012 年第 7 期。
[94] 任晓晋:《英语论文 MLA 格式要求评介》,《武汉大学学报》(哲学社会科学版)1997 年第 5 期。
[95] 张鸿燕、杨艳:《美国高校学术诚信制度有效性之分析》,《首都师范大学学报》(社会科学版)2011 年第 4 期。
[96] 驻纽约总领事馆教育组:《美国高校的学术自由与学术诚信》,《中国高等教育》2003 年第 18 期。

[97] 禹旭才、闫峥:《美国大学生学术诚信教育的“三阶段”与“三结合”》,《当代世界与社会主义》2014 年第 1 期。

[98] 明娟、秦飞飞:《高校图书馆学术诚信教育职能的发挥》,《图书情报导刊》2017 年第 11 期。

[99] 赵奕:《美国大学图书馆学术诚信教育启示》,《图书馆论坛》2010 年第 8 期。

[100] 刘强、吴新平:《美国大学生学术诚信研究述要》,《石河子大学学报》(哲学社会科学版)2010 年第 1 期。

五、报纸文献

[1] 习近平:《抓住培养社会主义建设者和接班人根本任务 努力建设中国特色一流大学》,《人民日报》2018 年 5 月 3 日。

[2] 习近平:《从小积极培育和践行社会主义核心价值观》,《人民日报》2014 年 5 月 31 日。

[3] 冯刚:《推动思想政治教育创新发展》,《光明日报》2014 年 6 月 10 日。

[4] 冯刚:《提高国家文化软实力要努力传播社会主义核心价值观》,《光明日报》2014 年 7 月 23 日。

[5] 吴浅涛:《培育和践行核心价值观的几点思考》,《光明日报》2013 年 7 月 15 日。

[6] 杨晓慧:《树立高校意识形态工作的文化自觉》,《光明日报》2016 年 6 月 28 日。

[7] 潘玉腾:《推进社会主义核心价值体系大众化的三维路径》,《中国社会科学报》2012 年 6 月 13 日。

[8] 杨卫:《学术诚信是大学精神的根本》,《光明日报》2012 年 4 月 23 日。

[9] 李可、张子谏:《大数据为诚信体系建设提供新契机》,《光明日报》2018 年 1 月 29 日。

[10] 杨舒:《国家自然科学基金委通报典型案例对科研不端“零容忍”》,《光明日报》2016 年 12 月 14 日。

[11] 周咏:《海外学子学术诚信瑕不掩瑜》,《人民日报》(海外版)2016 年 6 月 16 日。

[12] 柴骥程、余靖静:《期待"学术诚信"能够"触底反弹"》,《新华每日电讯》2009 年 2 月 19 日。

[13] 晋浩天:《论文"查重",能否遏制抄袭之风?》,《光明日报》2014 年 5 月 19 日。

[14] 胡其峰:《学术诚信缺失:这个"结"如何解》,《光明日报》2013 年 5 月 27 日。

[15] 齐芳:《科研的"质"比"量"更重要》,《光明日报》2012 年 3 月 11 日。

[16] 黄庆畅:《我国拟建科技人员学术诚信档案》,《光明日报》2007 年 3 月 23 日。

[17] 王立东:《完善学术评价制度》,《光明日报》2002 年 8 月 22 日。

[18] 曹建文:《加强大学生学术诚信教育》,《光明日报》2005 年 12 月 9 日。

[19] 耿联:《"学术去行政化"应力推》,《新华日报》2014 年 3 月 11 日。

[20] 李文凯:《美国的学术诚信教育》,《中国改革报》2007 年 2 月 9 日。

[21] 段晓明、武学超、谭晓荣、黄超:《学术诚信,英美大学在行动》,《中国教育报》2006 年 7 月 7 日。

[22] 张清俐、裴昱:《让学术诚信成为研究中不可触碰的红线》,《中国社会科学报》2014 年 1 月 27 日。

六、中文学位论文

[1] 周金花:《研究生学术诚信教育研究》,硕士论文,长沙:中南大学,2008 年。

[2] 施红斌:《美国大学生学术诚信教育研究》,硕士论文,重庆:西南大学,2008 年。

[3] 王恩华:《学术越轨与大学学术管理》,博士论文,武汉:华中科技大学,2004 年。

[4] 朱燕:《美国大学生学术不端的防治研究》,博士论文,北京:北京大学,2008 年。

[5] 秦艳:《美国大学生诚信教育及其对我国大学生诚信教育的启示》,硕士论文,重庆:西南大学,2009 年。

[6] 唐杰:《大学生诚信教育现状及对策研究——以对某省属高校的实证调

查为基础》，硕士论文，苏州：苏州大学，2010 年。
[7] 刘培蕾:《大学生学术诚信教育缺失的原因及其教育对策研究》，硕士论文，重庆：西南大学，2007 年。
[8] 姜小平:《美国大学生学术诚信教育及启示》，硕士论文，石家庄：河北师范大学，2012 年。
[9] 闫峥:《美国大学生学术诚信教育及其启示》，硕士论文，长沙：湖南科技大学，2012 年。
[10] 胡慧:《美国大学生学术诚信教育及启示》，硕士论文，石家庄：河北师范大学，2013 年。
[11] 杨艳:《美国高校学术诚信制度建设研究及启示》，硕士论文，北京：首都师范大学，2011 年。
[12] 李艳春:《中美大学生诚信教育对比研究》，硕士论文，哈尔滨：东北石油大学，2011 年。
[13] 徐蓉念:《高校研究生学术不端问题的实证研究——以学术伦理为视角》，硕士论文，武汉：华中师范大学，2015 年。
[14] 于靖:《高校学术不端行为的评判制度研究》，硕士论文，上海：华东理工大学，2012 年。
[15] 王肖:《研究生学术道德失范的表现及防治研究》，硕士论文，湘潭：湘潭大学，2011 年。
[16] 刘红军:《基于博弈论的研究生学术不端行为监管研究》，硕士论文，武汉：华中科技大学，2009 年。
[17] 李彩霞:《美国研究型大学学术诚信体系研究》，硕士论文，武汉：华中师范大学，2008 年。

七、英文学术著作

[1] Ann Lathrop, Kathleen Foss. *Student Cheating and Plagiarism in the Internet Era*. Englewood, CO: Libraries Unlimited, Inc., 2000.
[2] Adam Smith. *An Inquiry into the Nature and Causes of the Wealth of Nations*. New York: McGraw-Hill College, 1776.
[3] Arthur W. Chickering, Linda Reisser. *Education and Identity*. San Francisco:

Jossey-Bass, 1993.

[4] A.W. Astin. *Achieving Academic Excellence*. San Francisco: Jossey-Bass, 1984.

[5] Adams Michael. *Unlikely Utopia: The Surpring Triumph of Canada Pluralism*. Toronto: Viking Press, 2007.

[6] *ASHE Higher Education Report*. San Francisco: Jossey-Bass, 2008.

[7] Bernard E. Whitley. Patricia Keith Spiegel. *Academic Dishonesty An Educator's Guide*. NJ: Lawrence Erlbaum Associates, Inc, Publishers, 2002.

[8] Beverley H. Johns, Mary Z. McGrath. *Ethical Dilemmas in Education: Standing Up for Honesty and Integrity*. Maryland: Rowman & Littlefield Education, 2008.

[9] Bruce Macfarlane. *Teaching with Integrity: The Ethics of Higher Education*. New York: Routledge, 2003.

[10] Barbara Killinger. *Integrity: Doing the Right Thing for the Right Reason*. Quebec: McGill-Queen's University Press, 2010.

[11] Chodorow, N. *Feminism and Psycho Analytic Thinking*. New Haven, CT: Yale University Press, 1989.

[12] D. H. Guston. *Mentorship and the Research Training Experience, in Responsible Science, vol. II: Background Papers and Resource Documents*. Washington. D. C.: National Academy Press, 1993.

[13] Dan Ariely. *The Honest Truth About Dishonesty*. Harper Collins, 2013.

[14] Derek Bok. *Beyond the Ivory Tower: Social Responsibilities of the Modern University*. Cambridge: Harvard University Press, 1982.

[15] W. J. Bowers. *Student Dishonest and Its Control in College*. New York: Bureau of Applied Social Research, Columbia University, 1964.

[16] Bruce Macfarlane. *Teaching with Integrity: The Ethics of Higher Education Practice*. London; New York: Routledge, 2003.

[17] Bruce Macfarlane. *Researching with Integrity: The Ethics of Academic Enquiry*. London; New York: Routledge, 2008.

[18] B. Melendez. *Honor Code Study*. Cambridge, MA: Harvad University, 1985.

[19] Clarence Underwood. *Student Athlete: Eligibility and Academic Integrity*. Michigan : Michigan State University Press, 1984.

[20] Charles Lipson. *Doing Honest Work in College: How to Prepare*. Chicago: University of Chicago Press, 1988.

[21] Donald L. McCabe, Kenneth D. Butterfield, Linda K. Treviño. *Cheating in College: Why Students Do It and What Educators Can Do about It*. Washington, D.C.: Johns Hopkins University Press, 2012.

[22] D. Gehring, E. M. Nuss, G. Pavela. *Issues and Perspectives on Academic Integrity*. Washington, D. C.: National Association of Student Personnel Administrators, 1986.

[23] D. Gehring, G. Pavela. *Issue and Perspectives on Academic Integrity (2nd ed.)*. Washington, D. C.: National Association of Student Personnel Administrators, 1994.

[24] Dumas Malone. *Jefferson and His Time*. New York: Little，Brown and Company, 1974.

[25] E. Grady Bogue. *Leadership by Design: Strengthening Integrity in Higher Education*. San Francisco: Jossey-Bass, 1994.

[26] E. K. Cole. *Selected Legal Issues Relating to Due Process and Liability in Higher Education*. Washington, D. C.: Council of Graduate Schools, 1994.

[27] F. Rudolph. *The American College and University*. New York: Vintage Books, 1962.

[28] G. Simmel. *The philosophy of Money*. London: Routledge, 1978.

[29] George Homans. *Social Behavior: Its Elementary Forms*. New York: Harcourt Brace, 1961.

[30] Imran Adesile Moshood. *Academic Integrity: Perceptions of Postgraduate Students towards Academic Integrity (French Edition)*. LAP LAMBERT Academic Publishing, 2011.

[31] James M. Lang. *Cheating Lessons: Learning from Academic Dishonesty*. Cambridge: Harvard University Press, 2013.

[32] John Louis Lucaites. Celeste Michelle Condit. Sally Caudill. *Contemporary Rhetorical Theory: A Reader*. New York: Guilford Press, 1999.

[33] James Davison Hunter. *The Death of Character: Moral Education in an Age Without Good or Evil*. New York: Basic Books, 2001.

[34] John Delamater. *Handbook of Social Psychology*. Dordrecht: Kluwer Academic Publisher, 2006.

[35] John Dewey. *Democracy and Education*. New York: Macmillan, 1916.

[36] M. W. Berkowitz, F. Oser. *Moral Education: Theory and Practice*. NJ: Erlbaum, 1985.

[37] Mclnnis Edger. *Canada: A Political and Social History*. Toronto: University of Toronto Press, 1982.

[38] Metcalf Lawrence.*Values Education.Rational, Strategies, and Procedures: 21st Yearbook*. New Milford: Sense Publishers, 2008.

[39] Nathan Galzer. *We Are All Multiculturalism Now*. Cambridge: Harvard University Press, 1997.

[40] National Academy of Sciences. *Responsible Science: Ensuring Integrity of the Research Process*. Washington, D.C.: National Academy Press, 1999.

[41] Olugbenro Oyekan. *Academic Integrity: Study & Guide*. Bloomington: XLIBRIS, 2013.

[42] Philip W. Jackson. *Life in Classrooms*. New York: Teachers College Press, 1990.

[43] Peter Riesenberg.*Citizenship in Western Tradition*.Raleigh:the University of North Carolina Press, 1992.

[44] R. J. House. *A 1976 Theory of Charismatic Leadership*// Hunt J. G., Larson L. L. Leadership: the cutting edge. Carbondale: Southern Illinois University Press, 1977.

[45] S. L. Carter. *Integrity*. New York: Harper Collins, 1996.

[46] S. M. Lipset. *Continent Divide: The Values and Institutions of the United States and Canada*. New York: Routledge Chapman and Hall, 1990.

[47] Thomas Hobbes. *Leviathan*. London: Penguin, 1985.

[48] Tracey Bretag. *Handbook of Academic Integrity*. Berlin: Springer, 2016.

[49] Tyra Twomey, Holly White, Ken Sagendorf. *Pedagogy, Not Policing: Positive Approaches to Academic Integrity at the University*. New York:

Syracuse University Press, 2009.

[50] Wendy Sutherland-Smith. *Plagiarism, the Internet, and Student Learning: Improving Academic Integrity*. London, New York: Routledge, 2008.

[51] William L. Kibler. *Academic Integrity and Student Development: Legal Issues and Policy (Higher Education Administration Series)*. New York: College Administration Pubns, 1988.

[52] Wilfied Decoo. *Crisis on Campus: Confronting Academic Misconduct*. Cambridge: The MIT Press, 2001.

[53] W. C. Kibler, E. M. Nuss. *Academic Integrity and Student Development: Legal Issues, Policy Perspectives*. NC, USA: College Administrators Publications, 1988.

[54] Will Kymlicka. *Multiculturalism: Success Failure and the Future*. Washington, D.C.: Migration Policy Institute, 2012.

[55] William O. Walker. *National Security and Core Values in American History*. New York: Cambridge University Press, 2009.

八、英文期刊论文

[1] Alicia K. Dustira. "The Federal Role in Influencing Research Ethics Education and Standards in Science", *Professional Ethics*, 1996(5):145-152.

[2] Ahmed Patel, Kaveh Bakhtiyari, Mona Taghavi. "Evaluation of Cheating Detection Methods in Academic Writings", *Library Hi Tech*, 2011(29): 623.

[3] B. J. Fraser. "Use of Classroom Environment Assessments in School Psychology", *School Psychology International*, 1987(8): 33.

[4] B. Read. "Wire for Cheating", *Chronicle of Higher Education 50*, 2004(45): 121.

[5] B. A. Fisher, M. J. Zigmond. "Teaching Ethics: Resources for Researchers", *Trends in Neurosciences*, 1996(19): 523-524.

[6] Cam Caldwell. "A Ten-step Model for Academic Integrity: A Positive Approach for Business Schools", *Journal of Business Ethics*, 2010(92): 1-13.

[7] Campbell S. "Perceptions of Mobile Phones in College Classrooms:

Ringing, Cheating, and Classroom Policies", *Communication Education*, 2006(1): 280-294.

[8] Charisse T. M. Coston, David A. Jenks. "Exploring Academic Dishonesty Among Undergraduate Criminal Justice Major", *A Research Note*, 1998, 22(2): 1-V.

[9] Christopher A. Simon, Jim R. Carr & Sesi M. McCullough Simon, et al. "Gender, Student Perceptions, Institutional Commitments and Academic Dishonesty: Who Reports in Academic Dishonesty Cases? ", *Assessment & Evaluation in Higher Education*, 2004(29): 75-90.

[10] C. Townley, M. Parsell. "Technology and Academic Virtue: Student Plagiarism Through the Looking Glass", *Ethics and Information Technology*, 2004(6): 271-277.

[11] C. A. Simon, J. R. Carr, S. M. McCullough, S. J. Morgan, T. Olsen, M. Ressel. "The Other Side of Academic Dishonesty: The Relationship Between Faculty Skepticism, Gender and Strategies for Managing Student Academic Dishonesty Cases", *Assessment & Evaluation in Higher Education*, 2003(28): 193-200.

[12] D. F. Crown, M. S. Spiller. "Learning from the Literature on Collegiate Cheating: A Review of the Empirical Research", *Journal of Business Ethics*, 1998, 17(6): 683-700.

[13] Davis F. Stephen, H. Wayne Ludvigson. "Additional Data on Academic Dishonesty and a Proposal for Remediation", *Teaching of Psychology*, 1995(22): 119-121.

[14] Donald L. McCabe, Linda Klebe Trevin, Kenneth D. "Butterfiled, Honor codes and other Contextual Influences on Academic Integrity: A Replication and Extension to Modified Honor Code Settings", *Research in Higher Education*, 2002(43): 357-378.

[15] Donald L. McCabe, L. K. Trevino. "Academic Dishonesty: Honor Codes and Other Contextual Influences ", *Journal of Higher Education*, 1993(5): 522-538.

[16] Donald L. McCabe, Andrew L. Makowski. "Resolving Allegation of

Academic Dishonesty: Is There a Role for Students to Play? ", *About Campus*, 2001(6): 17-21.

[17] Donald L. McCabe, Patrick Drinan. "Toward a Culture of Academic Integrity", *Chronicle of Higher Education*, 1999(46): B7.

[18] Donald L. McCabe. "Faculty Responses to Academic Dishonesty: The influence of Student Honor Codes", *Research in Higher Education*, 1993(5): 649-650.

[19] Donald L. McCabe, L. K. Trevino. "Individual and Contextual Influences on Academic Dishonesty: A Multicampus Investigation", *Research in Higher Education*, 1997(38): 385-390.

[20] Donald L. McCabe, G. Pavela. "Some Good News About Academic Integrity", *Change*, 2000 (September/ October): 32-38.

[21] Donald L. McCabe. "It Takes a Village: Academic Dishonesty & Educational Opportunity", *Liberal Education*, 2005(Summer/ Fall): 26-31.

[22] Diane Pecorati. "Good and Original: Plagiarism and Patchwriting in Academic Second-Language Writing", *Journal of Second Language Writing*, 2003(1): 330-335.

[23] Dario Spini, Willem Doise. "Organizing Principles of Involvement in Human Rights and their Social Anchoring in Value Priorities", *European Journal of Social Psychology*, 1998(28): 603-622.

[24] Ermalynn Kiehl. "Using an Ethical Decision-Making Model to Determine Consequences for Student Plagiarism", *Journal of Nursing Education*, 2006(6): 35.

[25] Ell Ellen Deborah. "The Honor System Re-examined", *The Journal of Higher Education*, 1996, 37(8): 460.

[26] Elliott S. Levy. Carter C. Rakovski. "Academic Dishonesty: A Zero Tolerance Professor and Student Registration Choices ", *Research in Higher Education*, 2006(47): 735-754.

[27] Fintan Culwin, Thomas Lancaster. "Plagiarism Issue for Higher Education", *Vine*, 2001(2): 36-38.

[28] Felice J. Levine. Joyce M. Iutcovich. "Challenges in Studying the Effects

of Scientific Societies on Research Integrity", *Science and Engineering Ethics*, 2003(9): 257-258.

[29] Gail Wood. "Academic Original Sin: Plagiarism, the Internet, and Librarians", *The Journal of Academic Librarianship*, 2004, 30(3): 237-242.

[30] George M. Diekhoff, Emily E. LaBEFF, Robert E. Clark, Larry E. Williams, Billy Francis, Valerie J. Haines. "College Cheating: Ten Years Later", *Research in Higher Education*, 1996, 37(4).

[31] H. S. Pincus, L. P. Schmelkin. "Faculty Perceptions on Academic Dishonesty", *Journal of Higher Education*, 2003, 74(2): 196-200.

[32] H. J. Passow, M. J. Mayhew, C. J. Finelli, T. S. Harding, D. D. Carpenter. "Factors Influening Engineering Students' Decisions to Cheat by Type of Assessment", *Research in Higher Education*, 2006, 47(6): 643-684.

[33] Jacki Lyden. "Analysis: Federal Judge Finds Interior Secretary in Contempt of Court with Regards to Action on Native American Trust Fund", *All Things Considered(NPR)*, 2002-9-17.

[34] Jennifer L. Kisamore, Thomas H. Stone, I. M. Jawahar. "Academic Integrity: The Relationship Between Individual and Situational Factors on Misconduct Contemplations", *Journal of Business Ethics*, 2007, 75(4): 381.

[35] J. W. Michaels, T. D. Miethe. "Applying Theories of Deviance to Academic Cheating", *Social Science Quarterly*, 1989(70): 870-885.

[36] J. Kerkvliet, C. L. Sigmund. "Can We Control Cheating in the Classroom?", *Journal of Economic Edcuation*, 1999, 30(4): 331.

[37] Josh Compton, Michael Pfau. "Inoculating Against Pro-Plagiarism Justifications: Rational and Affective Strategies", *Journal of Applied Communication Research*, 2008(2): 98-119.

[38] Linda Achey Kidwell. "Student Honor Codes as a Tool for Teaching Professional Ethics", *Journal of Business Ethics*, 2001(29): 46.

[39] Jacob Eisenberg. "To Cheat or not to Cheat: Effects of Moral Perspective and Situational Variables on Students' Attitues", *Journal of Moral Education*, 2004(2): 163-178.

[40] Kristin Voelkl Finn, Michael R. Frone. "Academic Performance and

Cheating: Moderating Role of School Identification and Self-Efficacy", *Journal of Educational Research*, 2004, 97(3): 115-122.

[41] K. Osborne. "Political Education and Citizenship: Teaching for Civic Engagement", *Education Canada*, 2005, 45(1): 13-16.

[42] L. M. Hinman. "Academic Integrity and the Word Wide Web", *Computers and Society*, 2002(2): 33-42.

[43] L. R. Aiken. "Detecting, Understanding, and Controlling for Cheating on Test", *Research in Higher Education*, 1991(32): 33.

[44] Lidija Bilic-Zulle, Josip Azman, Vedran Frkovic, Mladen Petrovecki. "Is There an Effective Approach to Deterring Students from Plagiarizing? ", *Sci Eng Ethics*, 2008(14): 140.

[45] L. S. Paine. "Managing for Organizational Integrity", *Harvard Business Review*, 1994(2): 106-117.

[46] Lynn Morton. "Choosing Honor: Creating a Culture of Faith and Trust", *Vital Speeches of the Day*, 2004(23): 727-728.

[47] Matthew Etherington. "Values Education: Why the Teaching of Values in Schools is Necessary, But Not Sufficient", *Journal of Research on Christian*, 2013(22): 189-210.

[48] Mark A. May, Hugh Hartshorne. "Experimental Studies in Moral Education", *Religious Education*, 1927(22): 712.

[49] Martin Zimerman. "Plagiarism and International Students in Academic Libraries", *New Library World,* 2012: 290-294.

[50] Michelle Pixley Tippitt, Nell Ard, Juanita Reese Kline, Joan Tilghman, Barbara Chamberlain, Meagher P. Gail. "Creating Environments that Forster Academic Integrity", *Nursing Education Perspectives,* 2009(30): 242.

[51] N. Beute, E. S. Van Aswegen, C. Winberg. "Avoiding Plagiarism in Contexts of Development and Change", *IEEE Transactions on Education*, 2008(2): 201-203.

[52] Oyaziwo Aluede, Eunice O. Omoregie, Gloria I. Osa-Edoh. "Academic Dishonesty as A Contemporary Problem in Higher Education: How Academic Advisers Can Help", *Reading Improvement*, 1990(2).

[53] P. G. Moeck. "Academic Dishonesty: Cheating Among College Students", *Community College Journal of Research and Practice*, 2002(26): 485-491.

[54] P. A. Hutton. "Understanding Student Cheating and What Educators Can Do About It", *College Teaching*, 2006(1): 171-176.

[55] P. S. Strom, R. D. Strom. "Cheating in Middle School and High School", *The Educational Forum*, 2007(71): 104-116.

[56] Q. Li. "Academic Integrity Policies of U. S. Colleges and Universities: Effective or Ineffective", *Journal of Education*, 2004, 27(3):101-106.

[57] Ray Canning. "Does an Honor System Reduce Classroom Cheating? An Experimental Answer", *Journal of Experimental Education*, 1956(24): 291-296.

[58] R. M. Emerson. "Social Exchange Theory", *Annual Review of Sociology,* 1976(2): 335-362.

[59] Robert B. Louden. "Toward a Genealogy of 'Deonotology' ", *Journal of the History of Philosophy*, 1996(34): 571-585.

[60] Rebecca Moore Howard, Laura Davies. "Plagiarism in the Internet Age", *Educational Leadership*, 2009(3): 64-67.

[61] R. M. Aaron. "Student Acadmic Dishonesty: Are Collegiate Institutions Addressing the Issue? ", *NASPA Journal*, 1992, 29(2): 107-113.

[62] Ruth Grant. "The Ethics of Talk: Classroom Conversation and Democratic Politics", *Teachers College Record 97*, 1996(3): 470-482.

[63] S. Nonis, C. O. Swift. "An Examination of the Relationship Between Academic Dishonesty and Workplace Dishonesty: A Multicampus Investigation", *Journal of Education for Business*, 2001 (November/ December): 60-76.

[64] Sharon P. Turner, Phyllis L. Beemsterboer. "Enhancing Academic Integrity: Formulating Effective Honor Codes", *Journal of Dental Education*, 2003, 67(10): 1124.

[65] S. E. Newstead, A. Franklyn-Stokes, P. Armstead. "Individual Differences in Student Cheating", *Educational Psychology*, 1996(2): 229-241.

[66] Shelly McGill. "Integrating Academic Integrity Education with the

Business Law Course: Why and How?", *Journal of Legal Studies Education*, 2008(2): 241-282.

[67] Stephen F. Davis, H. Wayne Ludvigson. "Additional Data on Academic Dishonesty and A Proposal for Remediation", *Teaching of Psychology*, 1995(22): 119-121.

[68] Stephen F. Davis, Cathy A. Grover, Angela H. Becher, Loretta N. McGregor. "Academic Dishonesty: Prevalence, Determinants, Techniques, and Punishments", *Teaching of Psychology*, 1992(19): 16-21.

[69] S. Schwartz. "Words, Deeds, and the Perception of Consequences and Responsibility in Action Situation", *Journal of Personality and Social Psychology*, 1968(10): 232-242.

[70] Shelley McGill. "Integrating Academic Integrity Education with the Business Law Course: Why and How? ", *Journal of Legal Studies Education*, 2008(2): 241-243.

[71] Scott W. Campbell. "Perceptions of Mobile Phones in College Classrooms: Ringing, Cheating, and Classroom Policies", *Communication Education*, 2006(3): 284-290.

[72] Sami W. Tabsh, Akmal S. Abdelfatah, Hany A. Elkadi. "Engineering Students and Faculty Perceptions of Academic Dishonesty", *Quality Assurance in Education*, 2017(4): 380-385.

[73] Susan M. Merkel. "American Society for Microbiology Resources in Support of an Evidence-based Approach to Teaching Microbiology", *FEMS microbiology letters*, 2016, 363(16): 90.

[74] Smith P. Melgoza. "Revitalizing an Existing Honor Code Program", *Innovative Higher Education*, 2008(4): 209-219.

[75] S. A. Stearns. "The Student-Instructor Relationship's Effect on Academic Integrity", *Ethics & Behavior*, 2001, 11(3): 275-280.

[76] Sybil Fransis. "Developing a Federal Policy on Research Misconduct", *Science and Engineering Ethics*, 1999(5): 261-272.

[77] Shalom H. Schwartz. "Are there University Aspects in the Content and Structure of Values? ", *Journal of Social Issues*,1994(50): 19-45.

[78] Shalom H. Schwartz. "University in the Content and Structure of Values: Theoretical Advances and Empirical Tests in 20 Countries", *Advances in Experimental Social Psychology*,1992(25): 1-65.

[79] Tshepo Batane. "Turning to Turnitin to Fight Plagiarism among University Students", *Educational Technology & Society*, 2010(2): 3.

[80] T. D. Khanyile, S. Duma et al. "Research Integrity and Misconduct: A Classifications of the Concepts", *Curations*, 2006(1): 40-45.

[81] V. J. Haines, G. M. Diekhoff, E. E. LaBeff, R. E. Clark. "College Cheating: Immaturity, Jack of Commitment, and the Neutralizing Attitude", *Research in Higher Education*, 1986(25): 242-354.

[82] United States, Kennedy Institute of Ethics (Georgetown University). "Health Research Extension Act of 1985. Public Law 99-158", *United States statutes at large*, 1985(99): 2-3.

[83] W. L. kibler. "A Framework for Addressing Academic Dishonesty from A Student Development Perspective", *NASPA Journal*, 1993(31): 8-18.

[84] Wang Yu-men. "University Student Online Plagiarism", *International Journal on Elearning*, 2008(7): 744.

九、英文学位论文

[1] A. Melissa. "Building A Culture of Academic Integrity: The Role of Communication in Creating and Changing Understandings and Enactments of Academic Integrity", Ohio University, 2009.

[2] Marina Bamea. "Personal Values and Party Orientations in Different Cultures", Israel: The Hebrew University, 2003.

[3] Dukhong Kim. "Core Values and Public Opinion on Foreign Policy", Northeastern University, 2007.

[4] Dongjin Kim. U. S. "College Students' Use of Mobile Devices in the Classroom and Their Perceptions on Banning Policy", Western Illinois University, 2017.

[5] Macey Lynd Edmondson. "Exploring the Relationship Between Academic

Dishonesty and Moral Development in Law School Students ", The University of Mississippi, 2013.

[6] James E. Hammerschmidt. "An Investigation of Chinese Graduate Student Understanding of Academic Integrity in U.S. Higher Education", Loyola University Chicago, 2013.

[7] Henderson, Ellen E. "Faculty Perceptions of and Responses to Academic Dishonesty: An Analysis from an Ethical Perspective", Temple University, 2007.

[8] Hart, Holly French. "Virtue in the Virtual World: A Model of Academic Integrity for Online Learning ", University of Maryland University College, 2014.

[9] H. William. "Academic integrity in the Internet Age", Nova Southeastern University, 2007.

[10] Julon K. Eatmon. "Teachers Beliefs about the Effect Academic Dishonesty Has On Classroom Culture, Learning Climate, and the Relationships between Teachers and Students", Northcentral University, 2014.

[11] Joanna J. Palmer. "Academic Integrity: The Relationships Between Student Experience and Intellectual Maturity", Capella University, 2009.

[12] Lori Brown Lothriger. "Evaluation of the Use of an Academic Integrity Training Course As A Proactive Measure Encouraging Academic Honesty", Iowa State University, 2008.

[13] Matye Edwards, Lisa M. "Academic Integrity: A Case Study", University of Northern Colorado, 2008.

[14] Caroline Curry Mills. "Graduate Students' Perceptions of Academic Integrity Policies, Practices, Observations, Engagement, and Seriousness of Behaviors", Clemson University, 2009.

[15] Regan Myers. "Academic Integrity In the Online Environment: Computer Information Science—A Case Study", Northern Illinois University, 2010.

[16] Matthew H. Zink. "Academic Integrity's Impact Via the Use of an Honor Code at Saint Thomas More Academy", University of Delaware, 2005.

[17] Timothy Raynor. "Business Faculty Perceptions and Enforcement of

Academic Integrity Policies at a Liberal Arts University", Wilmington University (Delaware), 2015.

[18] Patricia Susan Wehman. "Faculty Prescriptions for Academic Integrity: An Urban Campus Perspective", University of Pittsburgh, 2009.

[19] William Lee Kibler. "A Framework for Addressing Student Academic Dishonesty in Higher Education from A Student Development Perspective", Texas A&M University, 1992.

[20] William H. Yates. "Academic Integrity in the Internet Age", Nova Southeastern University, 2007.

十、政策文件

[1]《关于加强学术道德建设的若干意见》，2002 年 2 月 27 日。

[2]《高等学校学生行为准则》，2005 年 3 月 25 日。

[3]《十七大以来重要文献选编（上）》，北京：中央文献出版社，2009 年。

[4]《十七大以来重要文献选编（下）》，北京：中央文献出版社，2010 年。

[5]《关于切实加强和改进高等学校学风建设的实施意见》，2011 年 12 月 2 日。

[6]《十八大报告辅导读本》，北京：人民出版社，2012 年。

[7]《中共中央关于全面推进依法治国若干重大问题的决定》，北京：人民出版社，2014 年。

[8]《高等学校预防与处理学术不端行为办法》，2016 年 6 月 16 日。

[9]《关于加强和改进新形势下高校思想政治工作的意见》，2017 年 2 月 27 日。

[10]《关于进一步加强科研诚信建设的若干意见》，2018 年 5 月 30 日。

[11]《哲学社会科学科研诚信建设实施办法》，2019 年 5 月 16 日。

[12] *Proposed Federal Policy on Research Misconduct to Protect the Integrity of the Research Record*. 1999.

[13] *Federal Policy on Research Misconduct*. 2000.

[14] *Research Misconduct, Federal Register*. 2002.

[15] *Public Health Service (PHS) Policies on Research Misconduct*. 2005.

图书在版编目(CIP)数据

美国大学生学术诚信教育研究 / 孙纪瑶著. — 北京:商务印书馆, 2021
ISBN 978-7-100-19486-0

Ⅰ. ①美… Ⅱ. ①孙… Ⅲ. ①大学生—学术研究—道德规范—教育研究—美国 Ⅳ. ①G644

中国版本图书馆CIP数据核字(2021)第029413号

中外价值观教育前沿论丛
顾　问　杨晓慧
总主编　高　地
美国大学生学术诚信教育研究
孙纪瑶　著

商　务　印　书　馆　出　版
（北京王府井大街36号　邮政编码100710）
商　务　印　书　馆　发　行
艺堂印刷（天津）有限公司印刷
ISBN　978-7-100-19486-0

2021年6月第1版　　开本 710×1000　1/16
2021年6月第1次印刷　　印张 14¾
定价：78.00元